会通与互鉴

——池田大作文明对话思想研究

中央民族大学民族宗教学研究博士文库

陶金 ——著

社会科学文献出版社
SSAP
SOCIAL SCIENCES ACADEMIC PRESS (CHINA)

本书的出版受到"中央高校建设世界一流大学（学科）和特色发展引导专项"资助

总　序

中央民族大学进入"985 二期工程"以来，"当代重大民族宗教问题研究中心"实施了十大项目课题。民族宗教学作为一门民族学与宗教学相交叉的新学科的建设取得了一系列成果。在理论框架探索方面，初步构建起学科的学理体系，包括确立它的研究对象、范围、方法，阐释它的主要概念的内涵与外延，说明它的主要议题及思路。在历史经验总结方面，初步总结了建国以来的民族宗教工作的历程与经验，和民族宗教问题上的宁夏经验、云南经验、甘肃经验。在田野调查开展方面，围绕民族与宗教、宗教与社会的互动关系，进行深入调查研究，获得了大量资料，提炼出一系列新议题新见解。中心还实施了基督教中国化研究、藏传佛教文化研究、国际政治中的民族宗教问题研究。根据工程的要求，中心在实施上述课题时，把几届在读博士生组织到课题组中，在教师指导下参与课题的调查与研究，使课题实施与论文写作结合起来，于是形成一大批具有较高水准的博士学位论文。这些论文不仅丰富了中心的项目课题研究成果，也体现了中央民族大学宗教学专业在民族宗教学教学科研上的学科特色和优势。为了向社会展示这些博士学位论文的精彩内容，使之早日进入社会学术信息交流渠道，发挥它们促进社会和谐、推动学术文化繁荣的作用，中心决定设立"民族宗教学研究博士文库"，成立文库学术委员会和编辑委员会，按照一定的申报、送审、评定程序，把已经通过学位论文答辩并经过修订、达到出版水平的优秀博士学位论文纳入文库，并从"985 二期工程"经费中拨款给予资助。收入文库的部分博士学位论文写作于"985 二期工程"实施之前，而在内容上符合民族宗教学的研究方向，所以也被采用了。今后我们希望这一文库能继续做下去，扩大它的容量，凡属于民族宗教学方向的优秀博士学位论文，不论何校何地，均有机会进入文库，使文库成为这一领域青年博士学位论文精品汇聚的一个平台。

民族宗教学研究，其主轴是民族与宗教的互动关系，其主旨是"族教和谐，多元互补"。我们要通过研究，总结历史经验和教训，发扬民族宗教和谐的传统。我们认为，要实现民族团结、宗教和睦、民族与宗教的良性互动，关键在于确立和实践多元和谐、平等对话、共生共荣的现代文明原则，以便经过民族宗教之间的和解，达到世界的永久和平。这是民族宗教学的基本认知和宗旨所在。

青年是社会的希望，青年学者决定着学术的未来。我们从博士文库里看到了民族宗教学的光明前景。让我们热情地帮助他们，支持他们，使民族宗教学的研究事业后继有人，长盛不衰，以造福于社会和子孙后代。

中央民族大学"985二期工程"当代重大民族宗教问题研究中心

"民族宗教学研究博士文库"学术委员会和编辑委员会

2009年3月

目　录

绪论 "对话"时代的学术思考

历史上，世界各大文明、宗教之间的相遇，经历了在冲突中磨合、在碰撞中反思、在接触中交流的过程。时至今日，随着人类经济的飞速发展，现代通信的日益便捷，全球一体化的浪潮推动着人类文明加速向前跃进，"地球村"里的现代人"自身"与"他者"共存的实感日益强烈，不同文明、宗教之间的张力日益凸显。如果说 20 世纪是人类在冲突、战争的阴霾下与物质至上的追寻中日渐迷失的一百年，那么，面对一个全新的时代，不同文明、宗教将以何种方式达成沟通与交流，实现和谐共生，无疑成为最具时代性的重要议题。

回首 20 世纪，一百年的时间里"战争"或许可以称为一大主题，人类为此付出了沉痛代价。新的千年，和平尚未成为今日世界的主旋律。局部战争与冲突仍在上演，数以万计的难民流离失所，长期陷入饥饿与贫困，恐怖事件的频发让人们在恐惧与不安之中，更加深了对和平的渴望。随着全球化趋势的日益加速，现代社会的一体化与多元化特征愈加明显。如何正视当今世界中各个国家、各个地区、不同人种、不同民族的人们在思想、宗教、文化等方面表现出来的差异性，如何解决由于差异而导致的不公正，人类如何在尊重差异的基础上和谐共存，这是当今时代横陈于人类面前的共同课题，丝毫不容回避。

为了避免世界性战争的爆发与历史悲剧的重现，今日世人在警醒之余亦致力于寻求一种和平、理性的方式，无论鉴于历史还是着眼未来，无论是重大问题的解决还是有限范围的磋商，"对话"都当属最本原、最人性化亦是最具可行性的方式。

一 "对话定义"与"时代意义"

何谓"对话"？这是一个有多重视角、多种界定方式且至今争议很大的问题。

本书所探讨的"对话"被置于当代宗教学研究的话语背景。事实上，文明、宗教对话作为一种历史现象由来已久，正如中国历史上儒释道之间的相互存在与影响一样，世界历史上，每一种地域文明的形成都与诸宗教的交往与融合有密切关系。同样，文明的接触过程本身其实就是一种不断"对话"的过程。

但是，"文明对话""宗教对话"被作为一种观念提出却是近代以来的事，且率先以基督教学者的呼吁与实践为先导。出于对上帝的虔信，基督徒始终认为耶稣是使人获得拯救的唯一出路。但在20世纪后半叶，尤其是二战结束以来，随着经济的发展、交通通信条件的改善，各地域的人们接触得越来越频繁，不同信仰者之间的相遇、交往与相互影响让众多基督教神学家意识到了其他信仰体系的存在及其传播作用，在处理基督教与其他宗教关系的理论问题上逐渐形成了回应策略，"宗教对话"的观念由此而生。

"文明""宗教"的定义本身即很难准确界定，想要对形式多样的文明、宗教"对话"现象进行完整准确的界定很难实现。从事基督教对话神学研究的知名学者黄保罗曾在其著作《大国学视野中的汉语学术对话神学》一书中对"宗教对话"做出了界定，即"对话是在两方或者多方之间进行的互动性交谈"，其参与者"至少应是两个宗教团体的权威代表"[①]。这一定义是仅就基督教对话神学的立场、着眼于宗教对话的参与者与形式两方面内容而言的，强调了对话的团体代表性、立场性与互动性。

从近年来的宗教对话理论研究成果来看，学者们已经开始思考"对话"的定义，日本学者星川启慈等还多次提出宗教对话参与者范围需拓展的问题。尤其是这半个多世纪以来，宗教对话、文明对话实践发展较快，主题和形式上都显现出灵活多样的特点。日本学界所谓"宗教对话"，主

---

① 黄保罗：《大国学视野中的汉语学术对话神学》，民族出版社，2011，第146~147页。

要涵盖三方面内容，即宗教对话、合作、交流，并将现代宗教对话大体分为四种类型，即宗教神学对话、宗教合作对话、宗教生活对话、宗教体验对话。但在本书中，笔者希望以更广域的视角来思考和看待文明、宗教的"对话"问题。

追溯人类发展史，"对话"毋庸置疑是人类交流、交往最原初的形态，每个人在进行社会生活的过程之中，都需要通过"对话"的方式达成交流与合作。若从宗教哲学意义上来思考，笔者认为可从广义与狭义角度来给予定义。广义的"对话"通常指各大文明、各大宗教之间沟通、交流和交往的互动性过程，这一过程可以是代表不同文明与宗教立场的人与人之间展开的语言形式的交谈，也可以是团体之间的相互合作，由于宗教对话通常被理解为文明对话最核心的部分，因此广义上的"对话"统称文明对话。狭义的"对话"主要指代表不同宗教①立场的双方或多方之间进行的语言性互动交流，简称"宗教对话"。当代世界宗教对话兴起于20世纪60年代，通常以1962~1965年梵蒂冈大公会议的召开为标志，由天主教率先发起，以基督教、天主教等西方代表性宗教为主要倡导者，得到了世界各大宗教的代表人士的响应与参与，相互围绕教理教义问题、宗教关系与发展等问题进行交流、比较与探讨。这样的"对话实践"历经了半个多世纪的发展历程，至今仍在继续。

21世纪翻开了人类历史的崭新篇章，"对话"成为这个时代的选择与人类发自内心的呼唤。正如法国政治学家帕斯卡尔·博尼法斯（Pascal Boniface）总结和担忧的那样，"20世纪表现为一个战争的世纪，而今天，没有任何迹象表明21世纪将是一个和平的世纪"②。事实上，今日世界，人类科技与军事力量飞速发展的程度足以证明这样的担忧并非杞人忧天，即未来一旦爆发全球性的高科技因素参与其中的大规模战争，其后果将是灭绝性的。21世纪，人类需要携手跨入一个学会冷静反思、接纳他者、重

---

① 宗教对话还可以细致分化为宗教内不同派别之间的对话与宗教间对话，本书主要以池田大作与代表基督教、伊斯兰教、儒教等不同宗教立场人物之间展开的宗教间对话为研究对象。

② 〔法〕博尼法斯：《透彻分析当代世界》，许铁兵译，天津人民出版社，2005，第186~188页。

塑自我与互助合作的全新时期，而"对话"无疑是最和平、最理性、最具可行性的交往方式。

关于对话的必要性与作用问题，在日本长期开展公共哲学与对话研究的韩国学者金泰昌指出："关于对话问题，有各种相关的讨论，也不乏诸如'对话的力量太微弱'，'仅凭对话能解决问题吗'之类的质疑。那么，仅凭'暴力'就能解决所有的问题吗？还是仅凭'财力'就能解决所有的问题呢？的确，'对话'不是万能的。但是，如果人的意识和体验是发展的变化的，至少相比那种依靠'暴力'来解决的方法或者凭借'财力'来解决的幻想，'对话'可以凭借其不折不挠的持久力去谋求共同的协作和开拓创新，这难道不是一种行之有效的在现实中谋求改变的途径吗？"①2001 年被联合国命名为"文明对话年"，呼吁各文明、各宗教之间以相互平等、彼此尊重的姿态开展广泛、深入的"对话"。此举正是缘于这样一种共识，即"对话"，是和平的助力；"对话"，是时代的召唤。

二 "宗教对话"与"文明对话"

"对话"缘何要先以"宗教对话""文明对话"的形式展开呢？对此，我们或许可以从如下两组统计数字中找到答案。

> 据 1996 年的不完全统计，各类宗教信徒人数约占世界人口的4/5。其中，世界三大宗教的信徒人数为：基督教徒 19.55 亿，占世界人口的 33.7%；伊斯兰教徒 11.27 亿，占世界人口的 19.4%；佛教徒 3.11 亿，占世界人口的 6%。其他传统宗教的信徒人数占前几位的是：印度教徒 7.93 亿；犹太教徒 1385.8 万；锡克教徒约 1700 万。另外，各类新兴宗教信徒 1.23 亿。②
>
> 估算至 2001 年，世界人口约 61.28 亿，其中基督教徒 20.24 亿，伊斯兰教徒 12.13 亿，佛教徒 3.63 亿，印度教徒 8.23 亿，犹太教徒

---

① 稲垣久和、金泰昌編著『公共哲学——宗教から考える公共性』，第Ⅲ期，全 5 巻，東京大学出版会，2006，117ページ。
② 参见任继愈主编《宗教大辞典》绪论，上海辞书出版社，1998，第 11 页。

1455.2 万，锡克教徒约 2368 万，各类新兴宗教信徒 1.03 亿。①

出于数据的可靠性与参照性的考虑，此处选取了两组略有时差且来源不同的数据，从其统计结果来看，全世界信仰人数约占全球总人口的 80%，② 这一比率两组统计基本吻合，也充分说明了宗教对当今人类生活的重大影响。换言之，当今世界人类的 "对话"，是不同的信仰状况与生存方式的人们之间的 "对话"。这也有待唤起我们对于 "宗教对话" 之重大社会意义的深刻反思。正如宗教学者麦克斯·缪勒的名句所言，"只知其一，一无所知"。不同宗教的对话，能够让更多的宗教信徒不再囿于自身的信仰世界，能够更加清醒地认识到在自身的信仰体系之外还有另外一个异质的信仰体系存在，并且尝试在与他宗教的信徒交流、交往的过程中更加理性地反观自身，更深入地理解自身的宗教与信仰。关于 "宗教对话" 及其研究的重要性与必要性，最具代表性与震撼力的评述当属当代著名天主教神哲学家、《走向全球伦理宣言》的起草者孔汉思的总结发言：

> 没有宗教之间的和平，就没有民族、国家乃至文明之间的和平；
> 没有宗教之间的对话，就没有宗教之间的和平；
> 没有宗教研究，就没有宗教之间的对话。③

在此基础上，人们难免进一步思考："宗教对话" 与 "文明对话" 又有怎样的关系呢？如上所述，在 21 世纪的今日世界，"对话" 已经成为人们耳熟能详的流行语。"宗教对话" 是国际宗教学界的一个重大课题，一个前沿领域。伴随着宗教对话实践的开展，世界各大文明之间如何更好地交流、交往与对话，即如何拓展 "文明对话" 问题也成为备受瞩目的关键

---

① 《国际宣教研究学报》（*International Bulletin of Missionary Research*），2001-1。
② 张志刚：《宗教学前沿问题研究》，甘肃民族出版社，2014，第 111 页。
③ マジッド・テヘラニアン/デイビッド・W・チャペル編『文明間の対話』、潮出版社、2004、前書き1~2頁。

议题。关于"宗教对话"与"文明对话"的关系问题，从前期研究成果来看，或许由于两者内涵与外延的交集过于重叠、宽泛、难以界定，学者们或选择从宗教学、哲学视角单纯进行关于宗教对话理论的论证与思辨，或倾向于围绕文明对话的作用、意义及未来发展问题展开理论性分析，就目前笔者所涉猎的资料，尚未对二者关系展开深入思考与论证。

事实上，在宗教对话与文明对话关系问题上，较有特色的见解当属哈佛大学肯尼迪政府学院教授塞缪尔·P. 亨廷顿（Samuel P. Huntington）的论述。亨廷顿认为，当今世界是"一个由七八种文明构成的世界"，"超级大国竞争"已被"文明的冲突"所取代，"宗教是划分文明的主要根据"，"宗教信仰是区分文明的主要特征"[①]，宗教可以视作"人与人之间的最根本的差异"[②]。此外，宗教学家克里斯托弗·道森（Christopher Dawson，1889-1970）也曾指出，"伟大的宗教乃是伟大的文明赖以建立的基础"。德国著名社会学家、哲学家马克斯·韦伯（Max Weber，1864-1920）也曾对五大世界宗教进行过考察，其结论证明，基督教、伊斯兰教、印度教与儒教都是与现存的一种主要文明相结合的。[③]

如上，引申至"宗教对话"与"文明对话"的关系问题，我们不难推论，宗教对话是文明对话最核心、最具代表性，也是难度最大的内容。如果我们回顾开展了半个多世纪的宗教对话史，面对宗教对话实践中不断凸显的各种困惑与难题，太多事实让我们不得不深刻反思宗教因素的积淀性、弥漫性、渗透性与深层性问题。无论是领土争端、资源争夺、和平安全、政治利益，还是意识形态、信仰习俗、种族或民族矛盾等，宗教因素深藏与纠葛于文明冲突的各种表象之中。正如我国宗教学学者北京大学张志刚教授所指出的，或许那种"文明冲突论"中过分夸大宗教因素之影响力的"宗教决定论"有一定的武断性[④]，但宗教因素的影响绝不可轻视，这是毋庸置疑的。

---

① 〔美〕亨廷顿：《文明的冲突与世界秩序的重建》，周琪等译，新华出版社，2002，第24~25页。
② 〔美〕亨廷顿：《文明的冲突与世界秩序的重建》，第285页。
③ 关于佛教未能与某种代表性文明相结合的原因，韦伯分析其原因在于主要是因为佛教融入了其他文化，因而没能构成某种现存的主要文明的基础。
④ 张志刚等著《当代宗教冲突与对话研究》，经济科学出版社，2011，第181~184页。

21 世纪以来，以宗教因素为由引起的各类事件频发，也充分证明了这一点。理论研究和长期对话实践的结果表明，宗教对话是根本的意识形态与信仰层面的对话，是文明对话中难度最大、张力最大的核心议题。

三 "当代对话" 的重大实践课题

关于宗教对话与文明对话的研究，从当前海内外宗教学界、教界学者的研究旨趣来看，大多数学者主要热衷从宗教哲学视角展开对话理论方面的思考，而真正基于"对话"的实证性研究并不多见。回顾开展了半个多世纪的东西方宗教对话史，众多西方神学家与宗教学者始终保持对宗教对话热点、难点问题的关注，基于"对话"的理论化与范式化问题展开了多角度、多层面的深入思考，以排他论、兼容论、多元论为代表的对话理论研究也在逐步推进。

日本是参与东西方宗教对话较早的国家，长年的宗教对话实践取得了一定成果，在宗教对话理论研究方面也著述众多，日本学者发现了很多宗教对话实践中存在的实际问题，如日本宗教对话研究学者星川启慈在其著作『対話する宗教——戦争から平和へ』中指出的，宗教对话的问题点可以归结为以下五个方面。

（1）宗教自身的积淀性、弥漫性、渗透性与深层性特征导致宗教对话中的"排他性"问题始终存在，围绕诸宗教的教理、教义进行的对话比较流于表面化、形式化；

（2）宗教对话实践虽然在开展，不同宗教的代表表面上在谦虚地对话，但相互之间的深层理解并未达成；

（3）以西方基督教为主导并率先发起的宗教对话在与东方宗教的相遇中出现宗教间沟通的困难，探讨的话题不得不从最初围绕教理教义的比较向现实问题与宗教间的合作转移；

（4）宗教对话仍然囿于部分有悠久历史的传统宗教的精英人物的对话这一狭小的领域，新宗教团体代表、多神信仰的民间人士等常被排斥在外，许多关注宗教问题却没有固定信仰的学者亦无法参与其中；

（5）人们最初对宗教对话寄予了较高的期望，实践中却不断发现对话过程的艰难性与危险性，能够达成异宗教间相互理解的专业化对话语言问题、宗教对话未来发展问题、宗教对话的阶段性与实践性问题等，都有待进一步进行理论探讨与实践验证。①

星川启慈的论文还指出宗教对话实践过程中存在的具体问题有如下三点：

第一，表面上在谦虚地进行对话，事实上却陷于自宗教至上主义的可能性；

第二，表面上似乎达成了相互理解，事实上在更深层次并未达成理解的可能性；

第三，宗教对话陷入简单划一的信仰折中主义的可能性。②

我国宗教学者徐以骅也谈到了中国宗教对话研究的现状及其问题，主要论及了四个方面：（1）中国宗教对话的学术供给严重不足；（2）中国在宗教对话方面经验不足，对实际调解和消解国际宗教纷争更是缺乏手段，并且缺少开展宗教对话研究的现实紧迫性；（3）目前中国国内的宗教对话主要是以学术议题，即对话理论为基础的对话和以灵性认知交流为基础的对话，缺乏实践领域的对话；（4）社会整体对宗教对话的理解尊重和支持欠缺。③

基于上述思考及学者提出的问题，笔者认为宗教对话理论与实践研究在中国尚有较多空白有待填补。正如徐以骅教授指出的，我国宗教对话理论译介研究虽已展开，但仍需结合实际的理论研究。开展有针对性、

---

① 星川启慈：『対話する宗教——戦争から平和へ』，大正大学出版会，2006，51-54ページ。
② 星川启慈：《宗教对话的难题及突破困境的方法——基于语言哲学视角的宗教对话用语"层次化"问题考察》，陶金译，《世界宗教文化》2016年第1期。
③ 徐以骅：《拆墙搭桥——宗教对话在中国》，《中国宗教》2016年第7期。

示范性、目的性的宗教对话实践研究显得十分迫切与必要，应引起重视。对于中国传统文化特点与诸宗教发展现状来说，文明对话、宗教对话可谓"一体两翼"，都应有所理论突破，并亟须参考性范例研究，譬如宗教对话、文明对话的参加主体问题，宗教立场问题，文化架构问题，对话主题、内容与方式方法，面对冲突的解决办法等，都需展开脚踏实地的研究。

四 "池田对话"与日本当代佛教

回顾历史上东西方文明、宗教对话，一个现实问题引起了笔者的兴趣与关注，即日本佛教在当代东西方宗教对话中的地位与产生的影响。

20 世纪 60 年代至今，东西方宗教的对话集中表现为西方天主教等代表性宗教与日本佛教团体展开的对话。日本佛教始终以东方宗教代表的姿态活跃于世界宗教对话的舞台。近年来，日本当代佛教团体又成为积极参与"对话"与宗教合作的新兴力量。

在日本当代佛教团体中，创价学会是会员人数最多、发展最快的新佛教团体，据不完全统计，仅日本国内就有创价会员 800 余万户。① 创价学会会员坚持大乘佛教的基本佛理，奉《妙法莲华经》为第一宗经，其主要信仰为日本特色的日莲佛法，以日本佛教日莲宗创始人日莲的思想为实践指南。池田大作是日本创价学会第三任会长，现任名誉会长，国际创价学会（SGI）会长，是世界著名的佛教思想家、哲学家、社会活动家，长年积极致力于推动世界和平、教育、文化事业。通过深入研读传统天台佛学、日莲佛学典籍，池田提出许多融汇现代观念的独到见解，在大乘佛教之慈悲救世、日莲佛法之"立正安国"的强烈宗教使命感驱动下，长年致力于自身与教团之自利、利他的佛学实践。他秉承"对话可以拉近人与人之间距离"的信念，主张世界各国、各领域的人士应该通过对话的方式共同探讨和解决当今世界全人类面临的共同难题。在他的领导下，创价学会

---

① 创价学会作为日本新佛教团体，会员多以家庭为单位入会，呈现出家庭成员共同信仰的状态，故统计数字以"户"为单位。据 2007 年的统计数字，创价学会在日本共拥有会员 827 万户。参见『日本の新宗教』，宝岛社，2014，44ページ。

在 20 世纪六七十年代实现了飞跃性的发展。

自 20 世纪 70 年代起，池田大作与世界各领域的杰出代表与知名人士展开广泛对谈。池田的对谈人物包括政治家、知名学者、诸宗教代表、艺术家等，对谈活动持续了 40 余年，会面与交流总人数超过 7000 人①，进行正式谈话、讨论的对象人数超过 1700 人。其中，多次会面并围绕世界和平与人类发展相关的热点问题进行深入探讨的近百人，正式出版了对谈集 70 余部，多部对谈集被翻译成多种文字，其中与英国历史学家汤因比的对谈文稿以日文题目『二十一世纪への対話』出版，并被翻译成 28 种文字在多个国家出版发行。

无论从对谈时间之久、人数之多的角度来说，还是从话题的焦点性、对谈范围的纵深度、对话之影响范围的角度来看，池田大作的对话实践活动都值得具体例证分析。此外，笔者将"池田对话"作为范例展开研究的原因并非单纯停留在其表象，还考虑到如下三个方面。

第一，对话研究的实证性。池田对话有大量文字记载，可对其对谈实录展开实证分析。就笔者目前涉猎到的资料来看，近年来展开的文明对话、宗教对话研究，从微观的视角展开的实证性研究并不多见。事实上，从对话实践的发展角度而言，亟须有参照性和启发性的实证研究。

第二，从国内研究池田大作思想现状来看，从哲学、佛学、人学、教育学等视角展开的思想研究已有一定积累，正处于进一步规范的阶段。从宗教学理论与实践的角度对池田大作展开研究，有利于提升池田大作思想研究的客观性，推进学术规范化。

第三，笔者关注"池田对话"的另一个重要原因在于，池田大作的"对话实践"开始于 20 世纪 60 年代末 70 年代初，几乎与当代世界宗教对话活动的兴起同步，池田坚持对话 40 余年，可谓东方宗教代表人物参与世界宗教对话、文明对话行动的"先行者"。池田大作总体思想的表述基本都是通过对话、对谈的形式呈现，且"池田对话"并未单纯囿于"宗教对话"一隅，无论是在对谈对象的选择方面还是在对谈内容的热点性与纵深

① 東洋哲学研究所編『池田大作 世界との対話 平和と共生の道を開く』，第三文明社，2010，15ページ。

度方面，都呈现出一种十分开放的状态。池田大作自身有东方佛教信仰背景，对谈对象既有他宗教信仰人士，亦有无宗教信仰人士，而其热衷探讨的话题，诸如人类和平、人权、环境、文化、教育等都是当代文明对话的热点问题，探讨方式又是灵活多样。对于"池田对话"的关注与实证性研究是否有利于把"对话"问题的思考具象化，并逐步引向深入呢？池田大作是在怎样的思想背景之中建构并拓展其对话理论的？他的对话模式与经验是否对我国宗教对话研究与实践具有借鉴意义呢？

鉴于上述思考，笔者立足日本当代佛教的视角，以文献为主要依托，从对话人物思想发展脉络、文明对话主题及其现代意义、宗教对话理念及其佛学理论根基、对话范式与学理反思等几个主要方面将"池田思想研究"进一步学理化，推进"文明对话""宗教对话"研究的例证化。在此基础上，探讨"池田对话"模式对我国诸宗教开展宗教对话的借鉴意义。

第一章　池田大作：东方文明
对话的先行者

就广义上的文明对话来说，世界各大文明自相互接触之日起，对话与交流就已然肇始。一般认为，现代意义上的世界文明对话、宗教对话兴起于 20 世纪 60 年代。在"世界宗教对话运动"的大潮之中，以基督教、天主教为代表的西方宗教曾处于倡导者地位，而东方等宗教则处于参与者地位。这固然与宗教自己的性质、特点等诸多复杂因素相关，但值得注意的是，伴随着这场宗教对话运动的发展，日本佛教首先被推为东方佛教代表，随之登上舞台，表现最为活跃。相对东方其他国家参与世界宗教对话的教团、教派而言，日本佛教团体可谓走在了前列。

在当代日本，相比以禅宗、净土宗等为代表的传统佛教宗派与西方基督教、天主教开展的对话活动而言，日本新兴佛教教团近年来参与世界宗教对话实践的热情度较高，其中比较有特色、在国际上影响较大的当属立正佼成会、创价学会等新佛教团体。其中，创价学会以其教团领袖池田大作为代表，面向世界拓展文明、宗教对话。"池田对话"发起时间早、坚持时间长、对话人数多、参与者范围广、对话形式灵活多样。在对话主题和内容方面，"池田对话"具有文明对话的现实性与宽泛性，又在一定程度上体现出宗教对话的专业性与纵深性，因此，通过"池田对话"的文字记录，可以较清晰地看到一个当代新佛教团体领袖的思想成长历程，其对话表现出的现实关切与学理叩问，亦可作为当代宗教对话研究的一种范例加以分析论证。池田大作在 40 年的"对话"历程中逐步建构和完善的"人之佛性"即"人间论"① 的对话理论，其对话开始时间之早、持续时

---

① 日语中的"人间"一词有三种意义，即个体的人、人的群体及其关系、人类居住的世界。

间之长可谓参与世界文明对话的"先行者"。创价学会在中日邦交正常化与中日友好事业中做出了较大贡献。池田大作作为创价学会的精神领袖，其思想与实践活动也受到中国学者的密切关注。但是，从宗教学的角度来看待并评价池田大作的思想与行动的研究尚不多见，或可为我国池田大作思想研究开辟另一新向度。

本章，首先对池田大作开展文明对话的整体情况进行综述，梳理日本宗教对话理论研究的前期成果与我国池田大作思想研究现状，在此基础上阐明本书的研究方法与动机。

第一节　池田大作及其对话活动

创价学会第三代会长、国际创价学会会长池田大作十分重视文明间、宗教间开展广泛对话的意义，并身体力行地在全世界范围拓展文明对话与宗教对话。关于"对话"，池田大作认为，"世界很大，人类是多姿多彩的，相互交谈就是相互学习，需要相互认知，相互尊敬"，"对话，是以人类为友、与世界同伍的过程"，"对话是能够与威胁人类生命尊严的一切暴力相对峙的堡垒"[1]。可见，池田大作将"对话"理解为个人学习与成长的过程，是个人与社会联结的过程，更是人类紧密联结在一起，共同捍卫人类和平、对抗暴力的根本方式。本节，着重从东方佛教人物参与世界文明对话的角度来考察池田大作的对话。

首先，从时间上来说，池田对话开始时间较早。1893 年在美国芝加哥召开的第一次世界宗教大会，是全世界范围内东西方宗教的首次大规模集会，可以说是东西方各大代表性宗教的第一次正式接触、交流与对话。但现代意义上的宗教对话运动，通常认为始于 20 世纪 60 年代，以第二次梵蒂冈大公会议的成功召开为标志，这也是西方天主教正式开始与其他宗教相接触，发起与其他宗教对话的开始。这一时期恰是日本创价学会开始向世界范围拓展的重要发展期，池田大作作为创价学会的领导者，在考虑教

---

[1] 东洋哲学研究所编『池田大作　世界との対話　平和と共生の道を開く』，第三文明社，2010，16ページ。

团发展方向的同时，也开始关注并思考东西方文明如何顺畅交流与交往的问题。1968 年，池田大作与被誉为"欧洲统一之父"的库德诺夫·卡雷尔基展开正式对谈，二人围绕东西方文明的差异性问题进行了探讨，对谈记录后被整理成对谈集『文明·西と東』①，于 1972 年出版，这可谓池田对话的最初尝试。但事实上，真正促使池田大作踏上对谈之路的还是他与英国历史学家汤因比前后 10 日累计 40 个小时的对话，二人围绕 21 世纪全球化背景下，不同文明、不同文化和不同宗教交流与对话的必要条件和现代意义进行了深入探讨，对谈内容涵盖和平论、环境论、文明论、文化论、教育论、东西方哲学、生死论、宇宙论等，还拓展到国际政治、经济、科学技术等诸多领域，最终集成『二十一世紀への対話』② 一书，后被译成 28 种文字在全世界广泛传播，与汤因比的对谈成为"池田对话"正式开始的标志。

其次，从对话性质上来看，"池田对话"具有文明对话与宗教对话的双重性质。从 20 世纪 60 年代末到 21 世纪最初的十年，40 余年的时间里，池田大作足迹遍及世界 54 个国家和地区，与各国政要、文化领域知名人士、教育界代表学者等展开对谈，较多关注与人类存续、发展息息相关的重大问题，集中探讨东西方文明及区域文化交流、交往过程中遇到的问题及其解决办法，身体力行地积极倡导东西方文明对话与实践。此外，池田大作还与具有不同宗教背景的人士展开对话，其中有基督教、伊斯兰教、犹太教等一神教的代表，也有印度教、佛教、儒教等东方传统宗教和思想的代表。其探讨内容并非局限于宗教间教理、教义的比较，而是与对谈者共同思考当代宗教的使命问题，努力挖掘深蕴于诸宗教内部的有利于当今世界和平与人类发展的共通价值，因此"池田对话"也可以说是当代宗教对话一种有现实关怀意义的尝试。

再次，在对话中，池田大作始终立足东方佛学的视角来探讨问题。泛言之，池田大作是大乘佛教徒，具言之，他是一名虔诚的日本佛教日莲宗

---

① リヒャルト・クーデンホーフ、池田大作：『文明・西と東』，サンケイ新聞社，1972。
② アーノルド・Jトインビー、池田大作：『二十一世紀への対話』（上下），文藝春秋，1975。

信徒。创价学会是日本当代新佛教团体，信奉独具日本特色的、有 800 余年历史的日莲佛教，并以东方大乘佛教的代表性经典《法华经》为宗经。池田大作深刻研读《法华经》，有自己的独到见解，他始终努力阐发古老《法华经》中深蕴的当代价值，从"一念三千""佛性互俱"等大乘佛教的《法华经》佛理出发，倡导文明、宗教对话与交流中双方互相平等的地位，同时秉承日莲佛教的宗教实践理念，强调彼此尊重、包容并将和平对话进行到底的态度，可谓以东方佛学理念阐释现代对话问题的一种坚持与尝试。

最后，"人间论"特色的对话观也体现出日本新佛教团体的思想特质。既有对人性的尊重，又具有典型性的大乘佛教之慈悲救世色彩。从池田的大量对谈记录来看，无论是与政治家、知识界或文艺界人士对谈，还是与基督教、犹太教、伊斯兰教、印度教等宗教界代表人物展开对话，池田大作始终围绕世界和平、环境、人权、教育等与人类发展息息相关的重大社会问题、难题展开讨论，他认为"人"自身的转变是解决一切问题的关键，将"对话"之精义归结为"人与人的交流""心与心的联结"。日语中"人间"一词有三种意义，即个体的人、人的群体及其关系、人类居住的世界。据此"人间"的词义，结合池田大作在对话过程中的阐释，可以推知池田大作所谓的"人间"，至少具有两种意义指向，即关于人类自身存在之"人性论"，人与人、人与宗教、人与自然、人与社会的"间性论"。从对话方式而言，池田大作秉持"一对一""面对面"的尊重人性特质的"对话"，认为一切目标的达成都要从"人"自身的转变开始，通过"对话"完成的人与人之间的磨砺和激发，即是一种"自利"同时"利他"的慈悲救世式的"人间革命"，可以实现人之善性本身的提升。同时，池田还密切关注人类发展的现实问题，与世界各国、各领域的有识之士共同探讨救世良方，强调就如同个体的"人"不能独立存活于社会一样，"人类"同样需要面对族群、自然界等"他者"。这种兼具"人性论"与"间性论"的对话理论，是日本当代新佛教团体的代表性思想。

一般来说，人们通常将基督教、天主教、伊斯兰教等划归为西方宗教传统的代表，表现出一神教的神本主义信仰特征，而以佛教、印度教、儒教、日本神道等为代表的东方宗教，则体现出多神信仰与民间信仰相结合、以祖先崇拜与宗族观念为传统根基的人文宗教特性。从这一角度思考，池田对话中反复强调的"人"的重要性，反映出东方信仰的共性与人文宗教的特质。池田大作作为当代宗教对话的代表人物和知名社会活动家，堪称投身东西方文明、宗教对话活动的先行者，其在"对话"中不断确立和发展的具有东方特色的对话理论进而也具有了实践考察与理论辨析相结合的双重意义。

第二节 日本的宗教对话理论研究

本节主要对日本自 20 世纪 60 年代以来宗教对话理论研究与实践情况进行一个简单的梳理，在日本宗教对话整体发展状况的视域中来反观"池田对话"。

相对亚洲其他国家而言，日本宗教学研究起步较早，宗教对话研究始于 20 世纪 60 年代后期，大体呈现出理论和实践并行的倾向。在宗教对话实践方面，表现为教内人士积极参与到围绕教理、教义进行比较的对话中来，其中尤以佛教和天主教的对话以及灵性交流体验活动最具代表性。此外，新宗教的代表也积极参与其中，并致力于反战宣传、难民救助与贫困救援等活动。在宗教对话理论研究方面，宗教学者积极将西方对话理论著作翻译出版，展开分析比较，定期召开各种学术活动，结合对话实践中出现的难点展开有针对性的探讨。

一 20 世纪后期的日本宗教对话研究

20 世纪 60 年代著名的"滝沢-八木论争"[①] 是日本学者围绕欧美宗教对话理论进行的最初探讨。滝沢克己与八木诚一都是日本的基督教神学学

① 八木诚一于 1963 年出版『新約思想の成立』一书，滝沢克己于 1965 年出版了『聖書のイエスと现代の思惟』，分别阐述了各自的观点，之后也各有论著问世，但是二人围绕宗教对话的相关论争则集中见于『神はどこで見出されるか』一书，日本三一书房于 1977 年出版。

者，但二人对于基督教与西方宗教对话理论的理解各有侧重。围绕基督教能否超越自身排他性质和如何开展佛耶对话问题，二人以著述形式展开了长期的论争，可以说这是日本宗教学界在探讨宗教对话理论过程中最初的有意尝试。1967 年日本神奈川县大矶市召开了"禅与基督教恳谈会"，基督新教、天主教与日本佛教曹洞宗、临济宗的代表人物展开对话，这是战后日本首次大规模的宗教对话会议。①

1970 年 10 月，第一届世界宗教和平会议在日本京都召开，日本宗教学研究为之一振，一些宗教大学的研究人员与宗教学者纷纷投身宗教对话研究的热潮。其中最具代表性的当属创设于 1974 年的日本南山大学宗教文化研究所。该研究所于 1976 年开始，定期开展天主教-佛教之间的宗教对话实践及研讨会，主要围绕以这两大具有代表性的东西方宗教的教理、教义进行比较研究。特别是于 1979 年发起的天主教与日本禅佛教之间的"东西灵性交流"，可谓日本佛教团体参与东西方宗教对话实践的新形式。

1980 年，该研究所成立了"东西宗教交流学会"，在东西方宗教比较与宗教对话理论研究方面发表了大量论文和著述。南山宗教文化研究所作为日本宗教对话实践与理论研究的主要机构延续至今。此外，这一时期的日本，围绕对话理论、日本特色佛教、本土神道与基督教等，有大量相关著作面世，如《宗教体验与语言——佛教与基督教的对话》（1978），《绝对无与神——西田·田边哲学的传统与基督教》（1981），《神道与基督教——宗教的普遍与特殊》（1984），《密教与基督教——历史宗教与民俗宗教》（1986），《天台佛教与基督教——宗教的理与行》（1988），《净土教与基督教——宗教的救济与自省》（1990），《基督教应向佛教学习什么》（1999）等。一直到 20 世纪末，日本学者翻译了大量西方学术著作，积极将前沿宗教对话理论译介到日本。

从总体上看，20 世纪的日本宗教对话尚处于探索和起步阶段，呈现出地域性、组织性、实践性的特点，对话与研究活动主要集中在东京、京都、名古屋等地区，有教界人士创办的对话机构，也有众多宗教学者组成

---

① 会议之后的相关研究成果参见西谷幸介『宗教間対話と原理主義の克服』，新教出版社，2004，第 35 页。

的各种学会，共同展开研讨式对话理论研究。对话内容上以教义比较、神性探讨和宗教体验的交流为主，理论研究方面努力与西方研究保持同步互动。但需强调的是，在对话实践中，日本佛教并非以整体参与其中，而多是某一教派的代表参与对话，如日本禅宗、净土宗、曹洞宗等。同时，在大量围绕教理、教义进行比较的对话实践中，虽然宗教之间通过对话加深了对彼此信仰异同的认识，但持有不同宗教立场的信仰者在讨论中不乏"自语型对话"现象，对于自身教义的介绍居多，态度上以自守、求和为贵，很难彼此深入，希望统合东西方宗教的教义理念、达成信仰层面的相互理解与融合的努力未见突破性进展。

二 21世纪以来的日本宗教对话研究

20世纪90年代以后，随着世界宗教对话实践开始由教理问题的比较转向人类面临的紧迫问题的探讨，日本的宗教对话研究也随之缓慢转型。2000年，第十届世界宗教和平会议在日本京都召开；2001年，日本宗教学会会刊《宗教研究》第329号以"近代·ポスト近代と宗教的多元性"为题发行特刊，收录了14篇专题论文；同年，岸根敏幸出版专著《宗教多元主义是什么——对于宗教理解的探求》①，日本的宗教学者开始在全球一体化的视域下，对宗教对话的代表性理论"多元主义"展开探讨。2002年，日本宗教学会第六十一次学术大会在东京大正大学召开，特别部会的主题设定为"21世纪诸宗教的共存与自我同一性问题"，成果收录于《全球化时代的宗教间对话》②一书，代表学者星川启慈从教理教义的视角、镰田繁等人从伊斯兰教视角、芦名定道从基督教与多元主义视角、高田信良从佛教视角、山梨有希子从全球化视角、间濑启允从宗教本土化与多元主义视角分别围绕宗教对话的理论与实践问题展开了探讨。2005年3月，国际宗教史学会（IAHR）在东京召开年会，大会主题为"宗教——相克

---

① 中文书名为笔者译。原书名为『宗教多元主義とは何か——宗教理解への探求』，岸根敏幸著，晃洋书房，2001。
② 中文书名为笔者译。原书名为『グローバル時代の宗教間対話』，星川启慈、山梨有希子主编，大正大学出版会，2004。

与对话"，基于大会的研讨成果，日本宗教学者开始围绕"公共哲学"① 与宗教对话的关系展开研究，代表学者有山胁直司、星川启慈、齐藤谦次等，同年集成《现代世界与宗教的课题——宗教间对话与公共哲学》② 一书。直到 2010 年前后的十余年时间里，宗教对话研究成为日本宗教学界一个热门话题，各种相关研讨会定期举办，《宗教研究》会刊中也设立专栏性板块，供学者们从全球化视域下的哲学、宗教学理论、各大宗教、东西方地域差异等视角对宗教对话的定义、界限、困境、方法等展开学术讨论，各类关于宗教对话研究的论著也大量涌现。这标志着日本宗教对话研究开始进入鼎盛期，对西方宗教对话理论不再是单纯的追随，而是开始展开独立思考与批判，结合东方宗教特点重新反思宗教对话的难题与未来的发展方向。特别值得关注的是，日本新宗教团体联合会（新宗联）也积极投身宗教对话的理论研究与实践活动中来，为日本宗教对话研究增添了别具一格的东方新宗教特色。

综上所述，按时间顺序简略梳理了日本宗教对话研究的发展状况，从整体上来看，大致呈现出以下三大特点。

第一，日本的宗教对话研究重视对话实践。日本的宗教团体，尤其是佛教团体较早就参与到与西方天主教等教派团体的对话，比如上文提到的日本传统佛教团体展开的"禅与基督教恳谈会""东西灵性交流"等。近年来，立正佼成会、创价学会等当代新佛教团体也活跃在世界对话舞台。特别是新宗教联合会，在宗教协作、慈善救助等方面表现十分积极。此外，相较其他宗教，日本佛教是东西方宗教对话、文明对话的主要参与者，且多以佛教中的某一宗派作为东方宗教、东方佛教的代表参与对话。

第二，日本的宗教对话理论研究与实践结合紧密。日本学者在"对

---

① 日本于 20 世纪 90 年代将"公共哲学"理念引入宗教对话领域，山胁直司是其代表学者。日本的"公共哲学"理论替代了传统的公私二元论，构建了"政府之公—民众之公共—私属领域"的三元论，导入了与"灭私奉公""灭公奉私"相对的"活私开公"理念，是为打破学问分科垄断化现象的一种"学问的构造改革"，是对后意识时代实现"理念与现实的统合"而进行的方法论的开拓，展示了建构一种新型的"自我—他者—公共世界"理论的必要性。详见山胁直司『公共哲学とは何か』，筑摩书房，2004。

② 中文书名为笔者译。原书名为『现代世界と宗教の课题——宗教间对话と公共哲学』，星川启慈等编著，苍天出版社，2005。

话"理论研究方面，注重理论与实践密切结合、相互推进，着眼于解决实际问题。理论研究的特点除了积极将西方学者的研究成果译介到日本，还力求站在注重东方宗教特点的立场去评述西方对话理论。如日本学者森本アンリ就曾从日本神道是非语言表述型宗教的特点对基督教倡导的语言形式的对话提出质疑。此外，在"对话"理论研究方面，日本学者还善于从微观上、着眼于实际问题的解决来展开研究，比如日本学者星川启慈提出了宗教对话的"多元主义"再思考，"排他性"再议等观点，并对宗教对话的参与者范围、主题、对话语言等问题提出了新的创见。2005 年前后，以山胁直司为代表的日本众多宗教学者还积极将"公共哲学"的理念引入宗教对话，以解决对话中存在的实际问题等。

第三，日本新宗教团体参与"对话"的积极性较高。在与西方天主教展开的宗教对话中，日本当代新佛教团体立正佼成会长年展开各种研讨与宗教对话活动，尤其是在宗教合作、难民救助方面付出了巨大的努力。日本新宗教团体，由于具有教团众多、组织方式灵活多样的特点，加之其教理多以追求现实世界的幸福生活、幸福人生为目标，贴近民众现实生活，因此比较容易接受"对话"这样具有现代性的宗教活动方式，在宗教合作与公益事业中表现也较为积极。并且，由于新宗教一般创教历史相对较短，也希望通过与西方传统宗教相接触，在对话中展开教理比较与探讨，在不断完善自身的同时提高知名度与认同度，这也是它们积极参与世界宗教对话的原因之一。

以上是对日本开展的宗教对话实践及相关研究情况的一个梳理。从上述归纳与总结中可以看出，池田对话并非偶然为之，在日本社会中是有其培育土壤的。日本是亚洲国家中率先完成近代化转型的国家，战后日本民主化改革进程中，宗教信仰自由政策也让日本宗教团体获得了一个相对宽松的发展空间。宗教对话理论研究的不断推进与各个教团教派参与到宗教对话中的实际行动，对于创价学会这一在日本发展最快、规模最大、人数最多的新佛教团体触动颇深。但值得关注的是，池田大作并未选择将主要精力放在以教理、教义比较为主要内容的宗教对话上，而是主要致力于文明对话的推广。池田大作开展的宗教对话，是与具有宗教信仰背景或宗教学知识架构的学者进行更宽泛意义上的对话，围绕宗教性质问题、教团建设问题、宗教发展历史与未来走向等问题进行探讨，对话的基本着眼点在于求同、求和、求互利共生。究其原因，这与创价学会作为新宗教团体的自身定位、路线设定、在日本社会中的发展形态等许多因素密切相关。可以说，池田大作推广的文明、宗教对话，是日本新宗教团体参与世界文明对话、宗教对话的一种新形态，与日本社会诸宗教整体发展状况密切相关，同时也是创价学会走向世界的讯号，其对话内容、风格等也体现出池田大作本人对当代文明对话、宗教对话行动的自身理解及其个人特色。因此，无论是对创价学会这一教团的评价还是对其教团代表池田大作的对话活动的评价，都应立足日本宗教整体发展的大背景来考量。

第三节　中国学界池田大作思想研究现状

作为第三任会长，池田大作在任期间，创价学会实现了突破性、跃进性的发展，会员人数激增，在日本国内的影响力不断增强，其国际影响力也十分令人瞩目。迄今为止，创价学会的会员已经遍及世界 192 个国家和地区，池田大作在任期间，创价学会不但在总体发展方略、组织规模及设施建设、会员人数、政教关系处理等方面处于良性运转态势，他还将这个新佛教团体引上了一条与国际接轨的新道路。池田本人在坚持与各国、各领域人士广泛"对话"的同时，还大力推进文明间、文化间、国家间在教育、文化、艺术方面的友好交流，不但提升了教团影响力，也为实现创价学会的现代化转型奠定了基础。截至当前（2019 年），池田大作已经被世界上 385 所大学及文化机构授予了名誉教授等荣誉称号，这与他 40 余年来始终立足东方佛学立场与各国、各领域的知名人士展开广泛和平"对话"与友好交流的努力分不开的。

特别值得关注的是，创价学会非常重视维护中日关系，尊重中国政府的宗教政策，并向中国政府承诺不在中国传教。[①] 在坚持中日和平友好的

---

① 池田大作：『新人間革命』20 卷（友誼の道）。

大前提下，池田大作本人先后 10 次访问中国，受到过中国国家领导人周恩来、邓小平、江泽民、胡锦涛等人的接见，并与中国多位知名学者、文化名人如常书鸿、季羡林、赵朴初、金庸等展开长时间的对谈。池田大作创办的日本创价大学，作为日本较知名的私立大学，长年与中国大陆及港台地区的大学与教育机构展开文化交流与教育合作等友好活动。

池田大作以宗教家的情怀关注人类发展的现状与未来，在其对谈中围绕和平、文化、教育等主题提出了许多创见。其大乘佛学特色的理念具有东方文化的思想底蕴，较容易被同为东方文化圈的中国人所理解和认同。近年来，诸多中国高校建立了池田大作思想研究机构，众多学者参与其中，池田大作思想研究也不断深入，逐步学术化与规范化。

一　池田著作的大量译介

池田大作的著作在中国被大量翻译。目前中国大陆和香港、台湾地区共出版了池田大作著作的中译本 323 种，其中，中国大陆出版了 66 种，中国香港地区出版 106 种，中国台湾地区出版 151 种，由于繁简体使用习惯不同，译本存在繁简版本重复的情况。从年代来看，20 世纪 80 年代出版 6 种，90 年代出版 23 种，进入 21 世纪以来，截至 2013 年，共出版了 37 种。[①] 其中不但包括池田大作的一些佛学论著，如《我的佛教观》《我的释尊观》《佛法·西与东》《我的天台观》，中国香港译本《法华经的智慧》、中国台湾译本《法华经方便品、受量品讲义》等，还包括大量池田大作与世界知名人士的对谈集，如与英国著名历史学家汤因比的对谈集《展望 21 世纪》就有多个译本。池田著作的翻译出版为中国大陆及港台人士关注并了解池田思想奠定了基础，也为开展池田大作思想研究提供了基本的文字资料。

二　池田思想研究的兴盛

我国的池田大作思想研究也呈现出阶段性的特点。总体上来看，20 世

---

① 此数据为日本创价大学中日友好学术研究资助项目"池田大作在中国的译介与研究"的统计结果，根据日本创价学会 2012 年 4 月份提供的书目清单整理而成。详见车才良《池田大作在中国的译介》，《井冈山大学学报》（社会科学版）第 34 卷第 2 期。

纪后半期，池田大作先后十次访华、受到我国国家领导人接见的个人经历加之其坚定维护中日友好的主张与行动，为池田大作思想研究在中国的开展奠定了基础。

具体来说，20世纪60年代，由于创价学会这一新宗教团体在日本的飞跃式发展和其特殊的政治背景①，引起了我国政界尤其是周恩来总理对这一组织的关注。1968年9月8日，在创价学会第十一届学生部会上，时任会长池田大作在2万名青年学生面前发表演讲，呼吁日中邦交正常化，在日本和中国引起了很大反响。从历史背景来看，当时中日两国虽已结束激烈的战争状态，但战争造成的伤痛和阴影尚难抹去，中日两国正式建立外交关系也面临复杂境遇，池田大作这一呼吁需要相当大的勇气。可以说，池田的这一呼吁为之后创价学会始终贯彻对华友好的方针奠定了基调。

1. 著作译介与研究兴起

从20世纪池田思想研究的情况来看，创价学会组织发展状况考察与池田佛学思想释介是主要的研究对象。除了池田著作的译介类书籍，我国学者开始研究池田思想是在进入90年代以后，池田大作的佛学、人学思想开始被关注，代表性的论文有《佛性在当代的闪光——铃木大拙、池田大作的佛教人道主义思想》②《池田大作及其人学思想》③ 等。

经过了20世纪90年代的思考与酝酿，进入21世纪以来，由于池田个人不断与世界各国、各领域的人士展开对谈，对谈集大量被译为中文并出版，池田思想开始被更多中国学者了解。同时，池田大作对世界、人类发展的热点问题的密切关注体现出强烈的社会使命感与人文关怀，佛学中道思想与"生命尊严"的人学思想特质不断呈现，引起了我国学者的关注。2002年，学者冉毅完成了池田大作思想研究的博士学位论文，题为《"人性革命"——池田大作"人学"思想的构建》，此文对池田大作的人学思想进行了细致梳理与剖析，后成书出版。此外，一直对创价学会发展保持

① 参见张文良《日本当代佛教》，宗教文化出版社，2015，第115页。
② 袁久红：《佛性在当代的闪光——铃木大拙、池田大作的佛教人道主义思想》，《法音》1990年8月。
③ 何劲松：《池田大作及其人学思想》，《日本学刊》1995年11月。

关注的学者何劲松在深入研究日莲思想的基础上，进一步思考池田大作的佛学特质，于 2006 年出版了专著《池田大作的佛学思想》。① 这两部著作可谓我国池田大作思想研究的奠基性力作。

2. 学术研讨会与研究机构设置

2004 年，由北京大学和日本东洋哲学研究所共同举办的池田大作思想研讨会"21 世纪东方思想的展望"在北京大学召开，池田思想研究开始在中国教育界引起反响。自 2006 年开始，池田思想研究的大型研讨会连续五年在不同的大学召开，自 2010 年以后改为两年一届，会议提交论文数逐年递增（参见表 1-1）。

表 1-1 我国高校举办的池田大作思想国际学术研讨会统计

序号	举办时间、地点	举办单位	会议主题	提交论文数（篇）
第 1 届	2004 年 10 月，北京	北京大学	展望 21 世纪与现代社会	30
第 2 届	2006 年 10 月，武汉	华中师范大学	和谐社会与和谐世界	41
第 3 届	2007 年 10 月，长沙	湖南师范大学	多元文化与世界和谐	60
第 4 届	2008 年 10 月，北京	北京师范大学	和平与教育	60
第 5 届	2009 年 10 月，大连	辽宁师范大学	以人为本与人类发展	63
第 6 届	2010 年 11 月，广州	中山大学	构建 21 世纪之新文明	73
第 7 届	2012 年 10 月，上海	上海师范大学	多元文化交融下的现代教育	72
第 8 届	2014 年 10 月，西安	陕西师范大学	开创精神丝绸之路的新纪元	74
第 9 届	2016 年 10 月，天津	南开大学	民间外交与文明融合	77
第 10 届	2018 年 10 月，上海	复旦大学	人类命运共同体的愿景与实践	74

[本统计数据参考了《人民日报》（海外版）日本月刊特别增刊（2012）中的相关统计数据和创价大学高桥强教授论文中的相关数据。详见高桥强《中国的"池田思想"研究动向 1～9》，《创价教育》第 1～6 号。]

同时，我国高校开始陆续设立各类池田大作思想研究所（参见表 1-2），一些高校教师集中开展池田大作思想研究，一些学生也参与定期研讨活动，并创办一些内部刊物，如南开大学的学生社团"周恩来·池田大作研究会"主办的刊物《金桥》等。

---

① 何劲松：《池田大作的佛学思想》，宗教文化出版社，2006。

表 1-2　我国高校设立的池田大作研究机构统计

序号	高校名称	研究机构	成立时间
1	北京大学	池田大作研究会	2001 年 12 月
2	湖南师范大学	池田大作研究所	2001 年 12 月
3	安徽大学	池田大作研究会	2003 年 4 月
4	肇庆学院	池田大作研究所	2004 年 3 月
5	上海杉达学院	池田大作教育思想研究中心	2004 年 6 月
6	中山大学	池田大作亚洲教育研究中心	2005 年 5 月
7	华中师范大学	池田大作研究所	2005 年 6 月
8	辽宁师范大学	池田大作和平文化研究所	2006 年 1 月
9	北京联合大学	池田大作学习会	2006 年 7 月
10	武汉大学	池田大作研究所	2006 年 10 月
11	湖南大学	池田大作研究中心	2006 年 10 月
12	东北师范大学	池田大作哲学研究所	2007 年 5 月
13	广东省社会科学院	广东池田大作研究会	2008 年 5 月
14	华南师范大学	池田大作先生教育思想研究所	2008 年 5 月
15	陕西师范大学	池田大作与香峰子研究中心	2008 年 8 月
16	广西师范大学	池田大作教育思想研究所	2008 年 12 月
17	广东外语外贸大学	池田大作思想研究所	2009 年 1 月
18	嘉应学院	池田大作文化哲学研究所	2009 年 1 月
19	上海师范大学	池田大作研究中心	2009 年 10 月
20	韶关学院	池田大作思想研究所	2009 年 11 月
21	仲恺农业工程学院	廖承志与池田大作研究中心	2010 年 2 月
22	西安培华学院	池田大作与香峰子研究中心	2011 年 9 月
23	大连工业大学	池田大作思想研究所	2011 年 9 月
24	绍兴文理学院	鲁迅与池田大作研究所	2012 年 3 月
25	贵州大学	池田大作哲学研究所	2012 年 3 月
26	渤海大学	池田大作中日友好思想研究所	2012 年 9 月
27	井冈山大学	池田大作研究所	2012 年 10 月
28	北京师范大学	池田大作和平教育研究中心	2012 年 12 月
29	复旦大学	池田大作思想研究中心	2013 年 11 月

续表

序号	高校名称	研究机构	成立时间
30	华东师范大学	池田大作与城市发展研究中心	2013 年 11 月
31	大连艺术学院	池田大作教育思想研究所	2013 年 12 月
32	南京理工大学	池田大作思想研究所	2014 年 11 月
33	佛山科学技术学院	池田大作思想研究所	2015 年 6 月
34	大连外国语大学	池田大作研究所	2017 年 12 月

［本统计数据源于《人民日报》（海外版）日本月刊特别增刊，2012。详见刘爱君、姜明《中国高校的池田大作思想研究》，《文化学刊》2013 年 7 月第 4 期。2013~2017 年又新增 6 所。］

3. 学术研究资助与研究成果

自 2006 年起，创价大学设立面向中国大陆的中日友好学术研究资助计划项目，其中池田大作的教育、宗教、环境、政治、民族、文学、国际关系等诸方面思想的相关研究资助达 36 项。2007 年，中山大学池田大作亚洲教育研究中心的王丽荣教授的项目——"池田大作道德教育理论及其实践"获得了中国教育部人文社科项目基金的资助，这标志池田大作思想研究进一步学理化。

21 世纪以来，中国的池田大作思想研究相关论文数量也呈现飞跃式的增长态势，在中国知网以"池田大作"为关键词进行搜索，统计结果可见，1989~1999 年的十年里，池田大作思想研究的论文总数为 76 篇，而 2000~2009 年的十年里，论文总数达 235 篇，是上个十年的 3 倍有余，仅 2010 年一年就公开发表了池田大作思想研究的论文 62 篇，而 2011~2013 年仅三年时间里就发表论文逾百篇。[1]另外值得注意的是，到 2015 年，除 2002 年冉毅的博士学位论文《"人性革命"——池田大作"人学"思想的构建》[2]，还有 7 篇硕士学位论文分别从教育、创价精神、环境观、女性观、师生观、和平观、中日友好思想等方面展开了池田大作思想研究，可见池田大作思想研究已经在中国形成了一定的研究规模。

---

[1] 车才良、王炜：《中国的池田大作研究现状述评》，《井冈山大学学报》（社会科学版）第 35 卷第 4 期。

[2] 冉毅：《"人性革命"——池田大作"人学"思想的构建》，博士学位论文，湖南师范大学，2002。

三 池田思想研究的特点及问题点

首先，从目前国内池田大作思想研究的现状来看，池田大作思想研究范围宽泛，主题呈现出多侧面、多角度的特点，涉及池田大作的佛学思想、人学思想、教育观、环境观、女性观、文明观等诸多方面，每一主题选取的视角亦不尽相同。与此相应，总体呈现出研究的平铺性横剖面比较宽泛，而纵切面不够深入的特点。

其次，池田思想研究的方法众多，研究者身份多样，专攻领域各异。有哲学、史学、伦理学、教育学、文化学多个角度。从人员身份来看，多是国内高校的教师和各类教育机构的研究人员，还有一些高校在读研究生。研究者有着不同的学历背景和知识架构，研究视角、深入程度各不相同。由于众多研究者在选取主题和确立论述角度时的倾向性问题，则难免出现主题重叠、论述泛泛等问题。由于池田思想是一个有机的统一体，选取视角的单一性使研究者未能从整体上展现出池田思想的全貌。

再次，日文原版文献的翻译工作与深入解读有待进一步推进。由于池田大作的著作和对谈集都用日文撰写，很多中国学者要展开系统、深入的池田思想研究首先需要超越日文文献解读的壁垒。从目前的研究状况来看，国内的许多研究都依赖中文译本完成，池田的大量著作尚未被系统地、按序列译为中文，文献介译工作成为未来池田思想研究有待深入的关键环节。

最后，由于池田大作的思想具有东方人文思想的特质，且对当今社会热点、难点问题予以较多关注和探讨，因此国内的众多研究者都希望通过池田思想研究找到社会弊病的救治良方。这种对于"实用性"的追求，也是中国的池田思想研究呈现出上述特点的原因之一。池田思想研究是否存在宣传性、赞誉性过多，而客观性、理论性、学术性思考尚显不足的问题，也有待中国学者反思。而且，从国内池田思想研究的整体状况来看，多数研究者认为池田大作的思想源于大乘佛教、《法华经》思想。诚然，大乘佛教的法华思想是池田大作思想的源头之一，但如何劲松所言，研究创价学会、池田思想，首先要关注日本佛教、日莲思想，这是池田思想及其行动的思想宝库和直接能量供给源，而我国研究者对日本佛教特质的认识和理解还有待提高。

事实上，立足当代宗教学研究的视角，池田大作的直接身份是日本当代新佛教团体创价学会的第三任会长，其教育家、诗人、社会活动家等身份均与其宗教信仰相关。因此，如何看待这一宗教人物的思想与实践，无疑应该成为池田大作思想研究的重点。如何正确看待并客观评价一位宗教领袖的社会活动；如何辨析其宗教思想与哲学思想、教育思想、和平环保理念、人权意识等方面的异同；如何看待当代宗教团体在谋求自身发展的同时，在和平、环保、文化、教育、艺术等诸多领域发挥出救世济生、教化民众、疏导人心之类的积极作用等问题，亟须用宗教学的视角开展研究，也是客观评价创价学会这一日本新佛教团体的重要尺度。

第四节　池田思想研究的方法论问题

着眼于当代世界宗教对话、文明对话实践中存在的诸多现实问题，结合当前欧美、日本及我国宗教对话理论研究取得的成果，本书以"池田对话"为范例展开研究与探讨。笔者从 2016 年以前（含 2016 年）出版的日文原版 77 部对谈集中精选出 60 部能充分体现池田大作个人观点且社会流通量较大的对谈集作为例证分析的取材范围，应用宗教学、历史学与统计学相结合的方法对文字材料集中进行了研读与梳理，选取了其中具有代表性的对谈片段作为研究素材。

池田大作对话思想的深化是与其对话实践的展开相得益彰，互为促进的。他在不断与世界各地、各领域的有识之士展开多主题对话实践的过程中，逐步深化关于人类"对话"现象本质的理解，完善自身对现实问题本身的认识，从而不断深化自身的思想。因此本书关于池田大作文明对话的探讨从梳理其对话思想发展脉络与分主题探讨其对话实践的特色两个方面展开。

首先，池田对话思想发展的大体脉络。

池田大作对话思想根基是大乘佛教的入世思想与日本特色日莲佛教的

佛学实践理论。池田大作的对话实践开始于 20 世纪 60 年代末 70 年代初，到了 80 年代，其对话活动努力向世界范围拓展，其对话思想也由 70 年代的雏形发展得渐趋明晰。90 年代，池田对话在人数和内容方面都呈现出全面铺开的态势，池田大作关于"对话"的认识及其"人间论"对话理念也伴随对话实践的展开不断深化。到了 2000 年前后，其对话思想渐趋成熟，已经基本形成了较有特色的"池田对话模式"，而池田大作的对话实践也由此进入了巅峰期，对谈人数和次数之多，对谈涉及的内容之全面、丰富，都创造了最高纪录。单就出版的对谈集数量就可以看出，2000~2011 年的十余年时间里，共出版对谈集 30 余部，占全部对谈集总数的一半以上（见表 1-3）①。

表 1-3　池田大作对谈集统计②

序号	对谈集名称	对谈者	出版社·出版年份
1	文明・西と東 （文明・西与东）	リヒャルト・クーデンホーフ＝カレルギー ヨーロッパ統合の父（オーストリア） （库德诺夫·卡雷尔基 欧盟之父 奥地利）	サンケイ新聞社 1972 （产经新闻社）
2	古典を語る （畅谈古典）	根本誠 中国史・中世文学者（日本） （根本诚 中国史、日本中世文学专家 日本）	潮出版社 1974 （潮出版社）
3	二十一世紀への対話（上下） （21 世纪的对话 上下）	アーノルド・Jトインビー 20 世紀を代表する歴史家（イギリス） （阿诺尔德·汤因比 代表 20 世纪的 历史学家 英国）	文藝春秋 1975 （文艺春秋）
4	人生問答（上下） （人生问答 上下）	松下幸之助 松下電器産業創業者（日本） （松下幸之助 松下电器公司创始人 日本）	潮出版社 1975 （潮出版社）

---

① 表 1-3 中列出了本书选取的对谈集，出版的全部对谈集参见文后参考文献。
② 统计表中主要选取 2011 年以前出版的、流通比较广泛的对谈集作为本书例证分析的资料。括号内汉语书名、人名等为笔者译。

序号	对谈集名称	对谈者	出版社·出版年份
5	人間革命と人間の条件 （人性革命与人的条件）	アンドレ・マルロー 作家（フランス） （安多拉·马鲁洛 作家 法国）	潮出版社 1976 （潮出版社）
6	闇は暁を求めて——美と宗教と人間の再発見 （黑夜寻求黎明——美·宗教·人的再发现）	ルネ・ユイグ 世界的美術史家（フランス） （路奈·尤伊古 世界美术史学家 法国）	講談社 1981 （讲谈社）
7	二十一世紀への警鐘 （21世纪的警钟）	アウレリオ・ベッチェイ ローマクラブ創設者（イタリア） （阿沃莱里尔·贝治 罗马俱乐部创始人 意大利）	読売新聞社 1984 （读卖新闻社）
8	社会と宗教（上下） （社会与宗教 上下）	ブライアン・ウィルソン 国際宗教社会学会元会長（イギリス） （布莱安·威尔逊 国际宗教社会学会前会长 英国）	講談社 1985 （讲谈社）
9	第三の虹の橋——人間と平和の探求 （第三虹桥——探求人类与和平）	アナトーリ・A・ログノフ モスクワ大学総長（ロシア） （阿纳托里·A. 劳古诺夫 莫斯科大学总长 俄罗斯）	毎日新聞社 1987 （每日新闻社）
10	「平和」と「人生」と「哲学」を語る （畅谈"和平"、"人生"与"哲学"）	ヘンリー・A・キッシンジャー アメリカ元国務長官（アメリカ） （亨利·阿尔弗雷德·基辛格 美国前国务卿 美国）	潮出版社 1987 （潮出版社）
11	内なる世界——インドと日本 （内在世界——印度与日本）	カラン・シン インド文化関係評議会副会長（インド） （克兰·信 印度文化关系 评议会副会长 印度）	東洋哲学研究所 1988 （东洋哲学研究所）

续表

序号	对谈集名称	对谈者	出版社·出版年份
12	二十一世紀への人間と哲学——新しい人間像を求めて(上下)（21世纪的人与哲学——谋求新的人类形象）	ヨーゼフ・デルボラフ ボン大学名誉教授（ドイツ）（约瑟夫·戴鲁保拉夫 波恩大学名誉教授 德国）	河出書房新社 1989（河出书房新社）
13	「生命の世紀」への探求——科学と平和と健康と（"生命世纪"的探求——科学、和平与健康）	ライナス・ポーリング ノーベル化学賞・平和賞受賞者（アメリカ）（莱纳斯·保林 诺贝尔化学奖·和平奖获奖者 美国）	読売新聞社 1990（读卖新闻社）
14	敦煌の光彩——美と人生を語る（敦煌的光彩——畅谈美与人生）	常書鴻 敦煌研究院名誉院長（中国）（常书鸿 敦煌研究院名誉院长 中国）	徳間書店 1990（德间书店）
15	世界市民の対話——平和と人間と国連をめぐって（世界市民的对话——和平、人与联合国）	ノーマン・カズンズ ジャーナリスト（アメリカ）（诺曼·卡曾斯 记者 美国）	毎日新聞社 1991（每日新闻社）
16	太陽と大地 開拓の曲——ブラジル移住八十年の庶民詩（太阳与大地 开拓之歌——移民巴西八十年的平民诗篇）	児玉良一 初めてブラジルに渡った日本人移住者（日本）（儿玉良一 最初移居巴西的日本人 日本）	第三文明社 1991（第三文明社）
17	大いなる魂の詩(上下)（伟大灵魂的诗歌 上下）	チンギス・アイトマートフ 世界的作家（キルギス）（秦根斯·阿伊特玛特夫 世界作家 吉尔吉斯斯坦）	読売新聞社 1991~1992（读卖新闻社）

续表

序号	对谈集名称	对谈者	出版社·出版年份
18	「宇宙」と「人間」のロマンを語る——天文学と仏教の対話(上下)（畅谈"宇宙"与"人"——天文学与佛教的对话 上下）	チャンドラ・ウィックラマシンゲ 天文学者(イギリス/スリランカ出身) （钱德拉·威客拉玛辛格 天文学家 英国）	毎日新聞社 1992 （每日新闻社）
19	科学と宗教(上下)（科学与宗教 上下）	アナトーリ・A・ログノフ モスクワ大学元総長(ロシア) （安娜特里·A.罗古诺夫 莫斯科大学前校长 俄罗斯）	潮出版社 1994 （潮出版社）
20	二十一世紀の人権を語る（畅谈21世纪的人权）	アウストレジェジロ・デ・アタイデ ブラジル文学アカデミー総裁(ブラジル) （阿乌斯特莱宅吉洛·戴·阿特伊戴 巴西文学专科学校总裁 巴西）	潮出版社 1995 （潮出版社）
21	平和への選択（和平的选择）	ヨハン・ガルトゥング 平和学者(ノルウェー) （约翰·格鲁丁格 和平学者 挪威）	毎日新聞社 1995 （每日新闻社）
22	二十世紀の精神の教訓(上下)（二十世纪的精神教训 上下）	ミハイル・S・グルバチョフ ソ連の初代大統領(ロシア) （米哈伊尔·谢尔盖耶维奇·戈尔巴乔夫 苏联第一任总统 俄罗斯）	潮出版社 1996 （潮出版社）
23	太平洋の旭日（太平洋的旭日）	パトリシオ・エイルウィン チリの元大統領 チリ （帕特里西奥·艾尔文 智利前总统 智利）	河出書房新社 1997 （河出书房新社）
24	旭日の世紀を求めて（探求朝阳的世纪）	金庸 中国武侠小説の作家(中国) （金庸 中国武侠小说家 中国）	潮出版社 1998 （潮出版社）

续表

序号	对谈集名称	对谈者	出版社·出版年份
25	子どもの世界——青少年に贈る哲学 （儿童的世界——赠予青少年的哲学）	アリベルト・A.リハーノフ 国際児童基金協会総裁（ロシア） （阿里贝尔德·A. 利哈诺夫 国际儿童基金会总裁 俄罗斯）	第三文明社 1998 （第三文明社）
26	美しき獅子の魂——日本とブルガリア （美丽的狮子魂——日本与保加利亚）	アクシニア・D・ジュロヴァ ソフィア大学教授（ブルガリア） （阿克西尼尔·D. 究罗巴 索菲亚大学 教授 保加利亚 ）	東洋哲学研究所 1999 （东洋哲学研究所）
27	健康と人生——生老病死を語る （健康与人生——共谈生老病死）	ルネ・シマー　モントリオール 大学元学長（カナダ） ギー・ブルジョ　モントリオール 大学教授（カナダ） （露奈·西马 蒙特利尔大学前校长 加拿大 吉·布鲁吉奥 蒙特利尔大学教授 加拿大）	潮出版社 2000 （潮出版社）
28	二十一世紀への選択 （21世纪的选择）	マジッド・テヘラニアン ハワイ大学教授（アメリカ/イラン出身） （马吉德·泰莱拉尼安 夏威夷大学 教授 美国/生于伊朗）	潮出版社 2000 （潮出版社）
29	希望の選択 （希望的选择）	デイビット・クリーガー 核時代平和財団所長（アメリカ） （戴伊彼特·克里格 核能时代和平 财团所长 美国）	河出書房新社 2001 （河出书房新社）
30	カリブの太陽　正義の詩——「キューバの使徒　ホセ・マルティ」を語る （加勒比的太阳 正义之诗——谈论"古巴使徒何塞·马蒂"）	シンティオ・ヴィティエール ホセ・マルティ研究所所長（キューバ） （辛蒂奥·彼提艾尔 何塞·马蒂研究所所长 古巴）	潮出版社 2001 （潮出版社）

序号	对谈集名称	对谈者	出版社·出版年份
31	新しき人類を　新しき世界を——教育と社会を語る（新人类 新世界——畅谈教育与社会）	ヴィクトル・A・サドーヴニチィ　モスクワ大学総長（ロシア）（维克特尔·A.萨德布尼奇 莫斯科大学校长 俄罗斯）	潮出版社 2002（潮出版社）
32	東洋の智慧を語る（畅谈东洋智慧）	季羨林 中国語言学会会長・国学大師（中国）蒋忠新 中国社会科学院研究員 教授（中国）（季羡林 中国语言学会会长 国学大师 中国 蒋忠新 中国社会科学院研究员 教授 中国）	東洋哲学研究所 2002（东洋哲学研究所）
33	東洋の哲学を語る（畅谈东洋哲学）	ロケッシュ・チャンドラ　インド文化国際アカデミー理事長（インド）（洛克什·钱德拉 印度文化国际学会理事长 印度）	第三文明社 2002（第三文明社）
34	希望の世紀へ　宝の架け橋——韓日の万代友好を求めて（为希望的世纪架设宝贵桥梁——谋求韩日两国世代友好）	趙文富　国立済州大学前総長（韓国）（赵文富 国立济州大学前校长 韩国）	徳間書店 2002（德间书店）
35	地球対談　輝く女性の世紀へ（地球对谈 面向辉煌的女性世纪）	ヘイゼル・ヘンダーソン 未来学者　アメリカ（黑泽尔·亨德森 未来学者 美国）	主婦の友社 2002（主妇之友社）
36	学は光——文明と教育の未来を語る（学之光——畅谈文明与教育的未来）	ヴィクトル・A・サドーヴニチィ　モスクワ大学総長（ロシア）（比库特鲁·A.萨德布尼齐 莫斯科大学校长 俄罗斯）	潮出版社 2004（潮出版社）

续表

序号	对谈集名称	对谈者	出版社·出版年份
37	宇宙と地球と人間 （宇宙、地球与人）	アレクサンドル・セレブロフ 宇宙飛行士・全ロシア宇宙 青少年団「ソユーズ」会長（ロシア） （阿莱库森德鲁·塞来布罗夫 宇宙飞行员 俄罗斯）	潮出版社 2004 （潮出版社）
38	インドの精神—— 仏教とヒンズー教 （印度的精神—— 佛教与印度教）	ベッド・P・ナンダ 世界法律家協会名誉会長（インド出身） （贝德·P. 南达 世界法律家协会名誉会长 印度）	東洋哲学研究所 2005 （东洋哲学研究所）
39	人間主義の大世紀を—— わが人生を飾れ （人间主义的大世纪—— 吾生之辉）	J・K・ガルブレイス 経済学者（アメリカ） （J.K. 格鲁布莱斯 经济学者 美国）	潮出版社 2005 （潮出版社）
40	見つめ合う西と東—— 人間革命と地球革命 （西与东的遇见—— 人间革命与地球革命）	R・D・ホフライトネル ローマクラブ名誉会長（スペイン） （R.D. 贺夫莱特奈鲁 罗马俱乐部名誉会长 西班牙）	第三文明社 2005 （第三文明社）
41	「平和の文化」の輝 く世紀へ！ （迈向"和平文化"的 光辉世纪！）	エリース・ボールディング 平和学者・社会学者（アメリカ） （埃利斯·博鲁丁格 和平学者·社会学者 美国）	潮出版社 2006 （潮出版社）
42	「緑の革命」と「心の革命」 （"绿色革命"与 "心性革命"）	モンコンブ・S・スワミナサン インド近代農業の父　パグウォッシュ 会議会長（インド） （蒙高布·S. 斯瓦米纳森 印度近代农业之父 印度）	潮出版社 2006 （潮出版社）

续表

序号	对谈集名称	对谈者	出版社·出版年份
43	地球平和への探求 （探求地球和平）	ジョセフ・ロートブラット パグウォッシュ会議名誉会長（イギリス） （约塞夫·劳特布拉特 反核战争国际医师会议名誉会长 英国）	潮出版社 2006 （潮出版社）
44	美しき生命　地球と生きる——哲人ソローとエマソンを語る （美丽生命 与地球共生——共谈哲人梭罗和艾玛逊）	ロナルド・ボスコ ソロー協会前会長（アメリカ） ジョエル・マイアソン 同協会前事務総長（アメリカ） （罗纳德·博斯克　梭罗协会前会长 美国 乔尔·麦阿逊 梭罗协会前事务总长 美国	毎日新聞社 2006 （毎日新闻社）
45	対話の文明——平和の希望哲学を語る （对话的文明——畅谈和平的希望哲学）	ドゥ・ウェイミン ハーバード大学教授（アメリカ） （杜维明 哈佛大学教授 美国）	第三文明社 2007 （第三文明社）
46	人間主義の旗を—— 寛容・慈悲・対話 （人间主义的旗帜—— 宽容·慈悲·对话）	フェリックス・ウンガー ヨーロッパ化学芸術アカデミー会長 （オーストラリア） （菲利克斯·温格 欧洲化学艺术学会会长 澳大利亚）	東洋哲学研究所 2007 （东洋哲学研究所）
47	今日の世界　明日の文明——新たな平和のシルクロード （今日的世界 明日的文明——通向和平的新丝绸之路）	ヌール・ヤーマン ハーバード大学教授 （アメリカ/トルコ出身） （努尔·雅曼 哈佛大学教授 美国/生于土耳其）	河出書房新社 2007 （河出书房新社）
48	友情の大草原—— モンゴルと日本の語らい （友情的大草原—— 蒙古与日本的诉说）	ドジョーギーン・ツェデブ 作家・モンゴル国立文化芸術大学学長 （モンゴル） （德兆根·采戴布 作家 蒙古国立文化艺术大学校长 蒙古	潮出版社 2007 （潮出版社）

续表

序号	对谈集名称	对谈者	出版社·出版年份
49	二十一世紀の平和と宗教を語る（畅谈 21 世纪的和平与宗教）	ハービー・コックスハーバード大学教授（アメリカ）（哈比·高克思哈佛大学教授 美国）	潮出版社2008（潮出版社）
50	人道の世紀へ——ガンジーとインドの哲学を語る（迈向人道世纪——畅谈甘地与印度哲学）	ニーラカンタ・ラダクリシュナンマハトマ・ガンジー非暴力開発センター所長（インド）（特·拉达库里修南甘地非暴力开发中心 所长 印度）	第三文明社2009（第三文明社）
51	文化と芸術の旅道（文化与艺术之旅）	饒宗頤 香港中文大学終身主任教授（香港）孫立川 文学者（香港）（饶宗颐 香港中文大学终身主任教授 中国香港孙立川 文学家 中国香港）	潮出版社 2009（潮出版社）
52	天文学と仏法を語る（畅谈天文学与佛法）	ロナウド・モウラン天文学者、作家、エッセイスト（ブラジル）（罗纳伍德·蒙兰 天文学家 作家 巴西）	第三文明社2009（第三文明社）
53	人権の世紀へのメッセージ——第三の千年に何が必要か（人权世纪的宣言——何为第三个千年之需）	アドルフォ・ペレス＝エスキベル人権活動家（アルゼンチン）（安德鲁佛·派莱斯 人权活动家 阿根廷）	東洋哲学研究所2009（东洋哲学研究所）
54	明日をつくる"教育の聖業"デンマークと日本友情の語らい（创造明天之"教育的圣业"丹麦与日本的友情对谈）	ハンス・ヘニングセンアスコー国民高等学校元校長（デンマーク）（汉斯·汉尼古森阿斯科国民高中前校长 丹麦）	潮出版社2009（潮出版社）

续表

序号	对谈集名称	对谈者	出版社·出版年份
55	教育と文化の王道 （教育与文化的要道）	張鏡湖 中国文化大学理事長（中国台北） （张镜湖 中国文化大学理事长 中国台北）	第三文明社 2010 （第三文明社）
56	平和の哲学　寛容の智慧 （和平的哲学 宽容的智慧）	アブドゥルラフマン・ワヒド インドネシア元大統領（インドネシア） （阿卜杜勒·拉赫曼·瓦希德 印度尼西亚前总统 印度尼西亚）	潮出版社 2010 （潮出版社）
57	人間勝利の春秋—— 歴史と人生と教育を語る （人间胜利的春秋—— 畅谈历史、人生与教育）	章開沅 華中師範大学元学長、歴史家、教育家 （章开沅 华中师范大学前校长 历史学家 教育家　中国）	第三文明社 2010 （第三文明社）
58	哲学ルネサンスの対話 （哲学复兴的对话）	ルー・マリノフ　アメリカ実践 （哲学协会会长鲁·马里诺夫 美国实践哲学协会会长 美国）	潮出版社 2011 （潮出版社）
59	平和の朝へ　教育の大光 （和平之晨 教育之光）	ミハイル・スグロフスキー 元ウクライナ教育大臣 （米哈伊鲁·斯古洛夫斯基 前乌克兰教育部部长 俄罗斯）	第三文明社 2011 （第三文明社）
60	新しき地球社会の 創造へ——平和の 文化と国連を語る （新地球社会的创造—— 畅谈和平的文化与联合国）	アンワルル・K・チョウドリ 元国連事務次長 アメリカ （安瓦鲁鲁·K. 乔道力 联合国前事务次长 美国 ）	潮出版社 2011 （潮出版社）

其次，池田对话实践的主题与内容。

关于"池田对话"的主题与内容，从本文选取的 60 部对谈集的题目及副标题即可观概其貌。60 部对谈集单行本，18 部的题名中直接出现了"人间""人权""人生"等字样，23 部围绕以"人类""人生""人权"，或与"人""人生"密切相关的话题如生命、生老病死等主题展开讨论，可见"人"是池田对话的一个核心议题。此处需要说明的是，池田日文原著对谈集中反复出现的"人间"一词，汉语中应作为"个体之人"或"群体之人"来理解，同时隐含着"人之本性、共性"之义。所以说，池田大作的"人间学"，不但与个体之生命、肉体与心灵成长相关，也与人之群体、人类社会的变革相联系。在此基础上，池田又从佛法之缘起思想与因果思想推而论之，将"人间"一词推广到宇宙生命论、普遍联系论的哲学范畴。此外，池田大作的对谈集题目中出现频率列第二位的是"世纪"一词，也说明池田大作的对话是具有鲜明时代感的讨论，无论是反思20世纪还是展望21世纪，立足时代、着眼当代现实问题的解决，关注未来人类命运与发展前景，始终是池田对话的核心议题。可以说，池田大作是在回顾与反思20世纪人类发展之利弊得失的基础上，关注与展望21世纪人类发展的前景与未来。正是这样强烈的时代使命感与深切的人文关怀，让池田大作立足东方佛学立场，围绕21世纪人类发展密切相关的诸如和平、对话、人权、宗教、教育、文化等问题，倡导和推进全球范围的大讨论，这些问题是池田对话的核心问题，也是当代宗教对话、文明对话的热点问题。

在全面阅读了池田大作的系列日文原版对谈集的基础上，通过对对谈集内容的统计与梳理，笔者认为，池田大作的对谈主题主要围绕四方面，即和平问题、教育问题、文明·文化间交往问题、宗教问题。在探讨这四大热点问题的过程中，池田从东方佛学的立场出发，对于当今时代发展的特点与得失利弊进行了深刻反思，在此基础上，将自身充满深切宗教人文关怀的大乘佛教慈悲救世、利他共生等理念注入对话之中，形成了具有池田特色的对话模式，其文明对话观也表现出别具一格的"人间论"的特质，即"人"的自我救赎与社会的良性发展是人与人、宗教与宗教、文明与文明"对话"的根本原因亦是最终目的。通过人与人、面对面的方式，在诚挚与坚韧的对话中完成思想的沟通、分享与相互启迪，以广泛、深入对话的精神来跨越人及其背后的宗教、文化、文明传统所固守的藩篱，从而更深刻地认识与反思自身，完成自身传统的超越与良性发展，最终实现人类与自然、宗教与社会的和谐共生。

笔者通过援引和精译对谈资料原文，力求忠实展现池田大作对话思想的原貌，探讨池田大作的对话思想来源、对话特色与运作模式，并在此基础上展开学理反思，以期为我国池田大作思想研究的深入推进抛砖引玉，亦期待能为我国未来的宗教对话、文明对话实践的开展提供一个参考与比较的范例。

第二章　池田文明对话思想的发展脉络

20 世纪 60 年代末到 21 世纪最初的十年，池田大作致力于与世界各国家的政治领袖、众多领域的代表人士、文化名人对话，其对话实践坚持开展了 40 余年。直至 2010 年前后，鉴于个人高龄等自身状况，池田大作不再公开面对公众传媒，但仍以笔谈等形式继续着对话活动。池田大作与具有文明、宗教等异文化背景的众多代表与精英人士留下了大量的对谈记录，这些对话以对谈集的形式先后出版。可以说，这些对谈资料不仅是池田大作个人思想的发展记录，也可以说是难得的全球名人智慧集锦。

池田大作立足东方佛学立场，从大乘佛教与日本特色的日莲佛教理念相结合的角度，在对话实践中不断挖掘、丰富、激扬与发展自身对话理论。就其整体发展脉络而言，20 世纪 60 年代末，池田大作在与欧盟之父库德诺夫·卡雷尔基开始对谈之时起，其对话思想就已经萌芽，而与英国著名历史学家汤因比的对谈，促使池田大作真正走上了与世界名人对谈的文明对话之路。其文明对话思想大致经历了对话思想的提出、对话行动的拓展、对话理论的深化、对话模式的形成四个阶段，但每个阶段不是承继性的发展模式，而是伴生性的发展轨迹，即对话思想蕴于对话行动之中，对话实践促进了对话思想的深化与成熟。

本章主要以已出版的对谈集为文本依据，对池田大作对话思想发展的轨迹进行爬梳，力求探明池田对话思想的特点，探讨其对话实践对于对话思想发展的作用与影响。

因为对谈集的出版受到各种综合因素的影响，出版时间相对对谈时间而言具有滞后性，并且通常每一本对谈集的内容都是与对谈对象多次见面、长时间对谈的累积谈话记录，集从初见、初识对谈对象到最终对谈集出版，经常跨越几年甚至更长时间，所以单纯以对谈集的出版年限对池田大作对话思想发展的年代进行划分恐有失公允。故笔者在以年代为序梳理池田大作对话思想发展轨迹的过程中，以各个时期的对谈集材料为文本依据，采取了适当从前折中的方式，如将 1990 年出版的池田大作对谈集中关于"对话"问题的看法归于 80 年代的思想领域。由于一个人的思想发展轨迹理应是承前启后的渐进式发展模式，并且应该与人物自身境遇和所处团体、社会大环境的变化密切相关，所以笔者在撰文过程中，采取了将历史背景、个人经历与池田对话关注的现实问题、个人思想特点相结合的方法进行分析，将池田大作的对话思想发展过程大体分为以下四个时期。

第一节　雏形期：20 世纪 60 年代中后期

池田大作坚持对话 40 余年，若溯其源头，需要着眼于两个向度，即对话思想的源头与对话实践的正式展开。如上所述，池田大作倡导并身体力行的文明对话具有对话思想的深化与对话实践的拓展相伴生的特点。池田大作的对话思想不但浸润了传统大乘佛教、日本日莲佛教的东方宗教色彩，还明显具有日本新佛教教团的特征。

一　国际争端与对话"斡旋论"的提出

20 世纪 60 年代中后期到 70 年代初，是池田大作对话思想的雏形期。这一时期他与第一位正式对谈对象，被誉为"欧洲统一之父""欧盟之父"的奥地利人库德诺夫·卡雷尔基（Coudenhove Kalergi）展开了对谈。二人最初相见于 1967 年，库德诺夫·卡雷尔基于 1970 年秋第二次赴日时与池田大作在东京对谈三次，总计 10 余小时。在对谈中，二人探讨的内容极具时代性和现实性特点，涉及与人类发展密切相关的社会问题、日本未来发展方向等诸多方面，二人还认真讨论了东西文明论、世界和平等问题。对谈中池田大作不仅着眼于东西方文明的广域视角，更努力从日本的立场出发，认真分析了日本面临的国际环境与发展问题，对谈还言及与中国发展相关的问题。具体而言，二人的对谈内容包括日本论、日本与亚洲、日本与西欧、西欧与苏联、中国论、日本与中国、美国论、联合国论、和平国家论、自然与人、公害问题、宗教的赋权、生与死、领导人姿态、人物论、太平洋文明、自由与平等、民主主义、生命的尊重、青年论、女性论、教育论等。可见，在这次对谈中，池田有针对性地对诸多现实问题展开了思考，并力求通过对话的形式在与对话对象的探讨中阐明并完善自己的观点。从对谈整体内容来看，虽涉及问题较广，但探讨大多着眼于社会现象和具体问题，并未展开细致剖析。

此外，在与库德诺夫·卡雷尔基的对谈中，池田大作具体阐述了自己对开展"文明对话"问题的看法。二人谈及在华沙举行的中美大使级会谈，池田大作谈道：

> 中美大使级会谈，如果不从政治意义上来看待，而以东西"对话"的观点来看待又如何呢？如果可以成功，那么今后国际上的所有问题都可以产生从对立到对话的转机，这或许应该成为一块非常重要的试金石。此类对话应坚持不懈地继续开展下去。日本也应发挥出积极推进此类国际性对话的重要作用。①

这是池田大作在他的系列对谈中关于对话问题的最初阐述。从内容来看，当时池田大作对于对话的看法是比较直观的，他把"对话"看作解决国际关系问题的"试金石"，也认为"对话"是解决国际争端的一种值得信赖的有效途径。事实上，在 20 世纪 60 年代，池田大作对于"对话"的理解倾向于一种解决国际问题的手段，近似于 Adam Curle② 对于"斡旋"一词的解读，即在对立双方期待达成观念上的一致这一基础上，力求化解"对立"的价值观与"敌对"的心理而努力进行的慎重交涉。他重视对话的作用，正是因为对话在面对和解决各种国际问题时，能够避免战争等争端，用和平对话、语言沟通的方式可以解决问题，寻求共识。这几句陈述

---

① リヒャルト·クーデンホーフ、池田大作：『文明·西と東』，サンケイ新聞社，1972，『池田大作全集』102，87ページ。笔者译。

② Adam Curle, *Tools for Transformation：A Personal Study*, Hawthorn Press, 1990, p. 22.

言简意赅，已经充分表明了池田大作的立场和态度：

第一，时代的发展要求人们从广义上思考东西方对话的意义；

第二，期待国际问题可以通过对话解决，这是时代发展过程中化解人类面临的诸种对立所可能寻求的一种转机；

第三，在维护国际关系与缓解诸多问题的过程中，对话虽然可能仅仅发挥着"试金石"效应，但东西方对话必须坚持不懈地开展下去；

第四，日本作为东方现代国家，理应肩负起促成世界各大文明、宗教对话的使命。

可以说，在这一时期，池田大作已经开始意识到对话的重要作用，并努力以一个东方宗教人士的身份和视角，立足自身的民族、区域特点来思考世界各大文明的对话问题。在 20 世纪 60 年代，池田大作对话观的重心在于对话之"斡旋"效果，对对话的作用有着较高的期待值。

二 池田"斡旋论"对话观的时代背景

20 世纪 60 年代末到 70 年代后期的十余年，池田大作更多地将对话作为一种解决问题的手段与方式来看待。事实上，这并非偶然之思、一时之念，而是与日本乃至世界局势的变化、创价学会的发展状况以及池田大作个人思想经历等多方面综合因素密切相关。20 世纪 60 年代中期，随着东西方宗教的相互接触，由西方天主教率先发起的宗教对话运动开始得到宗教界的响应，加强了人们对文明、宗教对话必要性的认识，日本佛教作为东方宗教的代表参与其中。第二次世界大战后的日本，新宗教如雨后春笋般蓬勃发展，当代新佛教团体创价学会就是其中的代表之一。20 世纪 60 年代，日本创价学会已经实现了组织人数与教团规模的迅速壮大，池田大作作为这一新宗教组织的领导者，一方面面临着教团迅速扩大后如何实现稳定与自我充实的问题，另一方面也积极探索教团未来发展的方向。与外界对话，以对话的方式向世界发声，恰恰是创价学会作为日本最大的新佛教团体让外界了解自身必不可少的方式。

首先，从世界局势来看，20 世纪中叶，美苏两个超级大国的实力抗衡与思想意识形态的对垒，使整个世界局势处于变化与动荡之中。在西方，第二次世界大战的阴霾仍未完全消尽，刚刚从战争废墟中恢复的欧洲，不甘心臣服美国的指挥，酝酿着建立统一的欧洲联盟，而老牌资本主义国家法国又与尚未被美国"认可"的新中国建立了外交关系。此时的美国虽然独霸一方，却陷入越南战争的泥潭难以自拔，处于被动的进退两难状态。与此同时，东方阵营的中苏两国也由于国际共产主义运动总路线问题和国家利益问题关系破裂，中国与苏联各自在边境屯兵，东方社会主义阵营也显得矛盾重重。亚非拉的民族解放与民族独立运动愈演愈烈，新兴国家大量涌现。因此，寻求怎样一种"救世良方"，可以有效避免战争并能够妥善缓解国际关系，成为这一时期全球共同注目的课题，因此，对话作为一种解决问题的方法逐渐受到认可与重视。

其次，从日本当时的社会发展状况与创价学会的发展来看，对话也是一种最有效的、适应社会与促进教团进一步发展的办法。朝鲜战争和越南战争的大量军需，让日本成为美国的战争后备基地，军用产品的生产拉动了日本经济的复苏与迅速发展。但是，政治自主权的丧失让日本受到压制，如何与美国对话以争取自身权益，如何与世界对话以赢得更加广阔的发展空间等问题显得紧迫，对话的成败严重影响着日本发展的可能性。战后，美国对日本的管辖与改造，在公民权利方面的一个表现就是宗教政策的变化。由于日本《宪法》承认公民的信仰自由权，加上经历战争的苦痛折磨，普通日本民众寻求精神寄托的需求强烈，促使日本社会的新宗教如雨后春笋般涌现。创价学会作为一个新佛教团体，在五六十年代实现了飞跃性的发展，会员人数增长速度惊人。

据统计，1943 年创价学会会员人数为 3000；1951 年末达到 5700 户；1955 年达 30 万户，约 70 万人；1958 年已达 75 万户；1960 年跃至 130 万户；1962 年又猛增至 300 万户，800 多万人；1966 年会员户数又翻一番，达 600 万户；1970 年达 755 万户，1000 多万会员；1976 年发展到 781 万户。[1]

① 衫森康二：『研究・创价学会』，自由社，1976，223ページ。

与此相对应，日本政府的平成 20 年（2008）人口动态调查报告显示，1970 年，日本的总人口数刚突破 1 亿，按 1970 年创价学会会员人数达到 1000 万人计算，在 70 年代的日本，创价会员人数占到了日本总人口数的 1/10，也就是说 10 个日本人中就有 1 个人是创价学会的会员。作为一个新兴教团，这样的发展速度无疑是惊人的。作为学会的领导者，池田大作上任之初就已经将目光转向了日本之外的广阔世界。作为一个仅有 1 亿多人口的岛国，日本发展空间有限，着眼于教团未来的发展形势，如何在世界范围内扩大影响力、实现更大的发展等，都是池田大作无法回避的课题。创价学会作为一个新宗教团体，其会员的教内沟通常以座谈会的形式进行，会员之间的交流和对话是其中非常重要的一部分。面对教团外部人士，作为宣传自身宗教信仰和寻求认同的方式，通过语言来辩明、说服、感化（即"折伏"）是一种基本的传教方式。对话的方式十分灵活机动并贴合现实与人心，区别于传统佛教的传教方法，这也是创价学会得以迅速发展的重要原因之一。

此外，从池田大作的个人情况来看，20 世纪 50 年代末，经历了大阪事件①之后，池田大作在创价学会中的知名度和凝聚力大大增强，于 1960 年当选为创价学会第三任会长。创价学会必须走向世界，这是池田大作上任之初确定的教团发展方向。60 年代，池田大作走访了世界多个国家和地区，1961 年 10 月，出访欧洲 9 国；1962 年 1 月，出访中东 6 国；1963 年 1 月，出访欧美、中东、亚洲 7 国；1964 年 5 月出访澳大利亚、印度等 3 国；同年 10 月，出访东南亚、中东、欧洲 10 国；1966 年 3 月，又到南北美洲访问。这样的频繁出访，让池田大作的视野不断拓展，他开始关注并思考在人类发展与进步的过程中出现的诸多现实问题，也充分意识到通过和平对话的方式解决外交、地域冲突等问题的重要意义。另外，池田大作本人性格豁达爽朗，常给他的对谈对象留下真诚、坦率的印象。正如库德诺夫·卡雷尔基在他的著作《美丽的国家：回到故乡之国——日本》中对池田大作的评价："我被池田大作这个人物感动了，他才 39 岁，我感受到从这个人物身上发出

---

① 1957 年创价学会被起诉违反公职选举法，时任创价学会涉外部部长池田大作等人被逮捕，其后无罪释放。

的动力。他是位天生的领导人", "是个坦率、友好, 而且知性非常高的人物。"① 事实上, 这也是池田大作对话态度的整体基调。正是与库德诺夫·卡雷尔基的对谈集让池田大作的声音传播到了欧洲的知识阶层, 自此为始向西方乃至世界传播。更为重要的是, 与库德诺夫·卡雷尔基的对话, 为池田大作与英国知名历史学家汤因比的对谈做了充分的铺垫。

总之, 20 世纪 60 年代的池田大作, 比较看重"对话"在国际交往中的功效性。在这一时期, 顺应着国际、日本国内和教团发展的整体形势, 池田开始尝试思考一些问题, 并力求通过自身的力量为解决这些问题付出踏实有效的努力。他与库德诺夫·卡雷尔基所进行的对话, 重点较多在战后国家间关系的平衡、国际冲突的解决、日本如何走向世界、自然与公害问题的协调、民主与人权如何实现等方面。以此为始, 他开始希望与他文明、他文化中成长起来的优秀人物进行对话, 共同去关注一些现实的苦难和纷争, 期待东西方国家之间能够通过和平对话的方式解决冲突和利益纷争问题。正如他在对话中所说, "人口、粮食、污染、资源等等, 如今都已经迎来了凭借对话引发共鸣的时代, 人类需要通过对话来确定人类如何共存的方向性问题"②。

第二节　拓展期: 20 世纪 70 年代至 80 年代

如上所述, 20 世纪 60 年代中后期, 池田大作对于"对话"的作用本身已经有了比较清晰的认识, 并尝试探索是否可以通过外交斡旋、对话的方式来解决一些国际争端和问题。他与众多国家诸多领域的代表进行对谈, 对谈内容涉及和平、人权、教育、政治、宗教等诸多方面。20 世纪 70 年代初到 80 年代中后期, 是池田大作努力拓展其对话活动的关键期, 也是池田大作以实际行动诠释其"实践论"对话观的时期。在这一时期, 池田大作与汤因比的对话, 可视为池田大作文明对话道路上的重要里程碑。

---

① 前原政之:『池田大作——その行動と軌跡』, 日本中央公論新社, 2006, 196ページ。
② A・マルロー、池田大作:『人間革命と人間の条件』, 潮出版社, 1976, 114ページ。

一 与汤因比的全面对话

关注池田大作的文明对话行动，首先需要关注的是池田大作对话实践得以拓展和扩大的重要节点，即 1972 年池田大作与英国著名历史学家汤因比①的对话。1972 年 5 月到 1973 年 5 月，池田大作与汤因比博士进行了累计十天近 40 个小时的对话，对谈中二人的话题紧密关注人类与世界发展，广泛着眼历史与未来，最终探讨已深入宇宙与生命的精神层面，对人类发展的诸多相关难题及其产生的本质性原因进行了论析，许多话题和具体建议时至今日仍有重要的启发意义。池田大作与汤因比的这次对谈，最终集成了名为『二十一世紀への対話』的对谈录，迄今已被翻译成 28 种文字出版，于世界各地广为传播，反响十分强烈。

在与汤因比展开对谈之前，池田大作还曾与欧洲运动的倡导者、奥地利人库德诺夫·卡雷尔基及日本文学家根本诚有过正式的交流与对话，并先后出版了对谈集『文明·西と東』『古典を語る』，但无论是从对谈内容的广度和深度，还是从对于池田大作本人的思想和行动的影响来看，池田大作真正致力于文明对话实践，正式踏上对谈之路的"出发点"还是应归于与汤因比的对谈，这是池田大作有针对性地思考人类发展的现实问题，并且系统性地明确提出自身观点的开始，也是池田大作正式决定以"对话"的方式实现其宗教理想，奔走于世界各地广泛呼吁更多人关注人类发展的现实与命运、与全球精英人士共同探讨救世良方的开始。

首先，从直观原因来看，汤因比发出的对谈邀请，以及对谈结束后的积极评价坚定了池田大作开展和平对话实践的信心。作为致力于人类

---

① 阿诺尔德·J. 汤因比（1889—1975），英国历史学家，牛津大学毕业，曾任该校研究员（1912~1915）。第一次世界大战时期曾在英国外交部情报部工作（1918），战后作为英国代表团的成员出席过巴黎和会（1919）。20 世纪 20 年代先后担任过伦敦大学教授（1924）、皇家国际问题研究所所长（1925），伦敦大学国际关系史教授。二次世界大战时期曾任英国外交部调查部长（1943~1946）。一生著作颇多，主要有《历史研究》12 卷，先后于 1934~1961 年出版，以综合观点对人类历史进行了新的展望。另外还有《民族与战争》（1915）、《希腊的历史思想》（1924）、《1924-1938 年国际事务概述》、《经受考验的文明》，以及《一个历史学家的宗教观》等。

史、文明史与历史哲学研究的西方历史学家，汤因比曾对东方文明给 20
世纪的世界及其未来发展带来的影响进行过深入思考。他对于东方宗教，
尤其是佛教抱有非常大的兴趣。这也是他向池田大作发出对话邀请的背
景之一。收到汤因比的来信之后，考虑到汤因比博士的高龄，池田大作
于 1972 年 5 月、1973 年 5 月两次访问汤因比在伦敦的住宅，二人展开
了共计 40 个小时的对谈。正如池田大作在后来的对谈和撰述的文章中多
次提到的，对谈的最后一天，84 岁的汤因比博士握着 45 岁的池田大作
的手，动情而充满期待地说："你一定要把这样的对话更加广泛地拓展
下去！"，"不断地进行对谈才是最重要的，一定要与世界各方指导者进
行持续的对话"，而这部对谈集也成为汤因比最后的著作。池田大作在
与戈尔巴乔夫对谈时也曾明确地说："我正是按照汤因比博士寄予我的
殷切嘱托和遗志，不断开展这种对话形式的'行动'，希望我们的此次
对谈也能够全身心投入，互有启发。"① 与汤因比的对谈为池田大作之后
的对谈设定了基调，对池田倾尽毕生之力不断拓展其对话实践的影响是重
大且深远的。

　　其次，池田大作是一位年富力强的新生代东方宗教领袖，汤因比则是
毕生从事世界历史、文明发展史研究的西方知名学者。汤因比开阔的视野
与深邃的历史洞见为池田大作更加深入地将自身的东方佛学理论与对人类
社会现实问题相结合提供了契机，而池田大作的东方佛学特色的人文思想
也给汤因比带来了思想上的反思、触动与激扬。更重要的是，作为历史学
家的汤因比与作为宗教活动家的池田大作，都有着对当代社会种种现实问
题的密切关注与深切的人文关怀，这一根本前提不但让二人找到了对话的
共同基础，且在不断地探讨与深入对话的过程中，二人完成了思想的分
享、激发与碰撞，对未来人类发展面临的诸多难题提出了具有建设性的深
刻洞见。

　　另外，从"汤池对话"的时代背景与内容特色来思考，20 世纪 70 年
代初，正是世界宗教对话、文明对话展开各种尝试的起步阶段，汤因比和

---

① 　ミハイル・S・グルバチョフ、池田大作：『二十世紀の精神の教訓』，潮出版社，1996，
　　『池田大作全集』105，聖教新聞社，33ページ。

池田对话的成功可以说开辟了当代文明对话的范式。汤因比、池田大作的对谈之所以取得成功并产生了深远影响，有如下五点引人深思。第一，二人的对谈紧密围绕人类正在和必须面对的诸种基本问题展开，一方面对于诸如和平、环境、人权、科学、伦理等人类迫切需要解决的现实问题进行了探讨，另一方面对隐于现实问题底层的人类史的永恒课题，即何谓生死、何谓人、何谓生命等亦有所论及，可以说，这次对谈在对谈内容的广度与深度方面都有所突破。第二，二人的宗教和文化背景各异，汤因比是在基督教文化背景中成长起来的西欧学者，其思维方式与知识架构可作为近代西方知识人的代表，而池田大作则是东方宗教佛教信徒，其思想不但积淀着东方佛学底蕴，又涵摄日本文化的特质。因此，二人各自立足自身文明、文化传统而展开的对话，广义而言是一种"文明对话"，狭义来看亦可理解为一种东西方宗教代表人物之间展开的"宗教对话"。第三，尽管二人所处的文化、文明背景不同，成长经历不同，视角和出发点都不同，但是通过对话和探讨，二人在具体问题中找到了诸多思维模式的共通点，相对而言，差异却显得只有寥寥几处。通过对谈，二人还在相互学习切磋过程中完成了思想上的共鸣与成长。第四，二人在"求同存异"的基础上深入分析了"共通项"如此之多的原因。作为对谈双方，二者能够不单纯委身于自身的文明框架之中，而是以开阔的胸怀与宽容的态度接纳对方，展开真诚的交流与智慧分享。不但力求超越自身的文化藩篱，还尝试去思考和解读世界其他文明的特质，因此能够在相互的启发中寻找人类的"共通点"。第五，也是最重要的一点，二位对谈者通过哲学论与宗教论进行分析，发现如果深入反映人类本性的意识层面与心理层面，那么无论任何时代、身处何处的任何人身上都能找到一些反映人类本性的要素。进而得出结论，"所谓人类本性的诸要素，最终还是发端于构成包罗万象之根源的终极性存在这一基础"。关于"终极性存在"的讨论，汤因比将其概括为"存在于宇宙背后的精神性实在"，而池田大作则将其表述为"宇宙之根源法"，亦称"宇宙生命"。这种着眼于宇宙与生命的终极——宇宙生命·法、精神性实在的基础的"对话"，亦是当代文明对话、宗教对话所追寻的境界和努力叩问的基础性课题。

最后，还需进一步思考的是，池田大作展开的跨国度、跨领域的文明对话实践与其对话思想的成熟、创价学会发展模式转换的相关性问题。学者冉毅在其博士学位论文中将池田大作思想的发展大体划分为四个时期，即信仰坚定时期（1947～1958）、宗教政治理念形成时期（1958～1970）、宗教文化思想形成时期（1970～1979），和平文化的使者（1979～）。① 由于该学位论文提交于 2002 年，池田大作作为"和平文化的使者"的活动仍在继续，故论文中的年代划分尚未完整。事实上，直到 2010 年前后，池田大作才鉴于高龄等原因，不再公开出席活动。因此，可以说，池田大作作为"和平文化的使者"积极开展对话活动的时期是从 20 世纪 60 年代末到 21 世纪最初的 10 年，持续了 40 年之久。换言之，池田大作文明对话实践的开展是其宗教文化思想日臻成熟的必然要求。而与历史学家汤因比的对话，恰是池田大作将东方佛学的传统理念与当代新佛教团体的积极入世、救世观念相融合，从宗教家的宗教哲学、宗教文化、人文关怀的角度进行的一次全面的思想理析、激荡和升华。对于这些问题的深入思考有助于池田大作完成自身对话理论框架的构建，也为未来池田大作不断拓展其对话奠定了坚实的基础。

同时，作为日本新佛教团体创价学会的第三任会长，池田大作大力拓展与世界各大文明、文化的代表人物进行对话的行动也代表了创价学会这一宗教团体自身发展的客观要求。创价学会前身是创价教育学会，最初是一个以教育人士为主要成员的团体，初任会长牧口常三郎。1945 年，创价教育学会更名为创价学会。创价学会信仰有着近 800 年古老传统、独具日本特色的日莲佛法，以《法华经》为第一宗经，以宗主日莲撰写的遗书《御书》为行动指南。在第二任会长户田城圣领导下，创价学会有了较大的发展，到户田会长去世的 1958 年，会员人数增加到 76 万户。1960 年，池田大作出任创价学会第三任会长，在池田大作的领导下，创价学会积极拓展并实现了飞跃性的发展，会员达到 300 余万户。到 1970 年第三十三次本部会议召开时，会员人数已经增至 750 万户。随着创价学会一跃成为日

---

① 冉毅：《"人性革命"——池田大作"人学"思想研究》，四川人民出版社，2005，第 31～65 页。

本最大、拥有会员人数最多的宗教团体，在日本的发展空间已经很有限，从组织发展的长远目标来考虑，如何突破自身与国别的局限走向世界，是学会在未来发展路径方面面临的重要抉择。随着进入教团发展稳定期，作为一个宗教组织，采取更合理、更能够与世界诸文化相融合的发展战略，这是非常必要的。因此说，池田大作以与汤因比的对谈为基础，进一步拓展跨国度、跨文化、跨领域的各大文明代表人物的对话实践活动，是创价学会这一宗教组织向世界拓展的必然要求，也是其宗教文化发展战略的代表性实践活动。

关于池田对话的具体原因及更深入的背景，笔者将在后文进一步展开具体分析。总之，池田大作的对话是在与汤因比对谈之后逐步正规化与拓展的常态化的。由于池田大作领导下的创价学会在20世纪70年代确立了以宗教文化活动促进教团发展，让教团更接近社会、融入民众、倾听民声、救世救民的指导思想，大力拓展宗教文化交流事业的发展方针。池田大作作为学会领袖也更加积极地投入与世界各大文明的代表人物的对话之中。在这样的对话实践中，池田对话思想不断充实和具体化，同时，他也在与众多对谈者的切磋与交流中反思与发展着自身观点，并尝试从东方佛学立场加以阐扬大乘佛学的传统对话理念，在此基础上，最终形成了具有池田特色的"实践论"的对话理论与对话模式。

二　文明对话"实践论"的提出

池田大作与汤因比的对谈，是池田大作正式开启文明对话的基础，也是其对话实践向世界拓展的重要里程碑。二人从人之生死的哲学基本问题到世界和平如何实现的具体方法，都进行了广泛的思考与研讨，无论从广度、深度的层面来揣摩，还是从现实针对性的角度来考量，都是非常具有现代意义的。

从池田大作对谈集内容的整体来看，这一时期池田大作关于"对话"问题的认识，既有围绕着"对话斡旋论"的再思考，也有关于"对话"意义本身的思考。在牛津辞典中，关于国际交往中的"对话"有这样的解读："两个团体或国家之间的正式对谈，特别是以问题的解决和论争的终结为目的。"① 而池田大作与法国作家安德烈·马鲁劳对话时讨论废核问题，池田谈道："我认为，作为明确的具有现实性的提案，关于废核问题，必须由世界各国最高责任者共同召开首脑会议。一切都应从坐于桌前的相互对话开始。这种方法看似单纯，却是一条不可撼动的基本原则，如若对于对话这一方式表示质疑，一切都将无从谈起。"② 可见，在这一时期，池田大作还是看重"对话"的功用问题，认为"对话"可以作为一种方法在国际交往中起到斡旋与沟通的作用。

另外，随着池田大作对话实践活动的开展，池田大作的对话观已经开始转变，逐渐转变为对于人的"对话"现象本身的思考。结束了与汤因比的对谈之后，池田大作开始进一步着力拓展对话行动，尝试与多个国家、不同领域的人进行对话。虽然他仍受到 20 世纪 70 年代初社会整体潮流中对于"斡旋型""功效型"对话观的影响，并不排斥那种把"对话"理解为"是一种和平解决问题的方式"，但随着池田大作对话范围的拓展和对谈过程中问题针对性的增强，70 年代中期到 80 年代后半期的 10 余年时间里，他更加深信人与人之间的"对话"作用，对于"对话"的方式、场所、目的等问题的相关思考也更加明晰。

首先，反复强调开展"对话"的必要性，认为"对话"能够创造人类历史，是建设和平与安定社会的必经之路，也是解决各种社会问题的突破口和有效方法。事实上，20 世纪 70 年代中期，池田大作在与法国作家安德烈·马鲁劳对谈时，就已经表示出对于对话的坚定信念，明确主张"一切都应从坐于桌前的相互对话开始。这种方法看似单纯，却是一条不可撼动的基本原则。如若对于对话的方式表示质疑，将一切都无从谈起。从某种角度来说，只有在把对话的真正有效性充分发挥出来的时候，人类的历史才迈出了扩大局面的第一步"。③ 十年后，池田大作在与原美国国务卿基辛格的对话中，进一步明确了"对话"的重要作用，"对话无论是从个人

①　*Oxford Advanced Learner's Dictionary*，Oxford University Press，2000.

②　A·マルロー、池田大作：『人間革命と人間の条件』，潮出版社，1976，『池田大作全集』4，聖教新聞社，88ページ。

③　A·マルロー、池田大作：『人間革命と人間の条件』，潮出版社，1976，『池田大作全集』4，聖教新聞社，88ページ。

角度还是国家角度来说都是能够为社会带来和平与安定的'王道'"。①
从将"对话"作为"一条不可撼动的基本原则",到将"对话"的作用
上升为"为社会带来和平与安定的王道",池田大作对于"对话"这一
方式的信赖程度不断提高。同时,还可以看出进入80年代中期以后,池
田大作并非仅仅将"对话"定位在国与国之间,而是开始从"个人角
度"思考对话问题,即人与人之间的和平同样需要积极开展交流与对
话,并持之以恒地坚持下去,也就是人与人之间"对话"的实践性问
题,这是谋求人类社会之和平安定的需要,更是解决当今社会中存在诸
多问题的良方。正如池田大作在与基辛格的对话中明确强调的,"对话"
在当今时代不可或缺。

> 缺乏对话的社会,就仿佛不能流动的止水,会沉积、浑浊,会萌
> 生不信任、猜疑心、憎恨与恐怖心。一旦成为一种固定的观念,任其
> 发展,就会产生闭锁的性格。为了能冲破这条死胡同,我认为只有进
> 行肝胆相照的、坦率而充满勇气的对话。对话并不一定要局限于产生
> 某种确定的效果,但正如将水流中的沉淀物冲走一样,我们至少要动
> 起来,谈起来——在这个过程中,就会找到某种突破口了。②

在这里,我们需要关注到一个重要转变,即池田大作对于对话"效
果"的认识问题,他强调的"对话并不一定要局限于产生某种确定的效
果"这一观点,已经不同于他在70年代的"斡旋型""功效型"对话观,
"正如将水流中的沉淀物冲走一样,我们至少要动起来,谈起来——在这
个过程中,就会找到某种突破口了",这里的"动起来""谈起来",其本
质上就是池田大作"实践论"对话观最平实、本质性的表达,即对话是人
类社会的必需。不要单纯纠结于对话目的的设定与实现,对话目标的达成

---

① ヘンリー・A・キッシンジャー、池田大作:『「平和」と「人生」と「哲学」を語る』,
潮出版社,1987,『池田大作全集』102,聖教新聞社,317ページ。
② ヘンリー・A・キッシンジャー、池田大作:『「平和」と「人生」と「哲学」を語る』,
潮出版社,1987,『池田大作全集』102,聖教新聞社,317ページ。

仅是对话实践自然而然地展开的一个结果。勇于对话，勇于将对话付诸实践才是"对话"的真意所在。

三　论"对话"的诸多具体问题

在这一时期，随着对谈人数的增多，池田大作基于"实践论"的对话观本身，也在思考关于进一步开展"对话"实践所涉及的诸种现实问题，比如，他关于对话的形式、目的、参加者、场所等都有具体的思考。关于对话的形式问题，池田大作在与戈尔巴乔夫对话时谈道："单纯通过机器进行交流并不一定是好办法，只有那种大家欢聚一堂、互相拍着肩膀进行的传统方式的交流才是真正的交流。应当始终把这种方式作为根本，努力排除阻碍人们现实交往的那些障碍性因素。"① 关于对话的目的，池田认为："对话的目的并非是争论或者比个输赢，而是相互之间自由地谈论其信条、思想、意见，并促其升华，在此基础上，让对话过程成为第三方的人们如何抉择未来方向的一面镜子——我认为这才是对话的价值和真髓所在。"② 另外，随着对话实践的展开，池田大作还思考了关于对话的参加者、场所等具体问题，比如在与戈尔巴乔夫的对话中，他谈道：

> 为了使一般的人们也能在工作之余经常获得这样的教养，必须把学校、图书馆、博物馆、美术馆当作开放的机关和设备而加以充实。而且重要的是，科学家、艺术家、哲学家和宗教家等要经常到这些开放的场所去，通过演讲、对话和教育等来启发市民。这些活动反过来会给这些专业领域的研究、思索和创造带来新鲜的生命。③

---

① ミハイル・S・グルバチョフ、池田大作：『二十世紀の精神の教訓』，潮出版社，1996，『池田大作全集』105，聖教新聞社，330ページ。
② ヘンリー・A・キッシンジャー、池田大作：『「平和」と「人生」と「哲学」を語る』，潮出版社，1987，113ページ。
③ ミハイル・S・グルバチョフ、池田大作：『二十世紀の精神の教訓』，潮出版社，1996，『池田大作全集』105，聖教新聞社，209ページ。

可见，关于对话实践本身，池田大作强调"作为人的真正的交流"为第一要义。也就是说，对话应立足"人"这一前提之下，"人"这一共通性是"对话"得以达成并能够冲破国境、民族、意识形态等壁垒的基础和前提。一切对话并非是形式上的一方对另一方通过语言、文字等手段达成的交锋与对垒，而是人与人之间以信任和友情为基础的坦诚交流和沟通。关于池田大作的这一观点，曾遭到部分反对派对其目的性和手段性的质疑。但必须承认，无论是文明交往与文化交流，还是宗教间的教义互陈与精义辩难，其参加者首先无法脱离"人"这一基本单位，而对话内容本质上也是每个参与对谈的"人"对于自身与他者之文明、文化、宗教信仰等内容的陈述与感知，因此，如若脱离了"人"与"人"交往中的信任、尊重、理解、包容等基本前提，任何对话都会停留在语言表面而无法深入。"大家汇聚一堂、互相拍着肩膀进行的那种自古如此的交流"，看似十分普通而原始的对话形式，恰恰反映了"对话"的本质。正如人们会对不了解、不熟悉的他者心存戒备、语不尽言的常情一样，无论是围绕社会现实问题推心置腹地交换意见还是对于自身宗教信仰的反思、对于他者信仰的关注等，都需建立在人性本身的信任与友善的基础之上，否则难免浮于语言寒暄与文字游戏之辩难，导致对话难以深入。基于对对话本质问题的认识，池田进一步围绕"对话目的"阐明了观点，即人们期待各种形式的对话能够带来人类社会整体氛围的改变，而对于对话目的问题本身则有待于再认识。对话的目的"并非是争论或者比个输赢"，而是在自由讨论的氛围中"促其升华"。也就是说，对话并非是语言的交锋，而是彼此思想的激扬与提升。另外，关于对话对于"第三者"的示范作用这一问题，池田认为，"要让对话过程成为第三方的人们如何抉择未来方向的一面镜子"，这种示范性与启发性的"对话"才是"对话的价值和真髓"所在。

最后，池田大作对于对话的参与者与场所等具体问题也阐明了自身观点，突出了"科学家、艺术家、哲学家和宗教家等"所肩负的社会使命，在"学校、图书馆、博物馆、美术馆"等开放的场所，通过演讲、对话等方式来启发市民，这是"对话"得以切实开展与形成社会整体氛围的保障。

四 关于"宗教对话"的思考

在这一时期，还需关注池田大作对于宗教对话的看法，在他与戈尔巴乔夫的对话中有所阐述。池田认为，宗教交流"必须始终通过对话这一和平的手段来进行。而且必须用信教者的实际态度来表明，只有通过对宗教教义的正确实践才能克服现代社会带来的危机"①。由此可见，池田大作不但坚定地开展宗教对话，而且坚信"对话这一和平的手段"具有实践性和有效性，是"克服现代社会所带来的危机"的方法。值得思考的是，对于对话行为的实践者——宗教家而言，池田谈到"宗教家在这种场合，重要的是不能为斗争而斗争。比如在进行斗争时，一旦明白自己的一方处于劣势，那就应当坦率地服从优胜方的态度"。事实上，在这一时期，池田大作对宗教对话，十分强调坚守立场的问题，他选取的"斗争"一词，就是与其信仰的日莲佛教之勇猛精进的实践精神有关。②

第三节 深化期：20 世纪的最后十年

20 世纪 90 年代到 2000 年前后的十年间，是全球一体化趋势日益加剧的十年，也是各种现代性危机不断凸显的十年。同时，也是人们愈发意识到"对话"这一方式对于维护世界和平，促进各大文明、宗教交流的重要性，并广泛开展文明对话、宗教对话的时期。这一时期，随着大量对话实践活动的开展，学术界对于对话问题的关注也日益增强。而此时的池田大作，经过了七八十年代积极投身并推广对话实践的现实经验积累，对于"对话"之原点与本质的思考进一步深化。池田大作将东方大乘佛教的救世精神与他一直主张的"人本主义"思想相融合，形成了具有池田特色的"人间论"对话观。以"人"为原点，展开彰显东方佛学之"生命尊严"

---

① ミハイル・S・グルバチョフ、池田大作：『二十世紀の精神の教訓』，潮出版社，1996，『池田大作全集』105，聖教新聞社，250ページ。
② 详见本书第五章第二节的叙述。

的对话，是池田大作对话实践全面铺开的标志。

一　关于对话本质的阐释

池田认为，"对话"本质上应该是"人"的对话。"对话"是人之为人的一种见证，"人"是超越意识形态、宗教、体制、国家等层面的本质性存在。社会群体性是人区别于动物的重要属性，而通过语言交流促进相互合作，从而实现思想的激扬、深化与传承则是人类特有的本质属性。随着宗教对话理论研究的深入，西方宗教对话观经历了排他论、兼并论、多元论、兼容论和实践论的发展模式①，多元论对话观的代表人物约翰·希克（Jhon Hick）主张宗教对话的基础是"终极实在"。那么，何谓"终极实在"，"终极实在"又能否被感知呢？

关于对话本质问题，池田大作在与美国著名记者诺曼·卡曾斯的对话中谈道："对话，是'人与人'的相遇。是毫无掩饰与玄虚的完整人格与完整人格之间的邂逅。是不仅仅停留在语言交流表面的'人'与'人'的全面接触。"池田大作从"人"的层面来解读"对话"，他还谈道，"从我个人的自身经验来说，无论哪个国家，都会有'人'。这里所说的'人'，是超越意识形态和体制的，是一定能够实现对等并且平等地交流的。从这一意义上来说，即使是'国家'的关系最终也是'人'的关系"。②可见，与西方宗教家的神本主义对话观相区别，池田大作主张对话的原点是"人"，各种关系究其本源应是"人"的关系，池田大作秉持的是一种人本主义特色的文明对话观。

我正是立足这一原点，在不断推进与各行业各阶层人士的对话交流。哪怕只是民间的交流，其实首脑间的会谈也涵盖其中，"对他人的信赖"，并且落实到"行动"，这两点应该可以说是"对话"最终

---

① 张志刚：《论五种宗教对话观》，《世界宗教文化》2010 年第 2 期。
② ノーマン・カズンズ，池田大作：『世界市民の対話——平和と人間と国連をめぐって』，毎日新聞社，1991，『池田大作全集』14，聖教新聞社，246ページ。

能够取得成果的关键。①

池田认为，一切对话的参与者首先是人，"对话"其实是从信赖他人到愿意与他人沟通和交往的过程。而"人，原本就有着善性之美，人性之中原本就隐含着能够与全世界的人们携起手来，心灵相通的广阔可能性"②。20余年的对话实践经验让池田大作进一步将"对话"这一行动从"人"的层面加以解读。他相信人之善性，强调人性之共通性，并力求通过对话实践的"行动"加以检验。立足"人"，信赖"人"，拓展"人与人"的对话，谋求人性的成长与人类的幸福，池田大作是力求从"人性论"的角度来阐释"对话"本质的。

二　关于对话意义的发掘

如果说在七八十年代，池田大作更多将"对话"理解为一种解决问题的方式的话，那么，到了90年代，池田大作对于"对话"的理解，已经开始从人性接触、精神互动的层面进行阐发。他对于对话意义的理解，不再单纯囿于问题的解决，而是更进一步转化为一种超越自我与深化自我的思想交流方式。把"对话"理解为人性的接触、精神的互动，是超越自我与深化自我的过程，这是池田大作对话思想特色所在，也是其对话思想进一步发展与深化的体现。

池田在与诺曼·卡曾斯的对谈中提到，"人，并非自然成为其人，而是在对话与语言的海洋之中相互接触，在交流之中实现人性的成长。换言之，所谓对话，可以说是人之为人的一种见证"③。池田主张通过"对话"的方式，让人与人之间能够进行一种人性层面的接触，达成精神的互动，这样才能实现"人性的成长"，这也是对话的重要意义所在。另一方面，

---

① ノーマン・カズンズ，池田大作：『世界市民の対話——平和と人間と国連をめぐって』，毎日新聞社，1991，『池田大作全集』14，聖教新聞社，246ページ。

② ノーマン・カズンズ，池田大作：『世界市民の対話——平和と人間と国連をめぐって』，毎日新聞社，1991，『池田大作全集』14，聖教新聞社，247ページ。

③ ノーマン・カズンズ，池田大作：『世界市民の対話——平和と人間と国連をめぐって』，毎日新聞社，1991，『池田大作全集』14，聖教新聞社，296ページ。

对话的前提应是努力超越自身的藩篱，这种对自身的挑战与超越，是对话的另一种潜在意义。"能否勇敢地迈出超越自身的'一步'，达成人与人之间坦率的灵魂层面的交流"，是"跨越重大壁垒的关键"。① 无论是各大文明之间还是各大宗教之间，勇于超越自身的"壁垒"，接纳他者存在与异质的事实，对于全球化时代各大文明和宗教的发展具有不可回避的现实意义。

三 关于对话形式的再思

在 20 世纪 80 年代，池田大作与戈尔巴乔夫对话时，强调真正的"对话"应是大家欢聚一堂，互相拍着肩膀进行的那种人类最原初的、本真的对话形式。而到了 90 年代，池田大作已经开始从人性维度进一步强调开展"一对一""面对面"对话的重要意义，将对话理解为完整人格之间的相遇、信赖与沟通，池田认为只有这样的对话才能够成为消除人与人之间，甚至不同意识形态之间的疑虑、误解乃至敌意的有效手段。

从池田大作开展的对话实践的具体形式来看，无论是与政界要人，还是与文化名人展开的正式对话，池田大作始终坚持与对话对象"一对一""面对面"的对话形式。池田认为，对话不仅是人与人之间的语言沟通，更是灵魂层面的坦诚交流，因此需要现实中的坦诚相待，且心无旁骛。只有当一个人格以完整健全的姿态去面对另一个完整人格之时，真正的对话和沟通才可能达成，人性的魅力才能得以充分地彰显，信赖与交流由此得以实现。正如他在与作家契根斯·艾特马特夫的对谈中所述，"面对面、谈话——这才是能够实现人与人之间心的沟通，从而加深相互理解的关键。只有面对面的对话，才能摒除那些毫无意义的先入为主的观念和疑虑，让人有安心和确信的实际感受。并且，对话能够打破谬误的顽固观念，能够触动鲜活的人格之间的交往和接触"。②

---

① ノーマン・カズンズ，池田大作：『世界市民の対話——平和と人間と国連をめぐって』，毎日新聞社，1991，『池田大作全集』14，聖教新聞社，290ページ。
② C・アイトマートフ，池田大作：『大いなる魂の詩（上下）』，読売新聞社，1991，『池田大作全集』15，聖教新聞社，275ページ。

对于现实中常见的多数人共同对话与参与讨论的形式，池田大作对此持保守态度，他在与挪威和平学者约翰·格鲁丁格的对话中曾谈道：

　　虽然人数众多的讨论，或许也存在其意义，但是我还是比较赞同法国哲学家亨利·柏格森（1859-1941）的看法，超过 25 人的讨论通常是不会有结果的。一旦讨论人数增多，一些真实的想法就会被隐藏，继而仅以驳倒对方的情绪取而代之，也就是讨论本身会转变为诡辩家们的跋扈。也正因为如此，诡辩家才会坚持"争论之中不存在丝毫信任"的观点。①

同时，相较文字交流等方式来说，池田大作更强调"对话"这种方式的特殊作用。正如池田所言："对话这一行动之中其实隐藏着完整人格之间交流的丰富的可能性，这是远远可以超越书籍、电视、广播等媒体的效果的。歌德也说过，写作其实难免成为语言的乱用，默读文字不过是鲜活对话的惨淡替代品罢了。人是要依赖其'个体性'来将所有的可能性直接传达给对方的。正因为如此，我才将'对话'作为人之为人的最崇高、最重要的行为给予了最大限度的尊重，并且坚持将之付诸实践。这样的信念与行动，也终将贯穿我的一生。"② 正是基于这样的思考，池田大作进一步阐明了"对话"不同于其他媒体作用的特殊性，也正是因为坚持"一对一""面对面"的对话形式，才能够在某种程度上突破过分依赖语言文字理解的"言语性交流"的局限性，在人与人之间实际的交往与情感沟通中逐步达成信赖与理解，实现宽容与深入沟通，这也是池田大作坚定对话信念并长年致力对话实践的动因所在。

四　关于对话态度的反省

池田大作主张基于人性根基的自我丰富、开放与坦诚的对话，拒绝对

---

① ヨハン・ガルトゥング、池田大作：『平和への選択』，毎日新聞社，1995，『池田大作全集』104，聖教新聞社，105ページ。
② ヨハン・ガルトゥング、池田大作：『平和への選択』，毎日新聞社，1995，『池田大作全集』104，聖教新聞社，105ページ。

话中常见的伪善与迎合。首先，"开放"的精神是对话的基本态度，也是达成对话的前提。此处所言"开放"，并不仅仅限于面向对方的"开放"，更是一种敢于面向自我的超越。真正能够实现基于丰富自我、超越自我与开放自我的"对话"，才可能实现一种"开放的精神与精神"之间的沟通与共鸣。池田在与和平学者约翰·格鲁丁格对话中说，"我所说的'对话'，是一种能够让彼此更加丰富完善的、开放的精神与精神之间进行的语言交流"。① 此外，"开放"的"对话"要求一种坦诚沟通的态度，对话是两个完整人格之间互信与坦诚地进行精神交锋的过程，必然要求避免那种保守虚玄的"伪善"与人云亦云的"迎合"，只有这样的"对话"才能有思想的激扬和质的收获。池田在与格鲁丁格的对话中使用了"战斗"一词来比喻对话，可见池田大作主张的"对话"并非是一种温吞的妥协或固步自封地独白，而是相互之间的思想交锋："真实的对话必须是拿出全部的直率与诚意的'战斗'，那种过分顾忌对方情绪的'伪善'交流是不会有任何收获和成果的。所谓'对话'，终究应该是在'一个人'与'另一个人'真心诚意地进行精神交锋过程中达成的。"②

五　关于对话规则的概括

除了投身文明对话，池田大作还创办了两家"文明对话"的研究机构，来分别展开有组织、有主题设定的对话。

其一是户田纪念国际和平研究所，该所一方面是为了纪念池田大作的恩师、创价学会第二任会长户田城圣诞辰一百周年，传承其毕生主张的"地球民族主义""原子弹氢弹使用禁止宣言"中的思想，另一方面也是为了推进文明对话研究的学术化与专业化，更好地致力于全球范围的对话拓展与现实难题的解决。该所常年开展"为了每个地球市民的文明对话"，所长由世界著名的和平学者马吉德·泰莱拉尼安博士担任，他与池田大作在 1992~2000 年的 8 年时间里展开了反复多次的对谈，并于 2000 年 10 月

---

① ヨハン・ガルトゥング、池田大作：『平和への選択』，毎日新聞社，1995，『池田大作全集』104，聖教新聞社，104ページ。

② ヨハン・ガルトゥング、池田大作：『平和への選択』，毎日新聞社，1995，『池田大作全集』104，聖教新聞社，105ページ。

出版了对谈集《21世纪的选择》。在这部对谈集中，马吉德博士在与池田大作的对话中谈到了文明对话十项规则，其中关于对话态度、对话的个体与群体性、对话规则性、对话过程性、对话争议的解决等问题，都有明确的规范。在与池田大作的对话中，马吉德博士总结的对话规则得到了池田大作的认可与赞扬：

1. 尊重他者，要全神贯注地认真倾听他者的意见。

2. 虽然致力于寻求多方对话的共识性基础，但必须承认和重视意见的多样性，避免以群体意见覆盖个体意见进行思考的倾向性。

3. 对话中不进行任何不适度的干涉与漠视规则的干涉。

4. 在努力参与讨论之前，先承认他者为参与讨论而付出的努力。

5. 牢记沉默也是一种语言。无论是适当提出疑问、陈述事实、提出自身的观点还是明确强调自身观点等，都应该是着眼于推进讨论的整体进程、将讨论更加具体化的大局观。

6. 出现重大意见分歧时，要在承认差异的基础上进一步讨论。

7. 杜绝为推行自身主张而曲解他人意见。在提出自己的异议之前，要努力从他人立场出发尽量把意见阐释到他人能够明了的程度。

8. 任何讨论事项都应在达成共识之后告一段落，转而展开下一议题。

9. 为了团体的方针与整体行动的需要，要明确共识点并厘清缘何能够达成共识。

10. 要感谢乙方团队每一位成员做出的贡献。①

户田纪念国际和平研究所作为国际化的对话研究机构，是由池田大作提议创建的。该所作为创价学会集中开展对话实践的实体性设施，主要展开对话实践活动与研究，从某种意义上来说，也是池田大作个人文明对话实践活动的一种延伸，是其对话主张与思想的一种实践与拓展。

① マジッド・テヘラニアン，池田大作：『二十一世紀への選択』，潮出版社，2000，『池田大作全集』108，聖教新聞社，49ページ。

其二是东洋哲学研究所，地点设在日本东京创价大学。东洋哲学研究所也曾多次开展宗教对话实践和各类学术研讨活动。

总之，经过七八十年代的对话实践经验的积累，池田大作对于"对话"的理解在不断深入，他不但从人性需求本身的视角来诠释对话，而且开始把对话定位成完整人格之间的相遇与相互丰富发展的过程。这一时期池田大作的对话范围不断扩大，人数也随之增多，对谈内容涉及和平、教育、哲学、宗教、环境、女性、人权等多个方面。1991~2000 年，出版对谈集的数量达到 17 部，比 60 年代末到 80 年代末 20 余年的对谈集总数 12 部还要多。在此基础上，他开始思考并尝试与不同的对话对象探讨对话的形式、方法与态度等问题，逐渐形成了独具池田特色的"人间论"对话观。事实上，池田大作的"人间论"对话观是与其东方特色的大乘佛教思想，尤其是《法华经》的"佛性论"思想密切相关的，也是这一时期蓬勃开展的世界文明对话、宗教对话的热潮不断激扬的结果。此外，除了外部国际环境与日本国内经济整体发展状态、其他宗教团体发展带来的竞争等原因之外，创价学会在 80 年代经历的"妨碍出版事件"① 及 1990 年创价学会与日莲正宗的决裂——"破门"② 等历史事件也是创价学会教团自身发展及池田大作个人领导策略调整的重要原因。

第四节　成熟期：2000 年前后的十年

经过了 20 余年对话实践经验的积累，到了 2000 年前后，池田大作对话思想伴随其对话活动的展开日趋成熟，已经逐渐形成了具有自身特色的

---

① 20 世纪 60 年代末到 70 年代初，创价学会及其支持的政党公明党通过施加压力等方式，阻止一些批判创价学会的书籍在日本社会上出版、流通，这种被公众认为妨碍出版自由的做法，在日本社会掀起了轩然大波，给创价学会的社会形象造成了负面影响，同时引起了全社会对于政教分离问题的重视。池田大作出面对此事件公开致歉之后，1970 年，公明党与创价学会正式分离。

② 作为信仰日莲佛教的新佛教团体，创价学会最初隶属日本传统日莲佛教日莲正宗。1990 年，创价学会脱离日莲正宗，不再为日莲正宗提供供养，学会会员不再到日莲正宗的大本山朝拜，并开始将信徒葬礼等转为学会内部自行办理，这一脱离日莲正宗的事件史称"破门"。

对话模式和对话观。这与当时世界文明对话、宗教对话运动蓬勃开展的大趋势密切相关，也得益于日本宗教学界对话理论研究的推进。在这一时期，池田大作不但主张"文明对话就是人与人的对话"，且将"对话"提升至与和平、生命同等高度。他不但提出了"文化对话主义"的主张，还依据"佛性互俱"之理对"文明冲突论"提出了质疑。他强调"对话"中蕴含着"变革"与"创造"之力，主张通过"人之精神革命"来塑造21 世纪"对话的文明"。

一　池田对话思想成熟的现实与学术背景

随着社会生产力水平的提高与经济的发展进步，交通条件不断改善，通信方式日益便捷，世界上各大文明之间的接触、交流日益频繁，文明间的冲突与对话也逐渐成为时代发展的必然。从整个 20 世纪的世界历史发展的轨迹和动向来看，"物力"与"武力"为人类社会带来了发展，也带来了伤痛。尤其是 20 世纪中期以后，第二次世界大战的结束及其波及世界大部分国家的后果引起了各界的警醒与深刻反思。战争的影响，让不同信仰体系之间的接触日益频繁，对于自身信仰的认识与对于他者的感知让宗教理解与交流成为不可回避的现实。20 世纪的后 30 年，无论是东西方宗教还是各个教派之间都有了各种形式的对话与交流，实现了一定程度上的了解与沟通，越来越多的事实表明，对话是时代发展的必然要求，也是人类捍卫和平与进步的理性选择。

在全球一体化日益增强的现实条件下，面对多元化与和平共生的大势所趋，文明对话究竟以怎样的形式展开，不同信仰体系与宗教间的理解与宽容是否能够最终达成，都成为日益紧迫且不容回避的人类发展课题。2001 年，联合国将这一年确立为"文明对话年"。各大文明和各大宗教之间如何以和平对话的方式来达成理解与信任，共同探讨人类发展面临的紧迫问题，已经成为国际共识。国际上关于对话问题本身的探讨也越来越深入，特别是宗教对话领域，已经成为教界和学界共同关注的前沿问题。正如笔者在第一章所做的关于 21 世纪以后的日本宗教对话研究现状的介绍，这一时期日本国内宗教人士和学者经过了 20 世纪后半期的思考与探讨，不但有大量西方对话理论的译介著作面世，在宗教对话理论研究方面也提出了许多有新意的创见，关于宗教对话研究的论著也大量涌现，日本宗教对话研究进入鼎盛期。日本学界开始结合东方宗教特点重新反思宗教对话的难题与未来的发展方向，展开独立思考与批判。

二　池田文明对话思想的特色

池田大作的对话思想在 20 余年的对话实践中，在与众多对谈对象的切磋与磨合中不断完善与丰富，逐渐呈现出一种比较成熟的对话形态。在 2000 年前后的十年，"池田对话"思想表现出如下五个特点。

（一）"文明对话"、"宗教对话"与"生命"

进入 21 世纪以后，池田大作着眼于国际文明和宗教对话的发展现状，开始有针对性地思考对话本身存在的问题，主张"文明对话就是人与人的对话"，将"文明对话"具化为"人与人的对话"。在此基础上，他将对话的重要性与和平、生命提升到同一高度，主张在不断地和平对话中实现人类与万物和谐与共生。随着文明对话、宗教对话的广泛开展，现代人的交往危机问题日益凸显，与当代对话相关的宽容问题、对话中的"独语型对话"问题以及由此映射出的现代人的交往危机问题不断显现。对此，池田大作在与专门从事"国际交流论"的专家泰莱拉尼安教授的对谈中一针见血地指出了现代方式的"对话"本身存在的问题，指出 IT 产业的进步与信息通信的发达，虽然大大增加了交流的途径与便捷度，但在缩短人与人的"心的距离"，增进相互理解、相互信赖的方面作用并不明显："我们所迎来的新的世界，虽然交流的途径在不断扩大，但事实上是对话本身尚不够完善的世界"。①

对于当今时代对话存在的问题及其重要性，池田大作从佛学之"色心不二"的哲学理念展开思考，首先认为对话之力与希望之力、想象之力、联结之力一样，是一种从人类自身之中生发出来的力量，是人类创造和平

---

① マジッド・テヘラニアン，池田大作：『二十一世紀への選択』，潮出版社，2000，『池田大作全集』108，聖教新聞社，7-8ページ。

与维护和平的四原则之一。① 在此基础上，池田逐步从"人"之对话上升到"生命"之对话的高度，宇宙万物与"我"同一，"对话"应是人与人、人与自然万物的对话过程，寻求生命之和谐与同一。"政治也好，经济也好，文化及教育也好，一切都是由生命的大地培育出来的。"和平，不仅仅是没有战争的状态，还需要达到一种人心的和谐、人与万物的和谐共生，在这一过程中，人与自然并非是征服与被征服的关系，而应寻求"对话"中的多元共在，在可持续性发展中共存共荣。正如池田所说："我们已经进入了'对话'与'生命'、'和平'同等重要的历史阶段。事实上，对话也许是保障'生命'与'和平'的唯一手段。"②

（二）"排他主义"与"文化对话主义"

立足精神全球化趋势日益增强而"对话"中"排他主义"尚存的现实，池田指出了文化帝国主义、文化相对主义的局限性，强调各大文明、宗教在对话与交往过程中必须克服"排他主义"的倾向，秉持宽容、信赖与相互尊重的态度，他倡导以开放的、自发的交流为宗旨的"文化对话主义"。

池田认为克服"排他主义"是精神全球化的必然要求，以互相尊敬、互相学习、共同繁荣为根本的"文化对话主义"是未来人类社会能够持续繁荣、发展的希望。纵观近现代社会，"普遍的划一性"成为一种代表性的标准，人们按照这种标准设立规范，不合这种标准的文化、民族则被规定为"野蛮""未开化"。这种对于他民族的统治和殖民主义正当化的行为即是"文化帝国主义"。二战后，随着非殖民地化运动的高涨，对"文化帝国主义"进行了严厉批判，作为文化人类学的新成果，又确立了"文化相对主义"。"文化相对主义"仅是单纯停留在"承认彼此的文化"层面，对于他者并非真诚认可，这样的态度并非谦逊地向他者学习，而是一种仅

① N・ラダクリシュナン：『対話の達人　池田大作——衝突から対話へ』，栗原淑江訳，鳳書院，2006，254ページ。
② マジッド・テヘラニアン，池田大作：『二十一世紀への選択』，潮出版社，2000，『池田大作全集』108，聖教新聞社，41ページ。

停留在"承认他者存在"基础上的"文化相对主义"。这样的"文化相对主义",其实是无法真正防止对立与敌视的,也不可能构筑真正和谐共处的大同社会形态。正如池田所说:"如若只是单纯承认各种文化的存在和并存,这是不可能从世界上消除只把自己的集团看作是绝对性存在的闭塞的'排他主义'的。"① 人们需要争取"在相互的理解、尊敬、学习和繁荣中共同生存",努力打造互相尊敬、互相学习、共同繁荣的大同世界,只有这样以开放的、自发的交流为宗旨的"文化对话主义",才是未来人类社会能够实现可持续繁荣、发展的希望。

(三)"佛性论"与"文明冲突论"

在这一时期,池田大作还开始从"人之佛性"的角度深刻阐释"对话"之精义,对当代流行且影响颇为广泛的美国学者亨廷顿提出的"文明冲突论"提出质疑,在此基础上阐明了基于东方佛学视角的具有池田特色的"人间论"文明对话观。东方大乘佛教《法华经》中有佛性互俱的思想,即人人皆有佛性,池田认为"佛法平等观的基础就是对他者'佛性'的尊重"②。与他者的平等对话亦是源于佛法的平等观,但在文明对话中,池田大作所强调的"平等",并非"划一式"等同,而是首先承认差异的"平等",是对多元性的认可。有差异但无差别,尊重差异并非是消除差异。真正的"平等""公正",首先应该承认人的多样性,要从尊重每个人的价值开始。也就是说,异质性并非差别的根据,而是尊敬的根据。池田大作认为佛教的"同苦"精神,可以成为对话的基础,可以超越文化与国家的壁垒。现代人类所面临和遭遇的种种苦难是需要共同面对的,发端于"同苦"之心的"慈悲"是佛教的核心精神,全球苦难的现实、与他者共生的现状和对于他者的慈悲,让人与人之间、地域之间、国家之间乃至文明之间的对话成为可能。

关于亨廷顿的"文明冲突论",池田大作明确提出了质疑和担忧,指

---

① ドゥ・ウェイミン、池田大作:『対話の文明——平和の希望哲学を語る』,第三文明社,2007,142ページ。
② マジッド・テヘラニアン、池田大作:『二十一世紀への選択』,潮出版社,2000,『池田大作全集』108,聖教新聞社,213ページ。

出该理论忽略了现实性，是为了"分类而分类"的硬性划分，存在"概念的暧昧性"与"根据的妥当性"。"我所担忧的也是这种将地域纷争简单模式化、单纯化的想法。这种将一切都归结于'异文明冲突'的态度，不仅会掩盖对立的真实原因，而且会给人们造成一种毫无意义的误解和固定观念"。① 无论是地域纷争还是文明冲突，在其漫长的发展过程中，都有其各自的发展轨迹，也是各自的历史、政治、经济、文化等诸种综合因素共同作用的结果。孰主孰从，要因各自情况而判定。单纯把地球文明进行硬性划分作为解释冲突的依据，就容易导致忽略各大文明在发展过程中的各种变量以及由此显现的多样性和特殊性。池田认为，作为缓解这一问题的方式，为避免"文明对决"，寻求文明共性，达成宽容与理解，必须推进"文明对话"。在此基础上，2002 年，池田大作在其"和平倡言"中进一步明确了自己的对话观，即基于东方大乘佛学视角的"人间论"——人本主义的文明对话观。

> 所有的事象皆具相对性与可变性。因此，我们必须培养一种能够敏睿辨识事象之相对性与可变性的洞察力，不为事象的相对性所迷惑盲从，这种主体的韧性之力是不可或缺的。基于这一前提的人间主义，主张只要是人，则不应有对象之分别。不要因意识形态、人种、民族而将人"定型化"，或者给人造成某种"限定性"，这样才不会闭塞对话之路。②

池田大作将"文明对话"的可能性归于"人"这一共同根基，突破了亨廷顿"文明冲突论"中以文明的区域性、文化的异质性、宗教信仰的独特性等区隔的藩篱，阐明了池田特色的以人之"佛性互俱论"为根基的"人间论"对话观。

---

① マジッド・テヘラニアン，池田大作：『二十一世紀への選択』，潮出版社，2000，『池田大作全集』108，聖教新聞社，250-253ページ。
② N・ラダクリシュナン：『対話の達人　池田大作——衝突から対話へ』，栗原淑江訳，鳳書院，2006，234ページ。

（四）对话的力量："变革"与"创造"

针对当代"对话无用论"的质疑，池田大作提出的文明对话中蕴含着变革的"爆发力"与"创造力"的观点。所谓"对话"中蕴含的变革的"爆发力"，事实上是一种能够促使对话者超越自身、完成思想转变的过程，是将"他律"转化为"自律"的原动力。同时，在"对话"中获得的激发与启示，更是一种"创造性的转化"，文明间接触与对话的过程，正是人类文明发展与进步的过程，池田认为"对话是创造人类新文明的原动力"。

在与马吉德博士的对谈中，池田明确谈到"对话"的创造力与变革力问题。首先，他认为文明本身并无高低之分，纵观整个人类文明的漫长发展与演化过程，任何一种文明形态都具有不可替代的价值，且无进步与落后之差异。彼此都在人类文明发展的朝觐途中，我们需要彼此关照、相互见证。毋庸置疑，文明的接触是有危险性的，其冲突与磨合的过程是漫长的，但这一过程恰恰隐藏着文明发展自身的爆发力、创造力，恰恰成为文化创造性的源泉。文明间的接触并非是破坏性的，而应该是创造性的。"正是超越自身有限性的想象力以及由此衍生出来的变革力量之中，孕育着文化与文明的生命。"① 因此，"对话"的第一步就是要具备"超越自身有限性"的勇气与对于他者的坦诚、开放的态度。文明对话，恰恰是处于各自不同文明之中的人们能够燃起对于自身文明之外的他者的兴趣，以谦虚、开放的态度去面对他者的过程，只有这样才能"超越自身的有限性"。在此基础上进行的"对话"，才能实现进一步与对方去交流、交往以达成宽容与理解的目标。反之，"对话"则难免流于形式。

其次，通过对话完成由"他律"向"自律"的创造性转化。在与他者的对话中，完成每个人之"内发力量"的创造性变革，这是创价学会会员的自我修为之途径。对话的过程是促生人之内在变革的过程，"不是把文化和传统变成由'他律'带来的外在的规范，而是要努力把它锻炼成由

① マジッド・テヘラニアン，池田大作：『二十一世紀への選択』，潮出版社，2000，『池田大作全集』108，聖教新聞社，263ページ。

'自律'产生的内在的规范。我把这种基于每个人'内发的力量'的社会变革称为'创造性的转化'"①。通过"对话"的磨砺,让每个人"内发的力量"都能生机勃勃地开花结果。正如池田大作在与杜维明的对谈中提出的,对话是探究的途径、提高的途径、创造的途径,通过对话去创造新的文明,"大家要从每个人的身边开始,勇敢地把能够相互磨砺、互相提高'慈悲'与'智慧'的'对话'和'交流'推广开来。我相信,这种顽强的宝贵的精神斗争,正是创造新文明的原动力"②。

(五)"精神革命"与"对话文明"

池田大作倡导通过"人的精神革命"来构建人类社会之"对话的文明"。首先,着眼于21世纪人类社会多元化发展的现状,池田大作主张通过人"内心的精神革命"来推进世界"精神一体化"建设的进程。70年代初,在池田大作与汤因比的对谈中,汤因比曾提到人类社会的"竞争问题",即"只要没有抑制的竞争心继续是人间事象的支配原理,人类中富裕的少数人与贫困的多数人之间存在的物质富裕程度的差距、文化福祉的差距,都将继续扩大"。因此,汤因比呼吁"要治好现代社会的病根,只能依靠人内心的精神革命"。在此基础上,2005年,池田大作在与杜维明的对谈中再次重申了"人内心的精神革命的重要性",他指出在21世纪,全球一体化趋势已经明显展现并愈演愈烈的情况下,汤因比的如上观点"也适用于全球一体化。如果没有非竞争的、以共生为目标的、接受多样性的'开放的心',碰到不同的文化和价值,就会产生冲突和混乱、争斗和憎恨。所以,是积极地活用全球一体化的时代趋势,还是使它变成消极因素,全都与人类的精神革命有关"③。池田大作还强调,这样的"精神革命",可以通过"文化交流""人本主义教育""开放的对话"来完成。在

---

① ドゥ・ウェイミン、池田大作:『対話の文明——平和の希望哲学を語る』,第三文明社,2007,138ページ。
② ドゥ・ウェイミン、池田大作:『対話の文明——平和の希望哲学を語る』,第三文明社,2007,186ページ。
③ ドゥ・ウェイミン、池田大作:『対話の文明——平和の希望哲学を語る』,第三文明社,2007,132-133ページ。

这样的过程中，人们可以更好地觉知到自己是"地球村"的一员，从而超越对区域性和个人性私利的贪恋与追求。培养"地球村"一员的团结意识，是捍卫和平与保障人类安全的第一步。

其次，池田大作提到的"人的精神革命"，是一种扎根于自身传统，依靠人们加深自我认识、不断拓展对话来共同完成的由内而外的人的精神变革。在对谈中，池田大作曾多次提及创价学会第一任会长牧口常三郎先生的著作《人生地理学》中的观点：

> 所有的人应当同时具有三种自觉——既是扎根于地区的"乡土民"，又是属于国家的"国民"，还是与世界广泛联系的"世界民"。也就是说，并非是从"民族""人种"等特定的观点来限定人的同一性，而是以多元的视点来扩大同一性的根基。站在同样是"人"这一共同的基础上，让大家作为"好邻居""好公民""好地球人"共同生活下去。达成这一目的最重要的是，要扎根于自己所在的地区和社会，在为其做贡献的过程中，培养向世界"开放的心"。①

这里所谓"乡土民"，其实是突出立足自身文化传统的重要性。人只有挖掘自己赖以立足的文化和传统，才能发现存在于这种个别性基础上的普遍性。池田之所以引用牧口会长的理论，是因为他同样主张文明对话首先应该立足各个文明自身的传统。全球性孕育在区域个别性之中，对于自身传统的重视也应该包括对于对方传统的尊重。文明对话只有建立在深化自我、尊重他者的基础之上，努力通过与他文明"对话"来拓宽视野，从而实现对于自身传统的深化与超越，才有可能建立着眼21世纪的现在与未来的"对话的文明"。

此外，池田大作所向往的文明关系，并非是简单的"并存"关系，而是一种"共存共荣"的关系。正如他在对话中言明的："我所提倡的并非

---

① ドゥ・ウェイミン、池田大作：『対話の文明——平和の希望哲学を語る』，第三文明社，2007，154ページ。

'冲突'也并非'并存'，而是第三条道路——通过'文明对话'来实现的共存共荣之路。"① 池田认为，超越自身的"对话"之中孕育着能够实现文明、文化之共存、共荣的创造力。以慎重、谦虚的对话态度坦诚、宽容地面对他者，以积极的心态努力去理解彼此的文明、文化所不可或缺的要素，是创造力的根本保证。所谓"第三条路"，其实是一条"对话之路"，以"对话"来推动文明的沟通与互动，其中衍生出的创造力与爆发力，能够成为推动人类文明发展的内在之力。

三　关于池田文明对话观的几点思考

本章对池田大作文明对话思想的发展脉络进行了大体梳理和按阶段的总结评析。不但可以统观池田大作关于"对话"问题的认识发展过程，也可以查知池田大作对话观的总体特点。在此基础上，以下五点问题值得深思。

首先，池田大作开展文明对话的动因问题。从 20 世纪 60 年代末池田大作开始尝试与外界对话开始，直至 21 世纪最初的十年，池田大作将与他文明、他文化、他宗教、他领域的众多代表人物对话作为一项重要的事业和行动，坚持了 40 余年。无论在东方还是西方，能够如此深信对话的作用并自始至终付诸实践的人屈指可数。那么，池田大作坚持对话的动因何在？如何理解并诠释池田对话的意义？笔者将在后文进行思考与论证。

其次，关于池田大作对话思想的实践性问题。从池田大作 40 年的"对话"历程来看，池田大作关于"对话"的思考是在实践中不断深化的，其实践行动也是伴随着世界政治、经济、生态等大的环境变化和学会发展状况而不断调整并逐步拓展的。池田大作在其对话实践行动中不断补充、修正和深化思想认识，其对话思想在与全球众多国家、众多领域的代表人士进行接触、沟通、交流、对话的过程中不断得到激扬，表现出不断丰富、充实、深化和进步的发展特点。

---

① マジッド・テヘラニアン，池田大作：『二十一世紀への選択』，潮出版社，2000，『池田大作全集』108，聖教新聞社，269ページ。

再次，池田大作对话中关于"人"的理解问题。很长时间以来，我国学界多用"人本主义"一词来概括池田大作的思想特质。诚然，从池田大作40年的对话实践过程来看，以"人"为本的对话，是始终贯穿池田大作对话思想与实践活动的一条主线。正如池田大作在对话中所说，"文明对话归根结底是人与人的对话"，"人"是基本的参与者和施行者，特别是文明间、文化间的接触，更多是以"人"之存在本身为出发点，以"人"的发展为目的的行动。但问题在于宗教对话，尤其是东西方宗教的对话，究竟应该着眼于讨论"神性"本身的问题，还是讨论"人性"本身的问题，人们在宗教对话中如何去认识自我，深化对于他者、他信仰的理解与认识问题，值得深思。

复次，关于对话的创造力与变革力问题。池田大作始终强调"对话"具有创造力与变革力，在当今时代人类社会和谐发展过程中不可或缺，是创造新的人类文明的原动力。池田认为，"对话"是"创造性的转化"过程，事实上分为两个方面，即由外向内的"他律"向"自律"的转化与由内向外的"自律"向"大同"的转化。这是通过与他者"对话"来完成的由"变革性的创造"向"创造性的变革"转化的过程。此处的"创造"，包含解决问题与变革自身的双层含义。在池田大作的"对话"中，不但积极思考与人类发展息息相关的各种问题，对实践本身可能出现的各类问题亦进行了讨论，在此基础上更期待通过"对话"完成"人类自身的变革"，这才是人类文明的希望。也就是说，解决问题是"他律"的过程，在对各种问题达成共识的基础上，人类需要完成"自律"，即对于共识的自身认同。也只有实现广泛的"自律"，完成自身的变革，才有可能实现"和而不同"的"大同"。在许多人对于"对话"之"解决问题"的作用提出质疑的当今，池田大作提出的"变革自身"的对话论，有进一步思考与探讨的价值。

最后，如何理解"池田对话"的"人间论"问题。池田大作在对话实践中重点关注的是当代文明对话、宗教对话中的热点问题，多与人类发展与存续息息相关。如前所述，池田大作的"人间学"，不但与个体之生命、肉体与心灵成长相关，也与人之群体、人类社会的变革相联系。本章以时间为线索，按照时代发展的顺序梳理了池田大作对于"对话"问题本身的看法，即池田大作"对话观"的发展问题。那么，池田大作又是如何通过对话的方式将人、社会、宗教、自然统合在一起的呢？或需通过对池田大作对话实践内容展开分析，进一步得出答案。

第三章　池田的文明对话实践

池田大作的对话思想具有与对话实践相结合，在与不同对谈对象的交流与对话中相互激扬，不断提升和丰富自身思想的特质。从这些对谈集的主题与内容来看，不难发现，池田大作在与众多领域的代表人士展开对话的过程中，不但深刻反思了人类在过去的 20 世纪中由于战争与物欲泛滥而造成的惨重伤痛，也在总结人类发展历史教训的同时与对谈者相互切磋，共同探讨面向 21 世纪的人类应有的生存方式、难题、化解难题的办法等。他依对谈对象身份特点选取了不同倾向性的对话主题，但探讨的重点问题皆为人类发展与世界各大文明、文化间的交往、交流过程中始终存在并且不容回避的现实问题，其中大部分都是当代文明对话、宗教对话的热点问题。

笔者在系统梳理池田大作系列对谈集的基础之上，选取了他在与对谈对象的对话中关注最为深切，思考最为深入，谈论频率最高的四大主题即和平、文化、教育、宗教四个方面进行重点分析，以期管窥池田大作 40 余年对话过程的概貌，同时尝试论证第二章结语处思考的几个问题，即池田大作积极开展文明对话的动因问题、池田大作如何在对话实践中丰富和深化自身思想问题、池田大作的"人间论"对话观问题等。

第一节　宏观背景与现实危机

池田大作拓展文明对话实践的原因，首先要归结于他对于现代人类文明发展面临的诸多难题与危机的关注。他在对话中多次提到人类文明发展面临的危机，对现代物质与精神、东方与西方文明特质、现代与传统的冲突与危机等进行了探讨与反思。早在 70 年代，在与汤因比的对话中，二人就曾围绕现代人面临的诸多现实问题展开讨论。环境的恶化、现代城市公害问题的凸显、潜在的战争因素、核武器问题、人权问题等，都是横陈在现代人面前不可回避的严峻现实。事实上，池田大作的和平对话观很大程度上是建立在他对于现代社会诸多现实问题的观察和深入思考的基础之上的，也正是这样深切的人文关怀让池田大作对"和平"本质问题的理解更加积极、彻底，贴近时代与现实。

如果说 70 年代与汤因比的对话中，池田大作对于现代危机与人类发展的紧迫难题的认识还是刚刚起步，那么在与汤因比对谈之后，他在 80 年代初与法国国立博物馆协议会会长、法兰西学院教授路奈·尤伊古的对谈与笔谈记录集成的对谈集《黑夜寻求黎明》中则系统梳理与论证了人类面临的危机，从物质危机、精神危机、道德危机、艺术危机几个方面对于现代危机进行了反思，并在此基础上深入分析了危机的历史意义与人类社会的未来出路问题。在这部对谈集中，池田大作重点提出了几大社会现象与问题，认真听取了路奈·尤伊古教授的意见。当人类文明发展的车轮又向前推进了半个世纪，池田大作关注的人类生存的现实问题、现代东西方文明发展路径及方法等，至今仍是横陈在现代人面前的、具有普遍性的、最棘手且难度最大的问题，依然作为世界文明对话、宗教对话的热点议题被不断探讨。

一 当代物质危机与消费文明隐患

首先，现代文明发展引发的物质危机，伴随着明显的消费型特征。现代文明被定义为"消费文明"，主要表现为两个方面，即人类欲望的无限膨胀与地球资源的无度消耗。"我们不仅从自己和周围的世界中不断索取身体所需要的物质，而且对满足我们欲求和欲望的资源也吸收、消费和耗尽。首先是培育身体，其次是安乐，再其次是减轻劳动，最后变为追求性欲和增添乐趣的娱乐等感觉上的满足"[1]，池田大作与尤伊古教授还关注到，人类在现代文明中的诉求使一切朝着每个人的消费能力和消费欲望膨胀的方向发展，然而为此耗费的地球资源却难以复原，其总量很快就会消

---

[1] ルネ・ユイグ、池田大作：『闇は暁を求めて』——美と宗教と人間の再発見，講談社，1981，『池田大作全集』5，聖教新聞社，38ページ。

耗殆尽。"铅、水银、金、锡、锌的已知埋藏量 20 年左右就会用完；铜和钨约可消费 30 年，铅和镍约可消费 70 年，铁可消费一百年"，各种各样的机械在大量消耗地球上的氧气，并将大量有害废气排向空中。煤炭和石油的不完全燃烧导致大量的二氧化硫、一氧化碳、不燃性的碳氢化合物、芘、苯等致癌物质存留于大气之中。更为严重的是，这种大气污染还会形成一道阻挠波长短光线的帷幕，从而妨碍对于生命必不可少的光合作用。然而，在大气被污染，地球氧气被高速运转的机械与汽车大量消耗的同时，地球上氧气的源泉——森林在减少，能够生产大量氧气的海中浮游生物正在因为海洋的污染而大量死去。与大气污染相同，地球水资源也在被严重污染与无度消耗。盲目扩大产业规模，工厂将大量的工业废水排入河流与海洋，加之日常普遍使用的洗涤剂等药剂也在大面积污染饮用水，同时被大面积污染的还有无法复原的土壤。诸如此类实例，不胜枚举。正如池田大作与路奈·尤伊古教授在对谈中思考的，"疯狂的欲望在现代的文明中得到空前的释放。我们能不能不为欲望所左右，而对欲望加以抑制和规范呢？这种自我抑制的前提，是要从根本上进行深刻的精神变革"。①

可见，对于人类欲望的不断膨胀与合理主义的疯狂性问题，池田大作主张从人类的精神变革层面寻求解决办法。

此外，全球物质危机的表现是多样化、复杂化、链接化的。对于科技力量的盲目自信导致现代人习惯于在技术领域运用理性而忽略现实的连带效应，我们把目标设定为产生 B 结果因而开发了 A，并为达成这一对人类有利的目标而感到满足，但事实上，我们无法估量和限定是否会连带产生 C 与 D 等结果，正如医学用药中的实际例证，我们为治愈一种疾病而研发了药品诸如可的松之类的消炎剂，消炎效果达成的同时却无法控制患者用药后产生的副作用。不仅医学领域如此，这样的情况在各种领域都在发生。"不论是伦理、科学或经济等新的学术，都表明人在控制结果方面是无能的。"② 而这种无法控制的结果在人类对于核武器、核能源的开发控制

---

① ルネ・ユイグ、池田大作：『闇は暁を求めて』——美と宗教と人間の再発見，講談社，1981，『池田大作全集』5，聖教新聞社，51ページ。
② ルネ・ユイグ、池田大作：『闇は暁を求めて』——美と宗教と人間の再発見，講談社，1981，『池田大作全集』5，聖教新聞社，35ページ。

方面表现更为明显。历史上，日本的广岛和长崎两个城市，曾是核武器的最初受害者。人们只看到了核武器的威力，却无法估量核武器一旦使用会带来的灭绝性效应。

池田大作与尤伊古更多关注到与现代人生活更为接近的原子能的开发与利用。面对消耗性文明导致的煤炭、石油能源在未来可能枯竭的问题，人们开始将力量投入原子能、核能的开发，然而却没有意识到原子能的危险性会引起比石油可怕的污染。更为危险的是，人类目前的研发能力与水平，是无法控制原子能泄露而带来的后果的。1986 年的苏联切尔诺贝利核电站的泄漏、2011 年的日本福岛核电站的泄漏及其导致的严重后果，都充分说明了人类对于核能源的积极开发与利用尚未充分估量与掌控其中潜藏的负面连带效应。因此，池田指出：现代人类发展的危机具有连带性、继起性与不可控的威胁，如不引起重视与采取应对措施，未来的后果难以预测。

二　西方文明发展模式与全球生态问题

当今时代，人类面临的又一重大危机即环境与生态危机，这一危机自近代文明发展模式在全球拓展以来不断升级。近代文明的发展模式是以自然为改造对象，以征服自然为目的的，池田大作在对话过程中深切关注并反思了人类在发展过程中肆意改造自然的行为。正是欲望不断膨胀的人类不断改造自然为自身享乐服务，妄图彻底征服自然，将人与自然定位成征服与被征服的关系，才导致了人与自然相对立，从而让今日世界陷入了深刻的生态危机。对此，池田大作着眼于三个方面进行思考。

第一，人与自然关系的颠倒。池田大作在对话中，贯穿着对于人类发展史的回顾与反思。他强调在人类发展最初，即采集与狩猎时期，人类对于自然总体上是敬畏与依附的关系，对自然的基本态度是妥协与适应。但是以工业革命为爆发点，到了技术无限扩大化的近代，人与自然的关系则发生了逆转，人类懂得驯服火，掌握了铜、铁等冶炼技术，开始尝试削平高山、填埋湖海、大肆砍伐树木、杀戮动物，傲慢无知的人类完全将自然作为征服与利用的对象。尤其是在近代以来，不到 200 年的时间里，人类对于地球环境的破坏程度是惊人的。对此，池田认为人类十分有必要反思现代性的生活方式，对可能由此引发的全球生态危机有深刻预见。

第二，不可循环性开发与"人类爱好庸俗化"。池田对于人类欲望的膨胀有着深深的忧虑，他指出："人类在不断追求比今天更大的富裕，要求有无限的能源。""现在如果能获得廉价的无限的能量，人类就会你争我抢地把地球上所有的资源用光。"① 盲目开发会导致大量产业废弃物和有毒物质的产生。人类对于自然的破坏，甚至会引起连锁反应。对此，尤伊古列举了尼罗河上阿斯旺水坝的例子，纳赛尔企图通过建水坝以实现其国内的工业能源供给，可是数年之后却导致了自然体系的混乱，水流的变更改变了气候，导致农业减产，沿岸生态被破坏，给当地居民和历史建筑造成了不可挽回的灾难。对此，池田大作总结说，人类本能欲望的满足是无止境的，"人类爱好庸俗化"必将导致一种恶性循环，从而加重人类生存的危机。

第三，西方文明发展模式的危险性问题。池田大作认为，将自然作为征服对象来进行改造的做法是具有西方式的物质文明先行特征的。他曾在多次对谈中不无担忧地提到当代人类的危机是从西方产生的，很可能带来西方式的没落。同时，池田大作从文明的更迭和继起性的发展规律来考虑未来文明的形态，思索第三世界国家能否肩负起繁荣未来的时代使命问题。但通过与尤伊古的对话，池田大作进一步解读了第三世界国家的民众对于西方文明危险性认识不足的问题。池田认为，这是一种不公正和缺乏信任导致的结果，经济发展水平落后的第三世界国家，人们会更加迫切地思考当前面对的诸如物质匮乏、经济落后、疾病蔓延等问题，而希望通过遵循西方发展模式来赶超西方。池田推测按此状态发展，将导致全球陷入西方文明发展模式下的生态危机。

三　人类精神危机与现代公害难题

在对话中，池田曾在对上述物质危机进行反思的基础上将话题导向现代人的精神生活领域，公害问题导致的被动视听、被动思考等精神被动性

---

① ルネ・ユイグ、池田大作：『闇は暁を求めて』——美と宗教と人間の再発見，講談社，1981，『池田大作全集』5，聖教新聞社，121ページ。

问题已经普遍存在于当今时代。精神被动性问题的产生有其社会根源。时至今日，仍然具有深刻的思想指向性。

首先，现代精神危机表现为一些公害问题导致的精神被动性。这里谈及的"公害"问题，已经不是常规意义上的大气、水源、土壤污染等问题，而是一种在无形中侵害着现代人神经系统的"隐形公害"。譬如建筑噪声、公共光源等现代产物对于人类神经系统造成的攻击，会以神经系统为媒介，带来种种生理学上的危害，给心脏病、循环器官系统以及心理造成持续紧张性的危险。如果说，现代人对于公共光源照明、闪烁的霓虹灯、建筑噪声、汽车交通噪声等公害的干扰还会有意识地抵抗的话，那么广播、电视对于人类精神状态的侵害则更具隐蔽性与长期性，尤其是对年轻人，包括意识形态尚未形成的学生人群造成的隐形危害不可低估。据调查，一个现代美国人，一生中在电视前度过的时光为18年。这样的不断反复、持续的媒体导向性效应，使现代人的感觉器官长时间存在于一种被动接受入侵和输入的状态，就会导致精神上的被动性，从而逐渐导向一种主体的被奴役状态，其判断能力将被左右，甚至变得唯命是从，而这恰恰是心理上被奴化的第一步。

> 在现代的大城市中，由于太偏重物质的追求而急于兴建，因而神经衰弱的现象剧增，精神病患者甚至超过了心脏病和癌症患者的人数。上年纪的人会引起一种厌世观，甚至造成自杀。年轻人则相反，产生了反抗行动和侵略性的反动。但这都属于同一现象。上年纪的人被压垮，年轻人由于有生命力而对它进行反击。这是年轻一代发生现代的不良行为和犯罪的基本原因之一。而低收入者所居住的集中住宅区又助长了这种倾向。[1]

进而，现代人对精神被动性的抵触和反抗又诱发了逃避性的反射效应。这种效应的初级形态是一部分人开始购置双居，到远离城市的聚居区、方便亲近自然的地点购买或兴建别墅。但更大部分的人无法负担这样

---

[1] ルネ・ユイグ、池田大作：『闇は暁を求めて』——美と宗教と人間の再発見，講談社，1981，『池田大作全集』5，聖教新聞社，67ページ。

的奢侈，城市高昂的房价让他们被迫选择远离城市的地区购房建屋，忍受着长年远程通勤上班的辛苦，产生了新的负担和心理压力。除此之外，另外一种逃避则表现为渴望旅游与出行，希望到新的风景与自然中放松神经，这样的旅游时尚引发了现代人的新移动，但同时促生了旅游区的集中与景区经济化建设，随着旅行人群的大规模到来，其新鲜感与吸引力也将不断下降，心里舒缓效应随之减弱。而另外的社会问题则表现为不参与社会的逃避现象，即嬉皮士现象。现代消费型社会，其结构是通过增加每个人的收入来促进支出的增多。而有一部分现代人为了拒绝和反抗这种现实生活，将生活欲求降至低点，穿着好似原始人的服装，以此与社会相区分。这种与城市习惯的决裂，作为现代人进攻性的撤退与分离，其实更是一种对规则与规律挑衅性的拒绝。进一步表现为避世遁空的逃避。一旦走向极端，也有可能表现过激，求助于麻药、毒品带来的人为梦幻。这种严重的颓废，亦是放弃和忘却现代世界的一种让人忧惧的征兆。

四　群体的外在张力与个体的内在混乱

除上述精神危机与新型公害问题，池田大作还关注到一种新的社会现象，即群体的张力与个体的内在问题。

现代人的生存，从外在来看主要向着两个方向拓展，即空间与时间。与此相对，从内在来说则表现为人的自我与人格，即与此相关的思考、感情、欲望、意志等内在生命的拓展。从外在空间问题上来看，主要表现在两个方面。

一是全球一体化问题。随着经济的发展和通信手段的日益便捷，国家与国家之间、文明与文明之间的距离正在缩小，并不断相互接触、碰撞、渗透，几千年来人类文明发展的传统地域边界不断被挑战，由此产生的对原有边界感正在缺失的恐慌、对自身经济利益的捍卫，以及对他文明的排异反应等都成为现代危机的典型特征。池田与尤伊古特别关注宗教领域，基督教、天主教、佛教、伊斯兰教等世界宗教之间的接触，包括各大宗教之间、教内各教派之间、宗教与世俗社会之间的接触、交往乃至冲突激化问题，都成为当代社会必须直面的现实问题。20 世纪延续至今并长期困扰着人们、造成了深重灾难的冲突，诸如阿以冲突、海湾教派冲突、黎巴嫩内战、印巴冲突、中亚五国的宗教冲突以及北爱尔兰冲突、巴尔干冲突、车臣战争等，从根本上说都有宗教因素深藏其中。

二是人类发展模式本身。随着全球人口的激增，城市文明正以明显的排他性模式不断发展，伴随而来的则是人类自身界限感的模糊。从"人"之存在本身来看，"人"不但是作为个体的人，更是作为家族成员的人，作为不同社会群体或信仰群体一员的人，作为城市市民的人，作为国家之国民的人，作为某一地域文化中存在并成长的人，作为依赖自然并试图不断改变自然而谋求更大发展的生物意义上的人。从群体性来看，由血缘、地缘、文化传统、信仰体系等建构起来的不同族群，因群体性质、规模、传统等的不同，需要以群体姿态面对与自身群体相异质的他者，需要在不断发展自身的过程中求同存异，与他者达成共生共荣。人的社会性表现为人之群体性，而现代发展的特点则表现为人需要存在于自身群体之中又需要超越群体的边界相互交往。在此过程之中，则必须要面对个体与群体边界问题。面对作为个体的自身，需要保持个体的独立性，捍卫自身的权利，即实现集体中的个体性维护；与此相对，作为群体中一员，如何与群体保持一种良性融入与交流的状态，如何解决群体成员之间、群体与群体之间交流的公共界限问题，这些都是现代人在生存与发展过程中必须面对的。

群体性的张力与个体的发展密切相关，而个体发展的另一个危机表现为现代发展模式下的人的内在混乱，具体表现为如下三点。

首先，对知性作用的过分强调与感、知失衡。人类的发展是由感性和知性两部分共同作用的结果。然而，现代文明的发展过多强调人类的"知性化""智能化"，人类感性的作用则处于从属地位。现代人类在经济与技术的统治下，优先并过度发展智能产业以征服自然，却忽略了人自身的感受机能。为了让变化的、运动的、多样化的事物可以被人类轻松利用，草率将其划归为一成不变的、固定化的、简单限定的模式，而人类感性因素对此的补充、修正、丰富的作用则被无视，笃信与崇拜"机械"成为束缚人类发展的一大弊病。

其次，"二选一"式的人为割裂性发展。对机械的过分依赖与分类的单一化使人类生命面临窒息的困境，因此人为塑造了强制与专横的"精神的雏形"，这种精神模式简单将事物二分化，善与恶、黑与白、"左"与"右"二者择其一，忽视了事物明显的差异的性质，这是极其危险的。同时，还将引发另一个问题，即在强制性细分与选择的同时，忽视了生命本身所产生的交换与相互作用，人为地将事物划分为某一分支，人为地给出解决答案。随之而来的诸如工业、农业、商业、服务业乃至教育中各个学科的区域性的划分，割裂了其中的交叉与联系，交流因此受阻或中断。

最后，现代人由压抑而导致的人的异化。现代人在种种人为的束缚中，感到自己有可能性的才能或本来的欲求不能充分发挥，得不到满足与成就感，则会萌生"压抑感"，当感到自己的本性遭到了更改和歪曲，则被称为"异化"。诸如抑郁症、精神分裂症、癌症、艾滋病，甚至自杀等心理或生理疾病的增多，都为现代人带来了越来越多的恐惧与隐患。池田与尤伊古在对话中提出，面对2000年人类跨入一个新的世纪纪元的今日世界，人类如何面对虚假进步的幻想与诱惑，如何正确看待自身与群体关系，谋求一种良性、可持续、个性化、多元化的整体发展，是现代人未来发展过程中不容回避的重大课题。

综上可见，池田大作在对话中探讨的话题，源于他对21世纪人类面对的诸种社会问题与严峻危机的密切关注，这些问题也是当代文明对话、宗教对话中广为探讨的热点问题。作为东方文明对话的积极倡导者与实践者，池田大作在对话实践中对于人类发展相关问题与难题的关注，对于被人们广为推崇与日渐普及的西方文明发展模式的反思，不仅源于池田大作作为一名虔诚的东方大乘佛教信徒的同苦之心，亦是他作为思想家对全球苦难的关切、对于他人困境的感知、对于人类发展方向的求索。

第二节 文明对话与世界和平

在当今时代，和平与发展是人类社会的主旋律。20世纪人类饱尝战争苦果，频繁的武力冲突让人们愈发意识到和平的来之不易。当人类社会的发展跨入崭新的 21 世纪，如何谋求长久的地球和平与人类可持续发展，如何面对并解决小规模、区域性的冲突、诸种社会问题激化的端倪，成为横陈在现代人面前不容回避的迫切问题。由此推衍而来的则是和平年代的"和平问题"，即如何理解现代和平的真正内涵与如何捍卫当今时代来之不易又危机重重的和平。对此，池田大作从东方佛学立场明确提出了自身的和平观，并在与各界知名人士的对话中不断汲取诸文明、各种思想智慧中含藏的新思睿智，不断充实与完善自身的和平观。

关于人类"和平"问题的关注和对于实现和平之方法的执着探求，是池田大作 40 年对话实践中的核心话题。按照常规理解，"和平"通常被认为是没有战争的状态，关于和平问题，池田大作从东方文明与佛教哲学的视角，提出了自己的见解和主张。池田的和平观建立在他对于现代社会诸多现实问题的观察与深入思考的基础之上，对于"和平"本质问题从东方大乘佛学之生命尊严的角度做出了具有时代新意的诠释。

池田大作对于"和平"的理解与其致力于人类和平事业的行动，也引起了我国多位学者的关注。尤其是 2000 年以后，随着池田大作思想国际研讨会等学术活动的陆续开展，出现了一些有代表性的观点，如苏州大学的戴卫东、王卫平在论文《池田大作及其和平思想》[1] 中概括介绍了池田大作其人，并将其和平思想归纳为以佛法为根本的、倡导"人性主义"与"非暴力"的、具有东方特色的和平观；清华大学深圳研究生院人文研究所的杨君游等在论文《论池田大作的世界和平观》[2] 中认为池田大作的和平观是积极的、绝对的、彻底的和平主义。其间还有几位学者如黄顺力、徐春根等尝试将池田大作的和平思想与中国古圣贤孔子、孟子、庄子思想中的和平元素进行比较等。以上诸位学者基本从池田大作的相关资料中提炼其观点。其中值得关注的是陕西师范大学梁山于 2013 年提交的硕士学位论文《池田大作和平观与人学思想研究——以 2000 年～2010 年国际创价学会和平倡言为中心》，作者能够选取一个历史时期的、有连贯性的文字资料进行研究，体现了我国池田大作研究的规范化、学理化。

---

[1]　戴卫东、王卫平：《池田大作及其和平思想》，《日本学刊》2003 年第 5 期。

[2]　杨君游、苏卫平、蔡德麟：《论池田大作的世界和平观》，《江淮论谈》2005 年第 2 期。

借鉴前人既往研究，笔者尝试开辟一个新的视角，即从对话的角度看待池田大作和平思想的发展，通过引入宗教学的理论，以历史的、动态的眼光来客观评析池田大作的和平思想。笔者认为，池田大作的和平观，是建立在其东方佛学"生命观"基础上的，具有浓厚人文色彩的、渐进性的、发展的"对话式和平观"。具体而言，可以分为四个方面，即立足东方佛学之"宇宙生命观"，坚决反对一切形式的战争，明确坚定地提出废除核武器和核能源开发的主张，并将自身和平理念付诸教团的和平实践；从佛教之"缘起"与"同苦"的基础理念推衍，倡导人们通过"对话"来关注全人类共同面临的危机与苦难，反思与检省当代人类社会因"欲望膨胀""贪嗔痴"引发的一切暴力问题；以日本当代佛教日莲佛教为根本，重视"言论"的作用，通过不断地"对话"共同探求与商讨解决实际问题的最佳方法，在坚忍不懈的"对话"中完成个体之心性转变即"人性革命"；秉承创价学会的"创价理论"，在"对话"中实现新价值的创造，探寻现代和平的合理发展路径，以世界公民的身份共同迈向人类和平与发展之美好未来。

一 反战、废核与文明对话

(一) 旗帜鲜明的反战主张

池田大作坚决反对任何性质的战争，认为"战争是绝对恶"，对话才是在人们心中建起和平堡垒，通往人类和平未来的必经之路。坚决反对武力战争，这是池田大作青年时代就已守定于心的、朴素的和平观。传统意义上的"和平"，通常是相较武力"战争"而言的一种状态。池田大作之所以珍视和平，从个人层面分析，这与池田大作曾亲历战争年代的个人经历密切相关。池田的少年时代见证了人类和平状态被彻底颠覆的时代——第二次世界大战，池田目睹了战争给社会带来的巨大破坏和对人民造成的深重灾难，在战争中失去亲人的悲痛也让他深知战争可能造成的心理创伤。因此，他曾在多次对谈中谈到自己与家人的战时经历。在与常书鸿的对谈中，他谈到自己的兄长在缅甸战场上阵亡的哀痛：

当母亲抱着装有哥哥骨灰的白木箱子时，我不敢正眼看她那悲痛欲绝的样子。从母亲失去爱子的深深悲痛中，我痛感到了战争的悲惨和残酷。我的同学中有好些人作为"少年志愿兵"去了战场，有的朋友因此失去了他们年轻的生命。我也有过类似的经历，在大空袭中，房屋两次被烧毁，我曾经在烧成灰烬的瓦砾中挣扎。①

在与戈尔巴乔夫的对谈中，池田大作再次回忆说："我自己在 17 岁时就遭遇了空袭，房子及所有的一切都被烧光了。那时的恐怖感，至今依然深深地烙印在我的记忆之中。四位兄长相继被强征入伍，全家的生活重担就压在九个兄弟中排行第五的我的肩上，结果我积劳成疾得了肺病。""绝对不能将这战争的悲惨体验随便淡忘了，我们有责任将自己在战争中的痛苦体验告诉下一代人。"② 由这样的对话记录可见，池田大作年轻时代的经历，让他对于战争曾经与未来可能带来的伤痛与灾难更加清晰，故而坚定明确地反对战争，珍视来之不易的和平。

裁减军队等表象并非和平真意，真正的和平源于人的内心。20 世纪 80 年代初，池田大作曾与罗马俱乐部创始人奥锐里欧·贝恰对话，提到了裁减军队的问题，他曾明确指出"裁军"与"和平"的区别。

一方面坐在裁军的谈判桌前讨论，另一方面却在开发新武器，为安全保障而增强军备，这可以说是现代国际政治的现实状态。正如您刚才所指出的那样，一谈到裁军问题，人们往往认为这是和平工作的一种进展。但我认为不能忽视裁军与和平的本质区别。③

裁军，它是属于战争与和平之间的不稳定的状态，对它做出决定的不过是为数极少的人。我们应当很好地懂得，不管裁军是多么必不

① 常書鴻、池田大作：『敦煌の光彩　美と人生を語る』，間徳書店，1990，『池田大作全集』17，31ページ。
② ミハイル・S・グルバチョフ、池田大作：『二十世紀の精神の教訓』，潮出版社，1996，『池田大作全集』105，聖教新聞社，78ページ。
③ アウレリオ・ベッチェイ、池田大作：『二十一世紀への警鐘』，読売新聞社，1984，『池田大作全集』4，聖教新聞社，315ページ。

可少的，但光靠裁军本身是绝对不够的；而且裁军可能带来的任何表面的缓和，以及裁军可能产生的政治形势和经济状况的任何好转，从本质上来说都是不稳定的，甚至可能随着将军们情绪的变化，简单地把它推翻。①

从以上论述可以明显看出池田大作对于"裁减军队以示和平"问题的看法。人们普遍将裁军理解为和平的进展，而事实上，裁军经常是一种表象，无论对于维护和平本身还是对于政治、经济的促进都缺乏稳定性效果，是极容易被少数人推翻的。与此相对，池田大作认为：

> 和平是一种无形的价值，是心灵与精神富有文化教养的一种状态，所以它要清晰地、深深地印在每个人心中，同时由于它对其他所有人都是绝对需要的，所以要广泛地为人们所享有，其结果，必然会成为整个社会共有的世袭财产。
>
> 和平只有这样被全体或大多数市民当作尊贵的、值得献身的、有价值的事业而加以重视的时候才能实现。战争是傲慢、利己主义、互不信任和恐怖蒸馏出来的毒汁，而且几乎毫无例外地都是由行使权力的人物造成的。相反，和平是民众之间相互理解、宽容、尊敬、团结等自然带来的成果，它只能从民众的内心萌生。②

可见，作为一名虔诚的佛教徒，池田大作的和平观也具有东方佛教心性论的明显特征。佛法主张人类"和平"源于心性的"和平"。《增一阿含经》第51卷中说"心为法本，心尊心使，中心念善，即行即为"，佛教哲学中的"十二因缘""四圣谛"也都围绕着"心性"展开，通过佛法修行限制自身的欲望，净化心灵，才能在"恶缘不绝"的社会中完成自修，走向真正的和平。而那种内心的不平和，"潜藏在人的生命深处的自私自

① アウレリオ・ベッチェイ、池田大作：『二十一世紀への警鐘』，読売新聞社，1984，『池田大作全集』4，聖教新聞社，316ページ。
② アウレリオ・ベッチェイ、池田大作：『二十一世紀への警鐘』，読売新聞社，1984，『池田大作全集』4，聖教新聞社，316ページ。

利、傲慢、权力魔性，以及由此产生的互不信任、互相威胁，才是战争的更本质的原因"①。因此，池田大作认为，无论是宗教对话还是文明对话，其根本都在于"人的和平"，即"人心的和平"。对话之根本，是人性的彰显，亦是对文明的呼唤。不同的宗教与文明之间，无论差异怎样明显，只要立足同样是"人"这一基本大前提，通过和平对话可以在人心之间筑起和平的金桥。正如他在与汤因比博士对话中所谈道的："所谓和平是相互之间不加任何恐怖于对方，相互衷心信赖，相互爱护的一种状态，这样的和平状态才是人类社会的正常状态。唯有这样才可以称为人类社会。"②

另外，池田大作认为"战争是绝对恶"，无论是何种性质的战争，都是对于生命尊严的侵犯。这是池田大作对于"和平"的认识上升到理性层面的标志，也是其人道主义和平观的主要特征，主要得益于佛法之生命观理论与佛法人道主义的思想基础。关于佛法的生命观，池田大作始终认为，佛教所言的生命具有至高无上的尊严性，任何生物最宝贵的就是生命，生命之尊严不可替代，生命的尊严是一种普遍的价值基准，没有比生命更高的价值。③正因如此，作为一次性可能剥夺大量生命的战争，其恶劣程度是毋庸置疑的。同时，受到"梵我一如""色心不二""天人合一"等佛学理念的影响，池田大作认为"战争"是"绝对恶"的行为，以暴制暴，最终会将人类导向一条不归路，这也是他在与多位学者对话时谈及和平问题的基本立场。正如池田大作在20世纪60年代末与其第一位对谈对象库德诺夫·卡雷尔基进行对谈时所言："'和平'是生命的尊严优先于一切的状态，也就是说，无论因何目的都不可以牺牲生命为代价，这才是'和平'。"④ 在与历史学家汤因比的对话中，池田大作也明确地说："战争是绝对的坏东西，是向人的生命尊严的挑战。""我们必须消灭破坏文明、夺走宝贵生命进而招致人类灭绝的可怕的战争。"⑤ 正如学者杨君游等在《论池田大作的世界

① 池田大作：『新・人間革命』，聖教新聞社，2007，86ページ。
② アーノルド・トインビー、池田大作：『二十一世紀への対話』中，聖教ワイド文庫，2003，117ページ。
③ 杨君游、苏卫平、蔡德麟：《论池田大作的世界和平观》，《江淮论坛》2005年第2期。
④ 池田大作：『池田大作全集』102，聖教ワイド文庫，168ページ。
⑤ アーノルド・トインビー、池田大作：『二十一世紀への対話』中，聖教ワイド文庫，2003，78-79ページ。

和平观》一文中论述的，"以佛法人道主义为基础，池田大作倡导生命至尊论、宇宙生命论、天人合一论等哲学观点，这些理论观点，既是池田大作佛法人道主义的重要特征，也奠定了池田大作世界和平观的基础"。

（二）坚定彻底的"废核"举措

池田大作和平观的另一重要特点在于其实践性，表现为其个人与学会两个方面。池田个人能近 40 年坚持不懈开展对话，并坚持 30 余年发出"和平纪念倡言"的号召，是其本人和平实践的重要内容。此外，他还指导学会，带领广大会员开展一系列废核行动，也是他推进"废除核武器，探求人类恒久和平之路"具体实践的一部分。

捍卫人类和平的现在与保障人类和平的未来，废除核武器是其中的重要一环。池田大作认为，与战争一样，"核武器是威胁'生存权利'的绝对恶，不能实现废除核武器的'和平'只能是虚构的和平"。[①] 众多国家研发和保有核武器的做法，是人类社会潜藏的有重大危险性的非和平因素，必须加以根绝。池田大作对核战争深恶痛绝，并深感日本作为核武器受害国理应肩负起号召世界人民共同抵制与坚决废除核武器的使命。事实上，早在 20 世纪 60 年代末，池田大作与库德诺夫·卡雷尔基进行对谈时就已经明确阐述了自己对核武器的态度：

> 目前废核虽然困难，但纵观国际政治动向，世界指导者们难以跳出"敌国威胁论"的藩篱是一种现实。事实上，真正的"敌人"是来自具有决定性的、巨大破坏力的核武器的威胁。对此，日本应该以自身受害经历，发挥出灭绝核武器、维护世界和平的独特的推动作用。[②]

此外，池田大作对核武器的基本态度，还与创价学会第二任会长户田

---

① 東洋哲学研究所編『池田大作　世界との対話　平和と共生の道を開く』，第三文明社，2010，52ページ。
② 池田大作：『池田大作全集』102，聖教ワイド文庫，71ページ。

城圣的废核主张有关。1957 年 9 月 8 日，创价学会第二任会长户田城圣在 500 万青年人面前发表了《禁止原子弹氢弹宣言》，明确表述了核武器是"绝对恶"的主张。户田认为，核武器的使用是"人类生命内部潜藏之魔性"的外露，这绝非仅与一个国家或民族的利益相关，而是与全人类普遍的生存权利相关，因此对保全和使用核武器的行为必须严厉禁绝。[①] 池田大作将户田城圣誉为自己的人生恩师，为秉承师志，池田将消灭核武器、谋求人类恒久的和平作为毕生的使命。正如他在与汤因比的对话中谈道的："广岛和长崎的受害者的经验清楚地表明，核武器的破坏力是多么可怕，放射能是怎样强烈地腐蚀着生命。我们希望全世界的人都认识到这种毫不夸张的实际情况。"[②] 他与世界各国众多领域的知名人士积极对话，广泛呼吁全世界人民共同抵制核武器的研发与留藏，在对话中，他不仅提出了废除核武器、消除暴力等相关行动的合理化建议，还努力探讨具体实施方案，这也是池田大作传承其恩师遗志的具体行动。

（三）反战、废核与对话行动

首先，对于池田大作来说，对话是在坦陈己见的同时不断更新、充实、完善自身思想的有效途径。如前所述，池田曾与欧盟之父库德诺夫·卡雷尔基、历史学家汤因比、日本松下公司社长松下幸之助、法国作家安德来·马鲁诺、罗马俱乐部创始人奥锐里欧·贝恰、美国前国务卿基辛格、诺贝尔化学奖及和平奖获得者科学家保林博士、美国记者诺曼·卡曾斯、苏联国家领导人戈尔巴乔夫、美国核时代和平财团所长和平活动家迪比德·库里格等近 20 位世界知名人士在对话中详细讨论过废除核武器的方略问题，提出了许多具有可行性的具体行动议案，如联合国监管力量的强化与核减机构的建立、世界各国最高责任者首脑会议的召开、民间 NGO 团体的监督、核武器分解技术的研发、核能源的合理利用与监管、防护设施等的安全对策、技术管理的国际基准、新型无重大杀伤力武器的研制、军

---

① 東洋哲学研究所編『池田大作　世界との対話　平和と共生の道を開く』，第三文明社，2010，40ページ。
② アーノルド・トインビー、池田大作：『二十一世紀への対話』中，聖教ワイド文庫，2003，108ページ。

队的缩减等。在废除核武器、维护和平的诸项方案中，池田大作对联合国寄予了非常高的期待，作为具体议案，池田大作在多次对话中始终强调应该加强联合国的主导权。比如池田大作在与两次被授予诺贝尔奖的保林博士的对话中就曾明确提出自己的观点："对于世界安全，联合国迫切需要大范围地解决问题。苏联的切尔诺贝利核泄漏事故以来，人们对于核能源的管理问题议论纷纷。我迄今为止的提案是，在达成核武器的全面废弃与常规兵器的削减这些目标之前，联合国应取得主导权，要探索一条能够直接进行核能源安全管理的路径""其第一阶段，就是把核能源置于联合国的监控之下，直接进行核能源的安全管理。"①

其次，池田大作不仅通过广泛对话面向世界寻求最佳和平方略，积极将自身对话思想与教团、创价会员的和平实践相关联，实现了从对话思想到对话实践、现实行动的转变。他的对话行动及和平思想，得到了创价学会的整体支持和会员的积极响应。创价学会青年部、妇人部的会员们自1974 年连续十余年出版系列反战丛书近百部。1975 年，创价学会发起了呼吁废除核武器的大型署名活动，将一千万人亲笔签名的请愿书提交联合国。1989 年，在废核国际大型宣传活动 "Abolition 2000" 中，创价学会积极响应与支持，提交了 1300 万人亲笔署名的联名书。为了响应池田大作于2009 年 9 月发表倡言 "万众一心　致力于核武器废绝" 的号召，2010 年初，创价学会会员再次开展了请求制定 "核武器禁止条约" 的署名活动，签名人数 227 万余人，并将此联名书提交给了同年 5 月在纽约召开的核扩散防止条约（NPT）复议会与联合国。

同时，在与多方有识之士的对话中，池田大作立足时代大背景和创价学会发展的整体方向，尝试从东方佛学与日莲传统的角度加以解读，可以说，对话是池田不断深化自身信仰传统的有益尝试。自 1983 年开始，池田大作每年 1 月 26 日代表国际创价学会面向全球范围的社会公众发表 "和平纪念倡言"。在 1983 年的和平纪念倡言中，池田大作针对人类和平面临的课题和挑战，提出了美苏首脑会谈、召开东北亚和平会议、禁止核试验等

---

① ライナス・ポーリング、池田大作：『「生命の世紀」への探求——科学と平和と健康と』，読売新聞社，1990，『池田大作全集』14，206ページ。

具体的主张，唤起了国际舆论对此的重视。之后的每一年，池田大作都会以"和平纪念倡言"的形式，集中阐述自己的和平思想。该倡言自 1983 年迄今已发表 30 余篇，是池田大作不同时期与不同时代背景下和平思想的集中表述，也是创价学会集体智慧的体现，是日本国内 800 万户创价学会会员和遍布全球 192 个国家与地区的国际创价学会会员广为学习与传播的纲领性文件。正如"和平纪念倡言"这一标题一样，该倡言的主旨性内容即为"和平"，主要阐述当今时代人们在维护地球和平与人类安全及其相关课题中所面临的危机和挑战，对全人类具体应该采取的行动提出具体的主张，并阐述其佛法依据。

事实上，池田大作的 40 年和平实践行动的主要思想和核心精神就集中体现在他坚持不懈的文明对话实践与历年的和平纪念倡言发布行动之中。换言之，亦可以理解为池田大作的纪念倡言是其对话实践的一种提炼和总结，也是池田集结世界各大文明智慧与知名人士睿见之后，在此基础上结合教团发展提出的一种合理化倡议。总之，作为一个有使命感与感召力的宗教团体领袖，池田大作依靠广泛对话、发出"和平纪念倡言"等方式，不但在创价学会内部有效贯彻了指导方针，也向更大的受众群体传达了自己的思想和创价学会的主张。

二　暴力、人权与文明对话

（一）何以根绝暴力

池田大作和平观的另一层内涵，体现在他对于当今时代另一类型的不和平因素——"暴力"行为及其连带性后果的看法和主张。当代和平学的奠基人约翰·加尔通（Johan Galtung）曾明确指出，和平（Peace）的反义词并非战争（War），而应该是暴力（Violence）。[①] 他进一步将"暴力"的形态分为三种，即直接暴力、结构性暴力、文化性暴力。直接暴力是指通过武力、暴力等物理力量去伤害对方的行为，其中可能涵盖着通过声音、表情进行的威慑等。直接暴力容易分辨伤害他人的主体与受到伤害的客体，是一种易感

---

① Johan Galtung, "Cultural Violence," *Journal of Peace Research*, Vol. 27, No. 3, 1990.

知形态的暴力。而结构性暴力并非依靠物理性的力量，暴力行为的主体与客体不特定，且不易看出明确意图，因此也难以感知其罪恶感而采取制止行动，是一种表面上无法判定其暴力性质的暴力形态。但是，结构性暴力的结果却会以力量配比、寿命长短、提升机会不均衡等不同形式体现出来，表现为一种"社会性非正义"（social injustice）。① 与上述两种类型的暴力相对应，还有一种文化性暴力，主要指将直接暴力或结构性暴力正当化，或可能导致加深其暴力倾向的文化。例如帝国主义、男权主义、自民族优越主义、白人至上主义等。②

池田大作在与对谈对象的对话中，对于上述三种暴力形态结合现实社会中的各个方面均有涉及。鉴于暴力行为的表现形式与产生的后果都区别于大规模武力战争、核武器使用等，因此对于暴力行为，池田大作在与对谈对象探讨具体方略的同时主要强调三个方面，即暴力的连带危害、暴力的根源性成因与暴力的根绝办法。

当代社会的暴力问题，由于其具有隐蔽性、连带性、潜在性、长期性等特点，因此区别于武力战争之集中爆发的外显性特征。事实上，池田大作在与对谈对象的对话过程中，一直尝试认清当今时代暴力问题的性质及其表现形式，不断探讨和追寻能够有效阻断或根除暴力的方法。

首先，早在 20 世纪 70 年代初，池田大作与汤因比进行对话时就正式讨论了南北问题与东西问题及其与和平的关系。池田大作谈道：

> 就世界和平来说，南北问题——由财富和技术向北半球集中而产生的各种问题——是一个极为重要，同时也是极其难解的课题。相比之下，东西问题似乎有些易于解决。看来，今天出现的东西方对立，很多也和南北问题有瓜葛，从而使其解决更为棘手。因此，如能解决南北问题，东西问题就会失去爆发场所，对立就会得到缓和。③

① Johan Galtung, "Violence, Peace, and Peace Research," *Journal of Peace Research*, Vol. 6, No. 3, 1969.
② Johan Galtung, "Cultural Violence," *Journal of Peace Research*, Vol. 27, No. 3, 1990.
③ アーノルド・トインビー、池田大作：『二十一世紀への対話』中，聖教ワイド文庫，2003，9ページ。

而事实上，正如池田进一步分析的，"南北问题的困难在于发达国家和发展中国家之间存在差距。这不仅限于经济，还有政治、社会、文化、教育等，涉及人类活动的一切方面"。更加让人意识到其紧迫性的是，"这种差距非但没有缩小，而且一直在逐年加大……特别是最近信息化时代的十年"。"如果按自由竞争的原则发展下去，落后的国家就会越来越落后，很容易成为东西对立的牺牲品。从这种观点来看，解决南北问题不仅是为了发展中国家国民的福利，大而言之，也可以说是为了确立世界和平而赋予人类的重大课题。"

由上述内容可见，池田大作分析了南北问题及其连带产生的东西问题，并进一步阐明其长期性及其与"世界和平"的关联。换言之，对于维护世界和平而言，从其外在表现来说常以东西问题的表象出现，而正如池田所分析的，东西问题事实上是由南北问题引发的。事实上，财富与技术向北半球区域性集中属于前文提到的"结构性暴力"的范畴，那么这样的隐蔽的暴力问题，是否可以通过经济援助等外交方式解决呢？对此，池田以日本和亚洲其他国家为例，谈到要改变传统利己主义的经济外交模式，展开真正意义上利他的外交，并进一步强调了文化外交的重要性，"现在日本主要是致力于经济外交。今后必须把它改成不是为了增加自己的财富，而是用财富援助贫穷国家这种意义上的经济外交。与此同时还有推进教育、卫生、技术、学术的交流这种文化外交。我想这对亚洲国家是特别重要的"。"对发展中国家的援助要立足能使受援国独立自主。为达到这个目的进行教育、艺术、卫生保健、科学、技术等领域的援助是非常有效的。"[1]

如上所述，如果说当代结构性暴力现象本身就具有隐蔽性的特点，那么其背后隐藏的深层经济原因就诱发了暴力的连锁效应。人类历史上对于利益的追寻、经济的垄断、区域发展的不均衡等连锁反应进而使当今世界呈现出东西方发展状况的差异，而资源枯竭、环境污染、贫富差距扩大、恐怖主义、激进主义等现代危机，同样是人类未来发展有待解决的全球关

---

[1]　アーノルド・トインビー、池田大作：『二十一世紀への対話』中，聖教ワイド文庫，2003，39ページ。

联性难题。更为隐蔽的暴力形式则是诸如帝国主义、男权主义、自民族优越主义、白人至上主义等文化性暴力倾向。池田大作在对话中曾与汤因比讨论美国的种族偏见问题，曾与英国女作家、环境学者海瑟·亨德森讨论女性与和平、环保的问题，还曾与哈佛大学教授杜维明博士讨论过"文化帝国主义"问题。可见，池田大作不但对直接暴力形式的战争深恶痛绝，对于当今时代的结构性暴力问题也有明晰洞察，在此基础上还在挖掘其背后隐藏的、更为深刻的危机，即文化性暴力问题。关于这样的暴力问题，池田挖掘其源头在于"人"。人性的"贪嗔痴"等欲望恰是上述暴力倾向产生的根源性动因，正如池田所说，"因为这是人们的思想意识问题，所以不易解决"。"我想不管怎样，除了从人们思想中消除憎恶和偏见以外，没有其他的真正能够带来和平的方法了。"①

（二）如何尊重人权

池田大作倡导对于普遍人权的尊重，认为这是应对全球问题、构建人类普遍伦理准则的基础。随着全球一体化趋势的增强，人类面临的"全球问题"越来越多，由其引发的危机也愈发紧迫。更值得关注的是，现今时代的危机与难题的性质区别于以往任何时代，其关联性变得更加紧密，不但地球上的各个国家都关联其中，"牵一发而动全身"，而且，每个人都身处在这种关联性之中，人类整体面临的危机和问题让每个人都无法以个体形式回避，需要每个人肩负起责任，而现代人这种作为个体所肩负的责任与义务是与其享有的权利相伴生的，这样的权利也是人性之根本，是人之为人能够享有的。池田大作从东方大乘佛学之法华观的"人皆有佛性""佛性即生命"这一视角来解读人性之贵，他认为只有每个人的权利都得到应有的尊重与保障，一种"新的人性"才能开发出来，才能产生出"根植于每个人的心灵深处的返璞归真的'人本主义'的跃动"②，以此为基础才能构建出一种普遍的伦理准则，以此应对日渐紧迫的

① アーノルド・トインビー、池田大作：『二十一世紀への対話』中，聖教ワイド文庫，2003，26ページ。
② ヨーゼフ・デルボラフ、池田大作：『二十一世紀への人間と哲学——新しい人間像を求めて』，河出書房新社，『池田大作全集』13，123ページ。

全球问题。

池田大作从佛教人道主义出发，诠释人生来具有的"生命尊严"性与人权的普遍性。1982 年，在与德国著名学者约瑟夫·狄尔鲍拉夫进行对谈时，池田大作曾围绕西方的以人的理性或知识作为人的尊严之源的人道主义方式阐述自身观点，他说："这种从合理性的智慧和哲学的思考中，寻求人的尊严根据的思想方法，导致对其他缺乏智慧的生灵的蔑视，进而增强对同样是人，但未接受过智慧思考训练的人，或对思考方法不同的人皆加以轻视的风潮。"① 在此基础上，池田大作进一步阐明了具有东方人本主义色彩的佛教人道主义，即以"生命"为基础的人道主义，其主要特征是对于"生命尊严"的捍卫。"众生平等""以伤生、杀生为罪"是佛教的根本理念，无论是人抑或是动物，其"生命"本身就是值得敬畏、获得"尊严"的根据。人与动物的不同之处在于人能够自觉地意识到自己以及其他生命作为"生命"存在的"尊严性"，因此有意识地捍卫自身权利并控制自身不去侵犯他人的自由，这是"人"之为人的高贵之处。

池田大作对于"生命"的理解并非仅停留在生物学的"生命"这一概念，他是从"宇宙生命"的角度进行理解，主要是从佛教之"缘起"关联性的角度来阐发，强调人作为个体存在的生命形式与宇宙其他生命存在之间在时间上、空间上具有互融性与不可分割性，就是所谓的"宇宙即人（生命）""人（生命）即宇宙"。西方的"人性"常是建立在以基督教为代表的"神性"而言的人道主义基础上的，而池田大作从东方佛学宇宙生命意义上阐发的生命尊严是无可替代、没有等价物的，可以说，他努力阐发的是一种普遍的人权与人人平等。

此外，池田大作所倡导的普遍意义上的"人权"理念，还包括呼吁社会加强对于儿童、老人、女性等弱势群体的关注与保护。

首先，关于儿童的生存权利问题，早在 70 年代初，池田大作在与汤因比的对话中就曾谈及节育与人口的问题，90 年代末，池田大作在与俄国作家里哈诺夫在对话中谈到了儿童的出生权问题，这是人的基本生存权利之

① ヨーゼフ・デルボラフ、池田大作：『二十一世紀への人間と哲学——新しい人間像を求めて』，河出書房新社，『池田大作全集』13，143ページ。

一,"按照佛教的说法,认为在受精的一刻就是生命诞生的开始,因此,对于轻率的堕胎行为应当谨慎"①。此外,池田大作还与多位对谈对象探讨人口出生率与社会发展的关系,在一个国家,如若孩子过多则可能引发粮食不足、饥饿与疾病,并且与国民对于政府的信任度、孩子未来的教育等问题密切相关。而出生率低导致的少子化问题则会引发劳动力减少、移民问题等,一些民族利己主义、社会不平等的纠纷均与此相关。因此,人类如何对自身的欲望进行调控,合理地控制人口出生率,防止因为避孕方式的不断简易化而产生的纵欲倾向等,这些都是池田大作与对谈对象反复探讨的问题。而池田最终仍然是期待通过"人"内心的变革来实现转变,他认为"除了磨炼内心的、内发的伦理性,别无其他的捷径"。②

其次,关于老人的问题,与社会老龄化问题密切相关,因此,池田大作不但强调养老设施的完善,还强调需关注老人的精神需求。"对老人的福利绝不应该仅仅是物质方面的,必须兼有精神上的有人情味的真正意义上的福利。为此,我认为社会必须提供最大的机会,使老人能开拓自己的道路。"③ 同时,池田还赞同将对于儿童、老人、女性问题的关注上升到社会义务与社会发展健全程度的层面来认识,"社会、国家要取得协调,首先要为提高孩子与老人的地位而尽最大的努力。这是最重要的社会义务"。

再次,关于女性问题,池田强调人格意义上的男女平等。"佛法是为了救度一切众生而有的,不能存在男女差别观。不论是出家或在家,人种、学历、权力、经济能力或社会地位等皆与佛法无关。"④ 但他承认男女在生理和心理上存在特性和差异,他强调要充分发挥女性特质,同时十分重视女性在家庭中的地位和权益,充分肯定女性在家庭中作为母亲、妻子的重要性。"在一个和睦家庭,无论发生多大的风暴,家庭中都有一个太

---

① アリベルト・A・リハーノフ、池田大作:『子供の世界——青少年に贈る哲学』,第三文明社,1998,『池田大作全集』107,95ページ。

② アリベルト・A・リハーノフ、池田大作:『子供の世界——青少年に贈る哲学』,第三文明社,1998,『池田大作全集』107,95ページ。

③ アーノルド・トインビー、池田大作:『二十一世紀への対話』上,聖教ワイド文庫,2003,227ページ。

④ 池田大作:《法华经的智慧》,创价学会编译,正因文化事业有限公司,1997,第52页。

阳把全家人照耀。家庭中的这个太阳就是母亲。"① 不仅如此，池田大作对于女性的重视、对于女权的肯定还上升到了世界和平与 21 世纪文明建设的高度，他非常肯定女性在精神文明建设和推动 21 世纪世界和平中的作用，积极鼓励女性参与社会活动，认为正是"由于女性参与社会活动，我们的社会向新的幸福转化、向新的希望转化的趋势正在不断扩大"。② 同时，他强调 21 世纪精神文明社会的建设离不开女性，认为我们的社会"要从一味地追求物质、效率的社会，回归到心灵相通、充满人情味的社会，女性的力量是不可或缺的"。③ 而且，在 21 世纪的和平建设中，他非常强调女性的作用和价值，盛赞女性对于推动世界和平的贡献，"我始终认为只有女性才是保卫和平的旗手"④，并且引用圣雄甘地的话说："通过建立女性的和平来缔造社会的和平。这时，女性的和平的力量会成为惊人的伟大的力量来改变世界。"⑤ "我想给孩子与老人再加进一个母亲阶层。他们在社会上都处于弱者的地位，能给他们多少瞩目，可以说是衡量鸟儿能否高飞的标准，也是这个社会的健全程度如何的标志。"⑥

最后，池田大作还强调对于未能具备较高知性水平和处于病痛、饥饿、困苦之中的人群的尊重与援助。池田在与德国著名学者约瑟夫·狄尔鲍拉夫进行对谈时曾梳理过欧洲人道主义思潮的发展史，他总结其特点是，欧洲人道主义作为一种对人的尊重方式表现为特别重视人的知识能力，"也就是说，人之所以尊贵，是由于人具有优秀的思考能力和知识"。⑦但是，池田大作提出的质疑是，当人在成长过程中，尚未具备一定的知性水平时，能否对其持尊重态度呢？另外，还可能由于天资的差异、教育体制的不同，有一部分人未能成为一个具有"完善的人性"的人，又该如何对待呢？对此，池田认为相对西方重视人的知识能力的人道主义而言，佛

---

① 池田大作：《365 日给女性的赠言》，卞立强译，四川人民出版社，2008，第 175 页。

② 池田大作：《新女性抄》，卞立强译，上海财经大学出版社，2004，第 49 页。

③ 池田大作：《365 日给女性的赠言》，第 10 页。

④ 池田大作：《心灵四季》，吴瑞钧、王云涛译，时事出版社，1998，第 70 页。

⑤ 池田大作：《新女性抄》，第 191 页。

⑥ 池田大作、里哈诺夫：《孩子的世界》，中国文联出版社，2002，第 70 页。

⑦ 池田大作、狄尔鲍拉夫：《走向二十一世纪的人与哲学——寻求新的人性》，宋成有等译，北京大学出版社，1992，第 82 页。

教人道主义的根据是"生命",与宇宙同一和相互关联的"生命"是佛教平等观的基础。"佛法中所谓'佛',意味着生命的内在尊严;所谓佛法,也可以说是生命的内在的法则。"① 也就是说,并非知识和教养让人尊贵,而是人之生命本身即具有不可让渡的尊贵性,这种"为人"的尊贵即"生命的尊严性"不因其地位、出身、教养程度和性别而存在差异和不同。

> 人类具备的最重要的一个侧面就是每个人都是相同的"人"。人类在铸成特定类型的人之前——黑人也好,白人也好,佛教徒也好,儒教徒也好,无论是犹太人还是异邦人,也无论是知识分子还是无教养的人——首先最重要的一点必须都是"人"。②

因此,无论是权贵还是平民,无论贫富,无论其生活状态的富足抑或贫病,因其生命的存在,都应被一视同仁地给予尊重。不但如此,池田大作还从《法华经》的成佛论角度给予了解释,强调对处于苦难之中的人们的救助是实现社会整体问题取得突破性进展的关键环节。

> 佛教的根本精神,是"最痛苦的人、最苦恼的人有最幸福的权利"。不限于佛教,宗教的生命线都是要把重点放在这里。《法华经》就是通过使地狱界的一个人、饿鬼界的一个人乃至九界中的一个人成佛,一切众生都可以成佛。这好比是破开竹子的一个节,其他的竹节也会随之而破。
>
> 所谓"地狱界的一个人""饿鬼界的一个人",就是最痛苦、最苦恼的人们。把重点放在这样的"一个人"身上而加以解放,就会打开解救所有人的可能性。③

---

① 卞立强译编《池田大作选集》,北京大学出版社,1988,第313页。
② アーノルド・トインビー、池田大作:『二十一世紀への対話』上,聖教ワイド文庫,2003,164ページ。
③ アリベルト・A・リハーノフ、池田大作:『子供の世界——青少年に贈る哲学』,第三文明社,1998,『池田大作全集』107,90ページ。

（三）暴力、人权与对话理念

如前所述，池田大作凭借对于"对话"的坚定信念，希望通过贯彻"对话精神"的积极行动来寻求真正能够实现人类和平的有效方法。面对当今时代的诸多社会问题和各色潜在的结构性暴力、文化性暴力倾向，池田大作缘何认为对话是当今时代能够对抗暴力、捍卫人权的有效方式呢？

（1）对话具有原初性与互动性，是人类特有的一种交流方式，是人之存在的证明，也是建立人与人之间的基本信任与合作关系的基础。

话语权本身就是一种基本人权，只有通过与他者进行彼此尊重、坦诚包容、有始有终的理性对话，才能从根源上找到解决现实问题、消除暴力的可能，这是现代社会基本人权得以保障的有效途径之一。如前所述，池田大作所倡导的对话，其根本的立足点是"人"，是"人"与"人"的对话，也是以"人"为目的、以解决"人"的问题为目标的对话。池田认为"人与人彼此交流对话，才是人之所以为人的证据，也就是说，所谓对话乃是人为了证明自己成为人的'场所'"。①

从根本上来说，人类最初的交流与交往就是从对话开始的，因此也可以说，对话是人之为"人"的一种特有的、有意识的交流方式，是人作为社会性、群体性存在的基本需求之一，对话与交流也是人类社会得以存续、合作与发展的基本前提。而且，池田坚持"对话"需要回归到"人与人"之间"面对面"进行对话的这一人类交流最原初的形态。现代社会通过机械、网络等方式进行的文字之类的交流徒具交流之形，却忽略了交流中的人性因素，诸如群体气氛与共在环境、体感动作、表情、微妙心理变化、相互感知与回应等人性要素，正如池田所说："不能把单纯通过机器的交流视作好办法，大家汇聚一堂、互相拍着肩膀进行的那种自古以来就有的交流才是真正的交流。应当把这种认识始终当作根本，应当争取撤除阻碍它的壁障。"②

① 池田大作：《我的人学》，铭九等译，北京大学出版社，1992，第209页。
② アウレリオ・ベッチェイ、池田大作：『二十一世紀への警鐘』，読売新聞社，1984，『池田大作全集』4，聖教新聞社，330ページ。

在池田看来，对当代和平造成威胁的许多潜在暴力问题，来源于人类彼此之间的互不信任和一颗颗"闭锁的心"，这是威胁现代社会健康发展的一种深刻的"文明病"。① 池田认为，想要打开人与人之间"闭锁的心"，治愈文明时代的现代人所罹患的"文明病"，其唯一办法就是"对话"。"对话"不同于"独白"，对话是面对他者来开启自我、激扬自我、超越自我的过程，而"独白"则是囿于自身藩篱的孤立，缺乏他者回应的"独白"与单方的强压必将导向"对抗"。正是由于"对话"具有原初性与互动性特征，故而"对话"理应成为和平年代人们亟须的一种生活方式。正如池田所说："'迈向地球规模的团结的世纪'，超越宗教、民族、国家等壁障的'走向和平的对话'和'文化、教育的交流'，越来越被渴望。"② 只有大力扩展最广泛的人与人、团体与团体之间的深入对话，让社会发展与人类交往、合作的轴心回归到"理性对话"的共同平台上，现代社会的诸种暴力问题才能迎来根绝的转机。

（2）对话具有可控性与联结性，是能够捍卫人类和平，解决与缓解各类暴力问题的"软能"。

如前所述，关于暴力问题，有直接暴力、结构性暴力和文化性暴力三种代表性的暴力形式。不同类型的暴力，其产生的原因多种多样、错综复杂。单就其表现形式而言，无论是通过武力形式表现出来的直接暴力，还是具有较强隐蔽性、长期性的结构性暴力或文化性暴力，其结果都是对人类和平构成重大威胁和隐患。那么，如何应对这样的暴力行为呢？

首先，单就战争等直接暴力而言，以暴制暴的方式则会导致更大规模的暴力，从而引发更广泛层面上的伤害。而且，直接暴力本身具有不可控性，由此导致的结果常常是继起发生，甚至是不可挽回的。池田大作始终呼吁国际关系中的各种纠纷、国家与国家之间的利益之争、矛盾冲突都应回到谈判桌前，采取协商对话的方式解决，就是出于这样的思考。这也是他将自身的对话行动与外交斡旋相关联的一个基本方略。

其次，广泛对话能够实现民众之间、各种团体与组织之间、国家之间

---

① 池田大作：《和平世纪的倡言》，天地图书有限公司，1997，第171页。
② 池田大作：《和平世纪的倡言》，天地图书有限公司，1997，第73页。

的交流与广泛联结，有益于从根本上缓解一些隐形暴力问题。前文提到的结构性暴力、文化性暴力通常表现为非常强的连带模式和难以化解的系列问题，而一个问题的解决需要多国、多领域的合作与民众广泛的支持。那么，要化解暴力问题，首先要实现一种联结，即国家之间、不同领域之间、普通民众之间的广泛联结，而这种联结的基础就是——对话。正如池田所说，"关键是人，重要的是觉悟的人们要联合起来""仅有各国政府和联合国的努力是不够的。更重要的是世界各国人民的力量，包括各国民间的有识之士和非政府的民间组织在内"① 的普通民众、团体组织之间广泛意义上的对话，才能实现最基本的信息对等与共享，达成解决问题的共识。也只有这样，才能避免许多因不明真相或恶意蒙蔽、误导而激化的暴力事件的发生。因此，单就从根本上化解或改善结构性暴力问题、保护人类和平成果这一作用来说，对话不但具有广泛联结的作用，并且在过程上显得更加理性，可调控性更强。正如池田所说："国际社会脚踏实地地向'和解的时代'迈进。其中'对话'起了不可低估的作用。我历来主张，'硬能'有时通过外压把人推往某一方向，但对话可以促进内发的相互理解和赞同，反而可能成为掌握国家间交往能否成功的关键。"② 因此可以说，对话是能够捍卫人类和平，解决与缓解各类暴力问题的"软能"——是一种可联结、可延展、可再生之力。

（3）对话具有渐进性与可持续性，坚持在相互尊重与宽容的基础上推展"人本主义"对话，是消除暴力、促进和平的一种"渐进式"的和平方略，更是实现人类真正长久和平的根本保证。

首先，对话具有渐进式发展的特性，是打造人心和平之堡垒的有力武器，是建设"和谐社会与和谐世界"的必经之路。基于当代社会的结构性暴力、文化性暴力具有长期性、隐蔽性的特点，因此，暴力的根除也不可能通过激进、武力的方式一蹴而就，暴力问题就其性质本身就需要经过一个长期的、渐进性的过程。相对以暴制暴、武力抗争等激化性变革的方式

---

① 季羡林、蒋忠新、池田大作：『東洋の智慧を語る』，東洋哲学研究所，2002，『池田大作全集』111，278ページ。

② 池田大作：《和平世纪的倡言》，天地图书有限公司，1997，第226页。

而言，对话由于具有渐进性与可持续性的特点，因此能够不断寻找解决现实中的暴力问题的突破口。对话的方式看似迂回、缓慢，却是现实中能够根除潜在的暴力的唯一具有可行性的方法。如池田所说："激进主义必然与恐怖主义和暴力相依存，与此相对，渐进主义的道路才是众望所归，其武器就是对话。"① "无论是怎样困难的局面，怎样复杂的状况，都坚决不能放弃'对话'。唯有将诚恳、坦率的'对话'坚持到底，才能让人与人之间的交流坚持不懈地推广开来。也只有这种看似迂回的方式，才是通往'和谐社会与和谐世界'的必经之路，宽阔之路。"②

其次，池田始终强调心性的和平，他认为和平的堡垒需要在每个人的内心之中构筑，因此要求对话有互相尊重、包容的坦诚态度。正如联合国宪章中阐述的，"既然战争发端于人们的内心，就必须先在人们的心中筑起和平的堡垒"。为了实现人心的转变，池田主张通过个人与个人之间的接触，通过坦诚对话来促进意识变革。事实上，真正能够让人们从内心接受并为之改变的对话是必须以平等、尊重与包容为前提的。对话双方可能来自不同的国家，有着不同的信仰，在成长过程中有着不同的教育经历、文化习惯、思维模式，甚至个性特征等也可能完全不同。如若不能以相互尊重、彼此包容的态度开展对话，不能理性面对分歧，对话不但不能产生期待的结果，很可能连对话过程都无法完整，因此可以说，对话也可以培养人权意识，对话过程本身就是人权的彰显与尊重。正如美国大学的著名学者罗尔斯所言："克服对人的歧视意识、对差异的固执，才是开创和平与普遍人权的第一要义，是实现开放对话的黄金法则。"③

此外，池田还强调对话的持久性与将和平对话在民众中普及的必要性，只有越来越多的民众关注对话，参与对话，暴力问题才有根除的希望，人权才能从根本上得以保障。对话并不是短暂的、一次性的过程，需要人们长久的坚持与不懈的努力，对于各种社会现象与问题的探讨也

---

① 東洋哲学研究所編『池田大作　世界との対話　平和と共生の道を開く』，第三文明社，163ページ。
② 東洋哲学研究所編『池田大作　世界との対話　平和と共生の道を開く』，第三文明社，75ページ。
③ 池田大作：《和平世纪的倡言》，天地图书有限公司，1997，第36页。

需要随着时代和形势的变化不断调整思维，这样的对话才有生命力。事实上，池田大作本人的对话行动就在证实这样的说法，他与每一位对谈对象的对话，都经历了很多次面对面的意见交换，并辅以笔谈的形式进一步探讨。

同时，池田大作还强调民众参与的必要性。和平的种子并非埋在高深的思想之中，而是扎根在民众间的相互理解与共感之中，只有坚持在相互尊重与宽容的基础上坚持不懈地推展"人本主义"对话，才可能实现长久的和平。他曾在与国际宗教社会学会前会长威尔逊对谈时以创价学会为例谈到渐进性对话的意义："为人们提供一个对话的场所，由极少数人通过恳谈来促其领悟的方法。这种方法也许看起来有些舍近求远，但只有这样的方法才能避免那种热度会冷却、消失的脆弱，才会将高度的自觉与坚定的信仰根植每个人心中。"①

综上所述，池田大作认为"对话"是根除当代社会诸多暴力问题、阻断暴力倾向的一种方法，同时也是人权得以彰显和保障的前提。从上述分析可见，池田大作是从心性论的角度看待对话的。他认为暴力既然源于人心，就需要从人心的改变来解决。他看到了对话的原初性与互动性，因此强调人类社会发展过程中"对话"之于解决问题的必要性。鉴于当代社会存在的暴力问题具有长期性、隐蔽性的特点，池田大作倡导通过普遍联结的"对话"来唤醒民众，打开"闭锁的心"，达成共同谋求改变的共识。由于对话具有可控性、渐进性、可持续性的特点，这样的"柔软之力"——弹性容摄力对于找寻结构性暴力、文化性暴力问题的突破口，探求破解之道有实践意义。也正是基于这一层面的思考，池田大作才认为"对话"之路是社会和平安定的"王道"：

> 对话无论是从个人层面还是国家层面来说都是能够为社会带来和平与安定的"王道"。缺乏对话的社会，就仿佛不能流动的止水，会沉积而浑浊，因而会萌生不信任、猜疑心、憎恨与恐怖心。一旦这样

---

① ブライアン・ウィルソン、池田大作：『社会と宗教』，講談社，1985，『池田大作全集』6，150ページ。

的情况成为一种固定的观念，任其发展下去，则会产生闭锁的性格。为了能冲破这条死胡同，我认为只有进行肝胆相照的、坦率而充满勇气的对话。对话并不一定要局限于产生某种确定的效果，但正如将水流中的沉淀物冲走一样，我们至少要动起来，谈起来——在这个过程中，就会找到某种突破口了。①

三 环境、生命与"对话"新意

池田大作对于人类和平的见解，并未停留在反对战争、捍卫世界和平，坚决根除暴力、谋求全人类的共生共荣这一着眼于人类自身发展的维度，其和平观的另一维度在于他对于自然环境、宇宙空间、生命多样性的深刻解读，这也是池田对话的新意所在。池田的对话观，突破了人类对话的常规范畴，他倡导人与自然的对话，解读生命意义本身的对话，着眼于通过人自身精神世界的反省与革命，达成对于生命尊严的捍卫这一深广意蕴。

（一）全球环境反思：与环保人士的对话

随着人类工业文明的发展，地球环境已被严重破坏，人类面临着深重的环境与生态危机。地球变暖、臭氧层被破坏、森林被无规划砍伐、地球资源被大量消耗、水与空气的污染在蔓延、生物种类在减少……诸如此类，都是现代人类的生存与发展所面临的一系列的困扰与难题。对此，池田大作与诸位社会人士进行了反复、深入的探讨，他们充分意识到21世纪着力改善人类生存环境问题的紧迫性，并对环境被破坏的根本原因以及改善环境的方法进行了反思，通过交流与对话，提出了一系列有建设性的提议和主张。池田大作认为，21世纪是"环境的世纪"，人类必须深刻反思自身生活方式和人类文明的发展方式问题，环境与人是"依正不二"、不即不离的关系，所有的生命都具有至高无上的尊严性，人类自身的改变与生命尊严的捍卫是未来人类能够可持续发展的重中之重。

---

① ヘンリー・A・キッシンジャー、池田大作：『「平和」と「人生」と「哲学」を語る』，潮出版社，1987，『池田大作全集』102，聖教新聞社，317ページ。

池田大作关于人类与环境关系问题的反思，并不是面对人类跨入 21 世纪之后的各种现象的一时之思之想，而是其对于初任会长牧口常三郎思想的一种传承，是对户田思想的一种新的理解和现代意义阐发。池田大作主张"人类只有与自然调和才能存在下去"，这种人与自然相互平等、和谐共生的思想来源之一是"初任会长牧口常三郎 32 岁时著成的著作《人生地理学》。牧口认为人与环境的精神性的关系一共有 8 个主要方面，即觉知性的关系、利用性的关系、科学性的关系、审美性的关系、道德性的关系、共感性的关系、公共性的关系、宗教性的关系。前五项是将环境作为与自身相异质的客体、单纯作为经验性的材料来看待，后三项则是将环境作为与自身同样的世界的一部分来对待，在与自然的交往之中来完成人格塑造的"①。在户田这一思考的基础上，池田大作进一步从"生命尊严"的角度加以解读，并提出了通过"人间革命"来体知和践行人与环境之精神性关系的行动方案。正如牧口所言："人类与外界的交往，首先应归于人类之主观特性。人本身就是凭借与外界的各种相关性来完成自身的健全发展的。因此作为外界的自然，才是我们人类真正的启发者、指导者、慰藉者。人类与自然建立起诸种相互关系，是不断盛衰沉浮、循环着的人生中不可或缺的要务，人生的幸福也是由相对于自然关系的广狭亲疏来决定的。"② 在此基础上，池田大作阐发出一种广义的"对话"，即人与自然的"对话"，人类认识到与自然和谐统一的关系，并通过自身生存方式与行为方式的变革来顺应自然的发展规律，实现人与自然的共存共荣与可持续发展，这是实现当代世界和平的另一要义。

基于上述思考，池田大作与多位地球环保行动的代表人士展开对谈，共同关注地球命运与人类发展危机，呼吁通过积极的环保行动来关爱地球与生物群体，希望通过这样的"人与人的对话"来商讨"人与自然对话"的良策，从而逐步改良人类与自然的关系，实现人与自然的良性发展与和谐统一。在对话中，池田大作围绕"自然与人"的问题进行深入探讨的对

---

① N・ラダクリシュナン:《対話の達人　池田大作——衝突から対話へ》，栗原淑江訳，鳳書院，2006，242ページ。
② 第三文明社編『牧口常三郎全集』，第一巻。

谈对象包括：早期呼吁关注世界环保问题、关注"人类与地球的危机"并创立罗马俱乐部的经济学博士阿乌来里奥·贝切博士①，非洲国家第一位女性诺贝尔和平奖获得者、肯尼亚共和国环境部副部长万格里·马泰博士②，大规模民众环保运动的发起人、市民运动家海泽鲁·翰德森女士③，农业复兴与"绿色革命"倡导者、印度农业学家蒙科夫·斯瓦米纳森④，美国知名学术团体"梭罗协会"前会长罗纳鲁德·波斯科、同协会前事务总长约尔·麦阿森⑤等。通过与这些活跃于人类环保事业第一线的代表人士对谈与交流，池田大作更加明晰了当前人类环境破坏与污染问题的实态，了解到众多社会人士为此付出的持之以恒、不屈不挠的努力。除此之外，池田大作还与俄罗斯籍宇宙飞行员及物理学家阿纳托利·索洛维约夫⑥、巴西天文学家罗纳德·莫兰⑦围绕宇宙与地球问题进行了对谈，从更广阔的"宇宙"视角来观察地球和人类的行动轨迹。

（二）环保行动的重视与环保方略的提出

池田大作与对谈对象的对话，一方面广泛听取意见，相互探讨关于环境与人类发展问题的理解，交流彼此的观点与主张，另一方面则与投身环保行动的环保活动家展开对谈，着眼于商讨解决人类环境问题的现实策略。

首先，池田大作认为，现代人类文明的发展方式亟须改变，脚踏实地的环保行动至关重要。人类文明在几千年的发展过程中，始终以改造自然为己任，尤其在近代以来，更加致力于通过征服自然从而造福人类。但事

---

① アウレリオ・ベッチェイ、池田大作：『二十一世紀への警鐘』，読売新聞社，1984。

② 万格里·马泰博士呼吁斩断贫困与环境破坏的恶性循环，发起国民每人植树一株的"绿色运动"，不畏强权和压力，坚持30年，共计植树4000万余棵。

③ ヘイゼル・ヘンダーソン、池田大作：『地球対談　輝く女性の世紀』，主婦の友社，2002。

④ モンコンブ・S・スワミナサン、池田大作：『「緑の革命」と「心の革命」』，潮出版社，2006。

⑤ ロナルド・ボスコ、ジョエル・マイアソン、池田大作：『美しき生命　地球と生きる』，毎日新聞社，2006。

⑥ アレクサンドル・セレブロフ、池田大作：『宇宙と地球と人間』，潮出版社，2004。

⑦ ロナウド・モウラン、池田大作：『天文学と仏法を語る』，第三文明社，2009。

实上却是以牺牲自然界的资源与剥夺其他生命体的权利为基本发展模式的。在许多人的潜意识中，环境必须为人类服务、人类是地球的主导者、人类文明的发展模式理应如此等，这种想法根深蒂固。长久以来，人们对于环境保护的认识更多是停留在口头和书面，有实效的大规模环保行动尚显欠缺。因此，池田大作在与万格里·马泰博士对谈时，高度赞扬了她投身环保事业的行动精神，"保护环境才是真正的人类进步，环境是守护人类生存繁衍的'堡垒'。您为我们开辟出一条人类环保之路，您的大声呼吁与行动显得弥足珍贵"。①

此外，在环保方面，池田大作还重视民众的联合与女性的力量，并提出了具体的环保举措。环保问题并非一国以一己之力能够解决，是全世界共同面临的难题，池田大作认为，既然是人类亲手造成的问题，自然要通过人类自身来解决。他在与库德诺夫·卡雷尔基的对谈中就曾谈道："'地球环境问题'中包含着各种各样复杂的因素，但既然是人类造成的问题，就一定可以通过人类的双手来解决。因此需要国际舆论的关注与人类的广泛联结。"在这样的联结过程中，人类理应求大同存小异，强化自身是广大人类共同体的一部分，"在强化连带意识的同时，发挥自身的个性""存在于自身个性之中并相互认同彼此的个性差异"②，这才是人类联手解决环保问题的重中之重。同时，池田大作十分重视女性在环保过程中发挥的作用。由于女性具有爱护自然与儿童、天性平和的母性条件，能够敏睿感知外界变化的特点，抚育子女的过程中对于环境问题的重视程度和反响尤为强烈。因此，女性在环保事业中的广泛联结与踏实的奉献精神，显得更加持久而坚韧。正因如此，池田大作在与多位奋战在环保第一线，长年呼吁并身体力行地投入环保行动中的女性代表对话后，由衷感叹女性在"地球变革"过程中发挥的重要力量。

最后，池田大作将自身对于环境、自然与人类发展的理解与众多社会代表人士的睿见相结合，提出了许多具有创建性与可行性的主张，诸如建

---

① 转自《圣教新闻》2005年2月20日第一版。東洋哲学研究所編『池田大作　世界との対話　平和と共生の道を開く』，第三文明社，84ページ。

② ヘイゼル・ヘンダーソン、池田大作：『地球対談　輝く女性の世紀』，主婦の友社，183ページ。

立"环境联合国""环境·开发安全保障理事会"等构想都得到了对谈对象的认可。可以说，与众多领域代表、优秀学者和投身环保的人士进行对谈，丰富了池田大作对于人类环境与发展紧迫难题的直观认识，同时他也从佛教立场将自身对于环境保护、人类可持续发展等问题的观念进行了阐发。不仅如此，池田大作还在与对谈对象深入交流与沟通的基础上，将自己的观点与看法、有可行性的环保倡议集中提炼与整理，向联合国会议与各种重要峰会及时提出，将思想转化为现实的行动。他提出的环境与人类"依正不二""不即不离"的环保理念以及从人类自身变革即"人间革命"的立场出发，捍卫生命尊严的呼吁也得到了对谈对象的高度认同。池田大作认为，21世纪人类需要思考自身的"生存方式"与"文明的存在方式"，正如他于2002年8月在"关于可持续开发世界各国首脑会议"中递交的建议书中所言，"环境问题是与其他诸问题密切相关的，我们需要回归到'人类生存方式'乃至'文明存在方式'的基点来谋求环境问题的解决"。事实上，早在1992年，池田大作就曾向联合国"地球峰会""环境开发国际会议"提交关于环境问题的报告，提出了人类位于生物进化之顶点，必须捍卫"万物之尊严"，发挥"保护者"作用的主张。2005年，联合国推出的"可持续开发的十年教育计划"，池田大作作为建言者之一，其建议内容也曾被关注和探讨。不仅如此，池田大作还提出了建立全球性环保机构的主张，希望从制度上对环保行动给予支持。正如他在与俄罗斯宇宙飞行员索洛维约夫的对谈中所言，"关于环境问题，是任何人都无法置身事外的问题。全人类都应肩负起这样的责任展开一致合作，必须集结人类整体的优秀智慧。正是基于这样的思考，我才提出了建立'环境联合国'以及'环境·开发安全保障理事会'等组织机构的主张"。

此外，池田大作领导的国际创价学会也积极配合国际组织地球评议会、地球宪章委员会的工作，展开了一系列环保宣传活动，例如拍摄旨在唤起人们对地球资源可持续开发意识的电影《无声的革命》，举办主题为"变革的种子——地球宪章与人类的可能性"大型展览、"二十一世纪环境展"等。这些活动都旨在唤起人们的环境保护意识，也有力宣传了池田大作及其对谈对象关于环境问题的看法，即地球环境问题的真正解决，不能停留在国际社会或国家层面的指令性对策，而是要完成每个地球人自身的改变，每一个人的"心的变革"是必不可少的。

（三）"生命尊严"、"人间革命"与"对话新意"

"生命尊严"的思想是池田大作和平对话思想的一条主线，"人"与"自然"展开"对话"，这是池田大作对当代人类"对话"常规范围的一个新的拓展，也是对原有的"对话"概念的一个新的阐发。

池田大作主张自然界与人类社会中，一切生命因其共有的"生命尊严"而具有平等、尊贵的特质，一切生物的"生命尊严"皆不容侵犯，这是人类与自然"对话"的理论基础，也应是人类在改造自然、与自然"对话"中所应秉持的基本态度。对于如何处理自然、环境与人类关系的问题，池田大作主张应尊重与捍卫包括人类在内的自然界一切"生命尊严"，这也是池田大作自然观的一个重要方面。池田大作的自然观是建立在大乘佛教之"宇宙观""生命观"与日莲佛教的"佛性论"基础之上的。他从大乘佛教"宇宙观"的视角阐发宇宙万物的"同一性"，一切生命体皆与宇宙同一，宇宙万物与人，物质与精神是"色心不二""不即不离"的关系，进而推导出生命之"尊贵性""平等性"，即"生命尊严"。日莲佛教秉承《法华经》"一念三千"的法理，认为人人皆有佛性，即"佛性互俱"。因此不但对每个具有佛性的人皆须礼敬，且生命本身即是尊严的集合，是平等的存在，任何生命的尊贵性都不容侵犯。

创价学会第二任会长户田城圣曾在狱中悟出"佛性"的另一层真意，即"佛性即生命"。池田大作秉承和发展了户田的这一理念，在思考人与环境、自然万物的关系问题时，池田大作一方面基于佛教"色心不二""依正不二"的自然观立场，不赞成把自然视作"人类的改造对象"，另一方面则强调生命的尊严不可侵犯。他认为人与环境是"依正不二""不即不离"的关系，人类与环境同一存在，相依而存，对环境的破坏从根本上来说也是对人的暴力，是对包括人类在内的所有生命尊严的侵犯。池田大作所言的"依正不二",源于佛教的"色心不二"的理念,所谓"依报",是指人类生存的环境方面,而"正报"则是指生命主体这一方面。环境与人类相互依存,对环境的破坏事实上也是对人类自身的迫害。正如池田所说:"战争或者恐怖事件,都是人类的暴力行为。而环境破坏,则是对于自然的暴力。这些问题并非各自独立,根本上其实是同一的。其根源是对于人以及支撑人类的自然、环境等所有生命尊严的轻视。我们必须从根本上改正。"① 也就是说,人类需要反省自身与自然的关系,维护自然环境与人类的可持续发展,肩负起捍卫生命尊严的"保护者"的重要使命,这应是人类开发自然、与自然"对话"的基本态度。

与此同时,从人类与自然的关系角度理解,池田大作主张的"生命尊严"还有另一层面的意思,就是池田大作与对谈对象在对话中多次强调的,捍卫"生命尊严"需要维护生命多样性与文化多样性,这也是人类环境与社会和谐发展的重中之重。首先,地球生物的多样性不容忽视,这是人类得以长久生存的前提保证。人类虽然位于地球上生物链的顶端,但必须在发展自身的同时意识到地球生命的多样性。在地球上存在着近三千万种生物,人类仅是其中之一,正是不断进化与发展的生物多样性,创造出了丰富的生命环境。人类作为生态链条上的一环,一旦这样的生物多样性被破坏,人类也将面临生存危机。因此,可以说保护人类之外的其他生物,其本质上也是在保护人类自身。与人类生命的宝贵相同,其他生命的尊严同样不容侵犯。其次,广而言之,并非单纯生物具有多样性,人类社会和文化亦具有多样性,这种多样性恰是人类生存在地球上最丰富的财产。这是池田大作在与天文学家罗纳德·莫兰对话中多次谈及的观点。池田认为,我们对于多样性的理解,不能仅仅停留在生物多样性的层面,还需考虑社会性的层面。对于人类社会而言,恰恰是因为有人种、民族以及文化的多样性,人类才能萌发出活力,社会才能实现和谐共生。"随着全球一体化时代的发展,现今人类面临着各个集团如何共同生存发展的现实课题。因此,无论在任何层面上来说,必须充分尊重其多样性的视点都不

---

① 東洋哲学研究所編『池田大作 世界との対話 平和と共生の道を開く』,第三文明社,81ページ。

可或缺。"①

此外，池田大作还主张通过"人间革命"来完成人类生存的自然环境与社会环境的改良，这种改良本身通过人类自身的对话和人与自然的对话来完成。如果说"生命尊严"是池田大作思想的一个核心理念，那么"人间革命"的主张则是池田将"生命尊严"的思想行动化，力求通过人的观念变革渐进性地促进人类自身行为方式转变、最终实现社会整体改良的一种行动指要。正如自然或社会环境的转变、人类文明存在方式的变革不能一蹴而就一样，池田大作所倡导的"人间革命"也是一种渐进性的社会改良方案。在和平与发展成为时代主题的今日世界，通过战争与暴力革命完成的变革，其破坏力是巨大的，最终将与人类发展方向背道而驰。因此池田大作在与罗马俱乐部创始人奥锐里欧·贝恰博士的对谈中明确提到：

> 人，只要生活在现实之中就不可能完美，进行了"人间革命"的人也并不是完美的。所谓"人间革命"，就是能够明确意识到自身的人生目标，并向着这个人生目标让自己一点点地接近，渐进性地为达成目标而不断努力的状态。换言之，"人间革命"改变的是一种人生路线与方案，而不是一种目的的达成。

在这一过程中，基于"生命尊严"这一基础上的平等、宽容的"对话"就是池田大作所倡导的"人间革命"的一个基本环节。人与人之间通过"对话"来感知对方，反思自我，从而实现自我超越，即"人间革命"。同样，人与自然的"对话"是一种无声的"对话"，事实上是一种相互了解、彼此关爱、和谐共生的过程，人类只有通过转变自身意识的"人间革命"，重新反思自身文明的存在方式有哪些不足，改变那种以征服和驾驭为目的的傲慢态度和野蛮开发方式，把尊重自然的发展规律、谋求与自然共生共荣的理念当作当务之急、重中之重，当代人类文明才能踏上一条顺畅无忧的良性发展之路，才能实现真正意义上的世界和平。

---

① ロナウド・モウラン、池田大作：『天文学と仏法を語る』，第三文明社，2009，115ページ。

（四） 小结

和平对话思想是池田大作思想体系中最具代表性的部分。单从"对话"实践对于池田大作思想与行动的影响这一角度来思考，主要可以归纳为以下四点。

首先，池田大作不懈坚持了40余年的"和平对话"历程让他的视野更加开阔，了解更多人的和平主张和具体行动，让池田大作更能从全人类、全球危机的角度思考问题，甚至从宇宙与自然万物的广域思考人类和平与地球可持续开发问题。其次，通过与众多和平、环保人士的对话，让池田大作了解到人类安全隐患、现代心理误区、文明发展障碍以及环境保护与开发等实际问题的严峻性，更能结合现实思考，进一步讨论解决问题的方案与对策。再次，通过与众多人士的对话，池田大作建立在东方佛学基础上的"佛教和平观"更加清晰、完整、简明，得以传达给更多领域的人士。最后，池田大作强调的"和平心性论""人性变革论"等观点也给对谈对象以新的启迪，让人们更加关注并反思人类自身的问题，从而努力寻求更加根本的变革方案。

第三节　文化对话与教育理念

围绕世界和平与人类幸福这两大主题，池田大作积极倡导文明对话。同时，池田大作还认为文化是文明的重要组成部分。文化的交流与教育的勃兴，以及与文化、教育等主题相关的友好交往与对话，才是承载人类和平的基石。

本节将主要围绕三个方面展开讨论。第一，池田大作对于"文化对话主义"的坚持；第二，池田大作开展的教育对话之"人本主义"特色；第三，当今时代的教育使命——培养"世界公民"的教育。

一　从"相对主义"到"对话主义"

池田大作关于"文化"的对话，是其文明对话的重要组成部分。与文明不存在差等性一样，池田大作认为"文化"也必须摒除"文化帝国主义""文化相对主义"的传统思维弊端，人类应携手迈进"文化对话主义"的新时代。

（一）"文化相对主义"的弊端

在与哈佛大学教授杜维明的对话中，二人曾论及人类"文化"意识的发展过程。

> **池田大作：**
>
> 直到近现代，博士所说的"普遍的划一性"问题还一直在世界上存在着。他们把自己的标准绝对化，单方面把不合这种标准的文化、民族规定为"野蛮""未开化"等。接着就可以把对他民族的统治和殖民主义正当化。
>
> 第二次世界大战后，随着非殖民地化运动的高涨，这种"文化帝国主义"受到了严厉的批判。最终，通过文化人类学等成果重新确立起来的是"文化相对主义"。
>
> 可惜，尽管人类付出巨大的牺牲确立了"文化相对主义"，但如果只是停留在单纯"承认彼此的文化"的概念上，那也不可能成为真正防止对立和敌视的力量。这一点前面也已谈到，靠它是不可能构筑真正的和谐的。[①]

池田大作提及了人类"文化"意识发展的两个阶段，即"文化帝国主义"与"文化相对主义"。单纯的"文化帝国主义"，是与"统治"和"殖民"相连，而"文化相对主义"尚且停留在仅限于认可的阶段，难以构筑"真正的和谐"。

对此杜维明以"儒家"的大同精神给予进一步解读，提出了"共生"的意义。以此为基础，池田大作进一步提出了需要人们自发参加、共同交

---

① ドゥ・ウェイミン、池田大作：『対話の文明——平和の希望哲学を語る』，第三文明社，2007，125–126ページ。

流的"文化对话主义"。

（二）"文化对话主义"的意义

"文化对话"是"共生"的必然要求。在池田大作谈及"文化帝国主义"和"文化相对主义"的弊端后，杜维明提到了儒家"大同"思想的内涵，进而引出了池田大作"文化对话主义"的思考：

杜维明：

"大同思想"所蕴含的伦理，原本就不曾单纯停留在"共同生存"的层面，而是争取"在相互理解、尊敬、学习和繁荣中共同生存"。贯穿"大同思想"的"和谐""创造"的精神，首先是促进"共生的气质"。

池田大作：

完全明白，这是很重要的关键。

如果人们只是单纯承认各种文化的存在和并存，是不能从世界上消除那种"认为只有自己的集团是绝对的"闭塞的"排他主义"的。今后的人类应该建设互相尊敬、互相学习、共同繁荣的大同世界。为此，我希望我们现在就朝着以开放的、自发的交流为宗旨的"文化对话主义"的新阶段迈进。①

以上对谈材料可见，池田大作所谓"文化对话主义"，是建立在建构和谐世界、谋求人类共生这一基本前提上的"文化对话"。这样的"文化对话"，是以相互尊敬和学习为条件的，同时，还有"开放性"和"自发性"的双向要求。"开放性"是对话得以展开的前提。正如池田大作在前面的对话内容中提及的，世界上各个国家和人民都应成为相互协作这一伟业中的"自发参与者"，这是一种21世纪"世界公民"的哲学。同时在文化乃至文明的交流中，亦需保护自己的个性不被同化。正如施特劳斯所

---

① ドゥ・ウェイミン、池田大作：『対話の文明──平和の希望哲学を語る』，第三文明社，2007，125-126ページ。

说："每一个文化都是以与其他文化交流自养的。但它应当在交流中加以某种抵抗，如果没有这种抵抗，那么很快它就不再有任何属于它自己的东西可以交流。"①

二　"东方佛学"特色的文化对话

遵循"文化对话主义"之"自发性"与"开放性"的要求，池田大作与多位世界文化名人展开了以文化交流为主题的对话活动。在他围绕书法、绘画、文字、摄影、诗文创作、建筑艺术等丰富的题材展开的交流与讨论中，其对话内容与风格表现出了明显的佛学特色。历史上，佛教不仅已经成为东方传统文化的重要组成部分，而且也曾作为文化交流的重要纽带，在东西方文化交流史上产生了重要影响，探讨佛教艺术的魅力与特色，成为池田对话的重要内容。此外，作为日本的日莲佛教信徒，池田大作在其围绕文化相关的主题展开的对话中，挖掘古老的日莲佛法中的现代精神资源，如利他、平等、法的精神等。

（一）书法与佛教修行

对于佛教艺术的关注，体现出池田大作作为佛教徒的自身特色。比如他曾与香港著名历史学家、书画家饶宗颐进行对谈，探讨书法、绘画、文字等艺术。饶宗颐曾将自己书写的巨幅书法作品《法华经》赠送池田大作，对此池田大作在对话中表达了自己作为一名佛教徒的真实感受：

池田大作：

拜读先生这伟大的作品，我从心底感动。在欣赏的时候，那澎湃的气势和雄劲的笔法扑面而来。这沉稳精妙的书法，无论是谁都会叹为观止。

这二十字的经文，正是一切佛教经典的根干——《法华经》"如来寿量品第十六"的结语；这一节凝聚了《法华经》这篇大史诗的灵

---

① 倪胜利、张诗亚：《"全球化背景下的多元文化教育国际论坛"综述》，《比较教育研究》2006 年第 7 期。

魂。佛陀时常这样想，如何才能救济人类，使人们早日成就佛身呢？——这是深蕴大慈大悲的佛训。无论是怎样的时刻，都祈念众人成佛，祈愿他人幸福而不断地展开对话。您书写的是律动着佛之生命的一段话。感谢饶先生用书法向信奉《法华经》的我们传递的真情意。（后略）

从以上对话可见，面对饶宗颐书写的"每自作是念，以何令众生，得入无上道，速成就佛身"的《法华经》20字，池田大作不但感触至深，且强调了"对话"是佛生命的跃动，是度人成佛的重要途径，也是当代自利、利他精神的象征。此外，关于书法问题，二人还有进一步探讨：

饶宗颐：

书法本身就是磨炼心志的艺术。优秀的书法作品，绝不会限于"视觉艺术"。古代很多的书法家都是经历了严格的训练，同时具备了丰厚的学养，因此他们的作品才会辉映出其精神与人格。

池田大作：

日本自古以来也有"书法表现人格"这句话，传统上往往会以观察书法来判断一个人的人品。日莲佛法就书法也曾有如下的记述：其实文字有显现一切众生心法的性质。因此，观察某人书写的文字，便能够查知其人的心性。

从如上对话可见，池田大作在探讨书法艺术的过程中，也是从其信仰的日莲佛法的角度加以诠释和评述的。正如他在后面的对话中所言，"书法本身就是磨炼心志的修行"，作为佛教徒，池田将求得艺术真知的过程理解为修行，这也可以说是他对于现代人类生活方式与艺术追求的一种思考维度。

（二）语言与《法华经》

池田大作还曾与中国语言学会会长，著名翻译家、文学家季羡林先生展开多次对谈，对谈的一个主题内容就是《法华经》。鉴于季羡林先生在梵文研究方面的成就，池田大作以谦逊的态度虚心求教，二人从佛经原典使用的语言这一角度，认真探讨了《法华经》的起源、传播、法华思想的展开与发展等问题。池田大作的对话着眼于从传统佛典中阐发现代意义，例如：

季羡林：

（前略）从这些故事，我们可以了解到佛陀说的"用自己的语言"，并不是意味着"用佛自己的语言"。

池田大作：

释尊始终重视人们日常使用的语言和表达的方式。婆罗门出身的比丘拘泥于语法和语音学，指责人们用各自的语言宣说佛的教导。而释尊斥责比丘的这种态度。

季羡林：

这些故事牵涉到原始佛教的一个重要的问题。就是佛陀坚决反对使用婆罗门教的语言即梵文传播佛经。

（中略）

池田大作：

我想起了佛教早期的著名经典《法句经》中的一段话：不是因为梳着发髻就是婆罗门，也不是因为种姓而成为婆罗门，更不是生下来就是婆罗门。维护真理和规则的人是安乐的。他们才是（真正的）婆罗门。……从当时的情况看，这些话应该说是具有划时代意义的"平等宣言""人权宣言"。[①]

　　池田大作与季羡林讨论了应该用哪种语言传播佛经的问题，但他并未停留在语言问题上，而是揭示出了语言现象背后的问题，即语言的选择和使用的自由。佛经传播不拘泥于梵语的佛训，事实上体现了佛教思想中的平等观，这与现代人权意识亦有相通之处，池田大作这样的佛教精神在现

---

① 池田大作、季羡林、蒋忠新：《畅谈东方智慧》，四川人民出版社，2004，第84页。

代语境中进行了再诠释，也体现出池田大作倡导立足佛教平等观立场展开文化对话的特色。

（三） 汉字与日莲佛法

文字作为文化传递的重要符号，在人类文化传承和传播过程中，发挥了重要的媒介和载体作用。池田大作曾与饶宗颐、孙立川①就汉字是象形文字问题展开讨论，在对谈中，池田大作谈及了日莲佛法对于文字力量的理解，这样的观点带有明显的日莲佛教特色。

饶宗颐：

正如您所言，文字也具有将事物永远传续下去这样的宗教性，或者说是神的力量吧。（后略）

孙立川：

池田先生过去也曾论及东方人对文字的"敬畏之念"。

池田大作：

文字具有力量，凝聚文字神韵的书本典籍，能跨越国界、时代，永远发放光芒。同时，我也相信，与饶先生等贤哲的对话，必会永留后世，璀璨生辉。

（中略）

日莲佛法中曾提及鸠摩罗什汉译的《妙法莲华经》的文字。"现今的《法华经》文字全部是生身的佛，我们的肉眼视作是文字。""《法华经》的文字有六万九千三百八十四字，每一个字在我们眼中虽视作黑色的文字，在佛的眼中，字字皆是佛。"……日莲大圣人从这个罗什所译的《法华经》（《妙法莲华经》）的汉字中体会到了一种文字中流露出的佛的悟达。因此说，《法华经》的文字就像佛本身一样尊贵。日莲佛法又说，"佛凭文字而度众生"。文字能打动人、救济人，这时候，文字就变成了金色的文字。

---

① 孙立川，香港天地图书公司总编辑，著有《鲁迅研究扶微》《日本研究现当代文学论著索引》等。

饶宗颐：

　　这是非常清晰的解说。这番话使人对法的严谨和法的生命力有所共鸣。（后略）①

　　关于文字问题，他并未停留在文字这一符号现象本身，而是与对谈对象一起，探讨了文字现象背后的精神性问题。池田大作是秉持日莲佛法精神来思考"文字"这一文化现象的，他对文字的理解，是日莲佛法"文底下种"② 精神的一种诠释和解说。

　　此外，在与饶宗颐的对谈中，池田大作还高度评价了中国的汉字在人类文化史上做出的贡献，他说："在世界史上大放光辉的、中国数千年来的文化，其精髓就是'文字''汉字'。汉字给我们带来的恩惠真是难以估计，我们东亚地区亦被称为'汉字文化圈'，汉字是大家共通的文化基础。"③

　　总之，池田大作的文化对话，为其打开了一个广阔的对话空间，他与多方人士围绕艺术、文学展开的讨论，无论是内容上，还是对话方式上，都更容易发挥自身特色。正如他所说："艺术是一个国家、民族的精神和思想的结晶。因此，艺术教育既是培养继承自己国家精神传统的一股力量，也是与异国文化加深共鸣的力量。"④ 通过艺术，打开了国家与国家之间、人与人之间沟通的窗口，也使文明对话、宗教对话具有更加鲜活的生命力。就像他对谈中提到的"文化对话主义"，池田大作以围绕文化主题展开的对话体现出其对话的"自发性"，同时拓展了对话的"开放性"，又能够坚守自己的佛学立场，表现出自身作为日莲佛教信徒的鲜明特征。池

① 池田大作、饶宗颐、孙立川：《鼎谈集：文化艺术之旅》，广西师范大学出版社，2009，第82~83页。
② 日莲将自己视为末法时期的上行菩萨，开显出"本门的题目""本门的本尊""本门的戒坛"等三大秘法。释迦牟尼的佛法被称为"文上脱益"的佛法，而日莲开显的"三秘"则是"文底下种"的佛法，是秘沉于《法华经》文底的佛法，现世修习《法华经》即可得到幸福。因此，池田大作作为日莲佛教的信徒，才会虔诚信仰《法华经》乃至其文字本身都看作是佛，具有神力。
③ 池田大作、饶宗颐、孙立川：《鼎谈集：文化艺术之旅》，第76页。
④ 池田大作、饶宗颐、孙立川：《鼎谈集：文化艺术之旅》，第145页。

田大作的文化对话，事实上也是创价学会向世界展示自己宗教文化特色的一种方式，正如池田大作在与俄罗斯著名教育家里哈诺夫对谈时明确指出的："所谓作为宗教的宗教，那是不可能存在的，也是不应该存在的。真正的宗教应当通过人的活动而与各方面的文化运动相结合。我们的运动就是要向现实社会展示这一普遍的原理。"

三 "人间论"特色的教育对话

除了致力于文化交流与对话实践之外，池田大作还被人们誉为教育思想家，与教育相关的话题也是池田大作对话的一个重要内容。关于教育问题，池田大作在对话中也表现出了鲜明的"人间论"思想特色：面向人类自身的教育——人性教育；面向社会的教育，以人性完善与素质提升为基础来完成的社会整体风气的转变。

在教育方面，对外界他积极展开对话，在与各国各界对谈对象的探讨中阐述自身具有创价教育特色的创见，与各国教育界人士交流教育经验，探讨教育本质，诸如如何将"人"的教育落到实处，如何通过教育改变社会，如何将创价教育精神普遍推广等。此外，池田大作对内十分重视创价学会普通会员的教育。他组织建立了从幼儿园到大学一系列完备的配套教育设施，也通过视频、录像、会面交谈等多种形式与普通会员交流。此外，他还创建了东洋哲学研究所、波士顿21世纪对话中心、富士美术馆、户田和平纪念馆、民音等学术机构和面向社会开放的艺术机构，推广人类和平教育、创造人类生命价值的教育、共建美好生活的教育等理念。

池田大作的创价教育思想，传承了第一任会长牧口常三郎关于"创价"教育的思考，"创价教育学是培养'能创造新价值的人才'的知识体系。人没有创造物质的力量，我们能创造的只有价值。所谓有价值的人格，意味着富有价值创造力。提高这种人格的价值是教育的目的，阐明达到这个目的的适当手段就是创价教育学的期求"。[1] 在牧口创价理论的基础上，池田大作为其注入了更多具有现代性的人本主义元素，以下将对池田大作的人本主义"创价"教育理念加以简析。

---

[1] 牧口常三郎：『创价教育学体系I』，『圣教文库』，1972，19ページ。

（一）创价学会的教育理念

池田大作所主张的"创价"教育，这里的"创价"二字，包含理论层面与现实层面的双重内涵。无论从理论层面来说还是从现实行动上来看，都是从"人本主义"的角度进行阐发的。

"创价"，从理论层面来说，"价"即人生的价值，生命的价值。教育是为了"人"的幸福，是为了让人们能够更好地实现人生的价值，这是教育的意义所在。池田大作认为，这样的教育才更接近教育的根本目的。

第一，教育的目的是"人"。在与松下幸之助的对谈中，池田大作曾谈及教育目的问题，即"教育的目的是在于人的形成和人的建设"①。此处的"人"，我们可以理解为"人格"。人格培养是教育的重中之重，在作为一个好的社会人、好的职业人之前，首先要成为一个优秀的、具有完善人格的人。池田大作主张，人格教育需要从家庭教育开始培养。"对于孩子们来说，家庭既是在学校或朋友们之间得不到的生命憩息的地方，又是培育最深刻人性的最高的教育场所。"② 家庭对孩子人生性格与习惯的培养将为孩子未来的发展定下基调。因此，池田大作主张父母应当对孩子给予正确的引导并以身示范，把孩子当作一个独立的个体、一个独立的人格来看待，满怀爱意来培育。

除了家庭教育，池田大作在与威尔逊的对话中，还谈到了教师即教育者对于人格培养与人的价值塑造的意义。"教育者应该致力的最重要的事情不是'讲授某个学科的知识'，而是'教育人本身'。就是使受教育者的人格健康向上，德才都得到开发。"③ 知识很快会随着社会的发展被更新与淘汰，教育应该是忘却学过的知识之后所留下的东西，真正具有价值的教育，是能让人通过学习知识获得生活智慧，将潜能不断开发出来，这才是

① 松下幸之助、池田大作：『人生問答』，潮出版社，1975，『池田大作全集』8，457ページ。
② 松下幸之助、池田大作：『人生問答』，潮出版社，1975，『池田大作全集』8，492ページ。
③ ブライアン・ウィルソン、池田大作：『社会と宗教』，講談社，1985，『池田大作全集』6，203ページ。

真正创造出人的新价值的教育，才是真正意义上的创价教育。

第二，教育的内容要突出以人为本。人格培养与知识灌输是有差别的，这也是当今时代的一个重大问题。池田大作曾与多位对谈对象在谈及教育问题时指出，以单纯的知识灌输作为教育的主要内容，这是当今教育的一种弊端，只有去功利化的教育才能更好地实现人的价值。在与汤因比的对谈中，池田大作曾提到："现代教育陷入了功利主义，这是可悲的事情。这种风气带来了两个弊病，一个是学问成了政治和经济的工具，失掉了本来应有的主动性，因而也失去了尊严性。另一个是认为唯有实利的知识和技术才有价值，所以做这种学问的人都成了知识和技术的奴隶。""由此产生的结果是人类尊严的丧失。"[1] 在这一段对话记录中，可以看出池田大作对于当今教育之现实问题的看法。其核心在于，知识与学问应是为人服务的，将知识学习功利化、实利化的做法会使人丧失主动性，亦可以理解为是人之尊严的一种丧失，是必须摒除的。可见，池田大作是将人之尊严即人格的价值置于知识与学问之上的。池田大作理解的教育是一种人本主义教育，他认为教育的根本课题是"在于说明和回答人类应当怎样存在、人生应该怎样度过这样一些人类最重要的问题"。[2]

第三，教育促使人与社会共同发生变革。池田大作所强调的"创价"的教育，还有一种说法叫作"人间革命"，这是通过人自身的转变最终实现社会整体变革的过程。池田大作在与罗马俱乐部创始人奥锐里欧的对谈中曾明确言及"除了宗教之外，第二个带来人类革命的因素就是教育"。这里所言的带来人类革命的教育，一方面是人格的养成，即人的自我价值的创造，另一方面则是社会的转变，即人的社会价值的创造。关于后者，池田大作明确提出了要将"为了社会的教育"转变为"为了教育的社会"，即突出教育的"人本主义"特征，倡导社会应该为了人的教育做出调整与改变。在我们生活的常规现实社会中，人们被各种社会目标所驾驭，因此成为学习、学问、社会利益的奴隶，而池田大作主张在现实中学习，整个

---

① アーノルド・トインビー、池田大作：『二十一世紀への対話』上，聖教ワイド文庫，2003，128ページ。

② アーノルド・トインビー、池田大作：『二十一世紀への対話』上，聖教ワイド文庫，2003，127ページ。

社会需要为了每个人的价值的实现做出改变。也就是说，社会教育的目标要着眼于人性需求与人类幸福，与此同时，人的转变也会带动社会缓慢变化，这样的"创价"教育能够促进人与社会产生双向互动。正如池田所说，"游离社会的教育则没有生命，丧失教育使命的社会则没有未来"。①

（二）创价学会的教育实践

现实层面的"创价"教育，即创价学会教团内部教育系统与教育机构的设立。遵循上述人本主义教育理念，创价教育系统中从幼儿园到大学，都以"人格培养"以及"人的价值塑造"为根本教育方针。池田大作在对话中曾多次提及创价教育的代表机构——创价幼儿园、创价学园与创价大学。他曾在与杜威协会前会长拉里·希克曼和吉姆·加里森、俄罗斯教育家里哈诺夫、中国教育家章开沅、日本松下公司社长松下幸之助、哈佛大学教授杜维明等多位对谈对象的对话中强调创价大学以人为本的创校理念，即"要成为人的教育的最高学府，要成为建设新的伟大文化的摇篮，要成为保卫人类和平的堡垒"。创价学园则倡导"三德教育""感恩教育""世界市民教育"等。此外，还在富士美术馆、民音等文化机构中，定期举办各种主题的摄影展，让教团通过文化、艺术活动与社会联结，这种美育教育，其实也是创价学会与社会外部的一种对话模式。

关于创价教育系统的具体情况及其德育教育特色，中山大学王丽荣教授有专著出版，展开了问卷调查式的数据采集与分析论证②，笔者在此提出一种新的思考，即创价学会内部的教育模式事实上是一种创价学会成员之间的内部对话。这种教育形式，以"对话"为主要表现形式，以面对面交流、文字传递沟通、实际相处等为主要教育手段，在家庭、学校、教团成员之间展开。人与人在相互交流与对话中相互影响，不断成长与进步，在潜移默化中完成了一种教育过程。本着大乘佛教"佛性互俱"的观点，正如池田大作呼吁与践行的那样，将每个生命中最优秀的部分、思想中最精深的思考与他者共同分享，就会完成一种人性教育过程。这是一种教内

---

① 池田大作：《教育的荣光——池田大作谈教育文选》，马来西亚创价学会，2005，第216页。
② 王丽荣：《池田大作德育理论及其实践》，黑龙江教育出版社，2012，第207~285页。

对话模式，也是池田大作倡导的广泛意义上的对话教育之深意所在。

首先，池田大作作为创价学会的名誉会长，会定期以视频录像等形式向各地区、各级会员传递教团最新动态，包括海外创价学会的活动情况等。这是一种自上而下的教内对话方式，对教团整体进行思想导向和引领。其次，创价学会作为一个从教育团体演变而来的新佛教团体，会员通常是以家庭为单位加入的，其对于会员信众的教育也表现出了从幼儿到暮年的伴随一生的"人本主义"教育特征。

这主要表现在两个方面。其一，是创价学会内部的宗教教育。创价学会的会员以谈心会的形式进行活动，居住在同一地区的会员定期举办谈心会，通过唱题、相互交流心得体会等方式相互鼓励，增强信仰心。而这样的谈心会，采取的就是一种"会员对话"的模式。会员从儿童到老人，分布于各个年龄层，同时也按年龄、性别等分为青年部、壮年部、女子部等，展开各具特色的活动，让每个会员都在活动中发挥自身潜能，在对话与交流中相互鼓励，坚定信心，完成自身的精神变革以改变命运，即创造自身价值进而造福于社会的"人性革命"。其二，是完备的创价教育机构。池田大作组织创办了创价幼儿园、创价学园、创价大学等各级教育机构，把以"人"为本的教育理念贯穿于创价教育的整个体系。在家庭和幼儿园，池田大作除亲自到幼儿园与孩子们谈心外，还亲自为孩子撰写童话故事、创作适合孩子观看的动画片。他主张要展开亲子对话，以家庭为单位，对每一个孩子进行爱的教育、生命尊严教育、人性教育等。在创价学园，池田大作倡导将以人为本的"三德教育"作为基本的德育理念，即"守护众人的责任感""劝导众人的智慧""哺育众人、施以慈悲"之"三德"。在相互的对话和交往中，提倡互勉、互动、互谅的精神，这也成为教师、家长、学生之间沟通与对话的基本态度。在创价大学，池田大作坚持多年出席创价大学学生的入学典礼、毕业典礼，并为学生们带去振奋人心的演讲，鼓励学生为世界和平、人性尊严而不断奋斗。创价大学校园里，随处可见师生和谐融洽地相处，亲切交流与对话，营造团结向上的校园气氛。

同时，创价大学也是创价学会对外进行学术交流与合作的重要基地，创价大学已与 194 所海外大学（其中中国大学 58 所）建立了友好合作关系，交流范围横跨亚非欧、南北美洲和大洋洲，互相派遣留学生并展开学术交流活动，在日本的大学中对外交流活动成果首屈一指。以此为契机，创价大学的教育理念被广为传播，池田大作迄今已被世界多个国家和地区的 377 所大学和教育机构授予名誉教授、名誉博士等称号。

从创价学会的教育实践活动可以看出，作为一个新佛教团体，其宗教活动方式和与外界社会沟通的方式都已发生变化。创价学会的宗教活动方式不但与中国佛教团体的寺内清修、静炼坐禅，对外化缘、讲经传教等方式不同，也与日本一些传统佛教团体接受檀家施主的供养，为其诵经超度等方式不同，其宗教活动方式转变为一种教内、外"对话"的模式，呈现出与现代文化、教育相融合的特点，显得灵活变通，又具有明显的人性化特征。可以说，池田大作的"教育对话"，对外传递的是创价学会的宗教教育理念，对内维系的是学会上下保持一致的信仰观念，而对于这样的将教育与宗教融合为一体的方式，也是充满现代新宗教特色的活动方式之一。

四　"世界公民"教育的时代使命

除上述学会内部的对话教育之外，池田大作作为宗教团体的领袖，代表教团与外界人士围绕"教育"问题展开对话时，还表现出强烈的时代责任感与使命感。他曾在对话中建议创立独立的"人学"学科，呼吁教育权独立，反思作为宗教团体的领导人使命问题。他提出宗教团体领导者在文化交流、社会舆论导向、公益事业参与等方面应肩负起职责，培养出具有全球意识与利他精神、能够把握时代发展脉搏的世界公民。

第一，主张建立统一各学科的"人学"学科。以人为本是池田大作教育思想的精髓所在。在面对现实社会的具体情况时，他明确提出了自己的创建，倡议建立人学学科就是其中之一。早在 20 世纪 70 年代初，池田大作就提出了创建"人学"学科的主张。面对当今政治、经济、科学等各个领域细致分工、按各自的理论独立运转的情况，池田大作在与松下幸之助的对话中明确提出使各科学问综合化的问题。"社会科学、人文科学、自然科学并行，生命科学已经登上了时代的舞台。我认为，应当在这些学问基础上建立人学。一切学问领域的人们在探索研究人的生命的同时，竭尽全力建立作为综合学问的人学，我认为是当务之急。"① 池田大作的思考得到了松下的全面赞同，他也认为由于学科的过细分化导致真理的狭隘化，忽略了学问的综合与协调的必要性。二人40年前的对话，在今日思考，仍有其积极的进步意义。事实上，除倡议建立独立的人学学科外，池田大作还曾多次在对话中提出教育权独立问题，即四权分立制②，教育应作为独立于立法、司法、行政这三权之外的一项权益具有自主性，池田认为不受干预的教育才能实现更加自由、开阔的发展，更凸显教育是为了人而存在的本质。

第二，强调宗教领导人的责任。作为一位宗教团体的领导人，池田大作所倡导的教育，还包括宗教教育的内容，他自知在创价学会自身建设、会员的教育以及教化社会、民众方面肩负的使命，他从事的文明、宗教对话事业就是一种充满责任感与使命感的行动。他强调，只有以宗教领导者的对话行动为基础，文明对话才有顺利实现的可能。同时，只有通过指导者的实践，才能彰显宗教对话的重要意义。宗教领导者必须是掌握了"两种语言"的"公知人物"。③"公知人物"必须具备两个条件，其一要关心政治并参与社会事务，其二要在文化方面具备真知灼见。他们的视野必须超越自己团体直接关心的事务，不能仅仅活跃于自身教团内部，更要作为"世界公民"开展行动，接受来自社会的评价和考验。而所谓"两种语言"，一种是自身宗教内部的语言，还有一种是作为"世界公民"的语言。只有这样，他们才能在宗教对话和文明对话中更加游刃有余，发挥出更大的作用。换言之，宗教领袖虽然代表了本教团的利益，但在世界一体化趋势越来越明显的21世纪，他们活动和追求的目标都不能局限于自身教团内部，而应该着眼于全人类共同的利益和幸福。④ 作为一位宗教领袖人物，

① 松下幸之助、池田大作：『人生問答』，潮出版社，1975，『池田大作全集』8，506-507ページ。
② 創価大学通信教育部学会編《創立者池田大作先生の思想と哲学》，165ページ。
③ ドゥ・ウェイミン、池田大作：『対話の文明——平和の希望哲学を語る』，第三文明社，2007，103-104ページ。
④ 陶金：《世界文明对话与东方佛学智慧》，《世界宗教文化》2014年第4期。

对话行动的实践者和先行者，池田大作对于宗教指导者能够发挥的作用进行了深入思考。这一观点的提出对于近年来开展得如火如荼的宗教对话、文明对话行动具有启发意义，也进一步明确了宗教指导者在宗教对话与文明对话中应该肩负的使命。

第三，重视世界公民教育的意义。生活在全球化时代的人们，随着全球一体化趋势的日益明显，每个人既是个体，又成为集体中的一员。人们在社会中广泛的联结，增强了地域意识的同时也必须增强具有时代感的全球意识。无论是宗教团体还是教育机构，都应该把培养具有社会责任感与全球意识的公民作为自己的使命。正如池田大作所说："教育应该担负起培养立足全球性视野的世界公民的职责。"① 关于教育问题，池田大作在对话中多次强调社会公共知识分子在培养具有全球性视野的"世界公民"方面肩负的职责。在与奥锐里欧·贝恰的对谈中，池田大作谈到为了提高民众的教养，让民众打开眼界，树立世界公民意识，除了要不断充实学校、图书馆、博物馆、美术馆这样的机构之外，公共知识分子还应积极投身到启发市民的实践中去。"重要的是，科学家、艺术家、哲学家和宗教家等要经常到这些开放的场所去，通过演讲、对话和教育等来启发市民。这些活动反过来会给这些专业领域的研究、思索和创造带来新鲜的生命。"② 可见，无论是市民、各界公知人物、宗教代表，还是政界人物，都需要广泛展开对话。文明间、文化间、宗教间、人与人之间的广泛对话是世界公民教育得以顺利开展的必经之路。

小　结

本章主要围绕池田大作文明对话实践几个主要话题进行了概述与评析。事实上，池田大作所开展的文明对话，由于其对谈对象范围广、身份多样，且对谈人数多，开展时间跨度长，因此对谈主题涵盖和平、环保、人权、教育、宗教、哲学、政治、经济、历史、文化、艺术等诸多方面，

① 创价学会指导集编辑委员会：《创价学会指导集》，圣教新闻社，1976，第319页。
② アウレリオ・ベッチェイ、池田大作：『二十一世紀への警鐘』，読売新聞社，1984，『池田大作全集』4，聖教新聞社，431-432ページ。

其具体内容是无法在一本书中详尽展现的。本章选取了三个具有代表性的视角，即和平、文化、教育三大主题进行概观。

（1）池田大作的"和平对话"，主要围绕反战、废核、人权、环保四个角度展开，其坚决反战、彻底废核的主张与倡导心性和平的方式具有明显的大乘佛教之救世与慈悲的特色。对于人权平等的呼吁、对于生命即佛性的认知，是其法华信仰及日莲佛教信仰的思想映射。池田大作的和平对话思想，既具有作为新一代宗教领袖心系人类命运的现实关切，又体现出东方新佛教团体希望解决社会现实问题的积极态度。

（2）池田大作的"文化对话"，围绕文学、艺术、文字、摄影等话题展开，内容覆盖面广，对话话题多样，与对谈对象探讨的方式也显现出贴近生活、灵活转换的特征。池田大作在围绕文化相关主题展开对话的过程中，最终都会以佛教，尤其是日莲佛教视角来解读文化现象，既具有开阔的国际视野，又体现出日本当代新佛教团体关注人的现世幸福，将文化活动与宗教理念相结合的思想倾向性。

（3）池田大作的"教育对话"，表现在对外与对内两个方面。对外，他通过与多国知名教育家对谈，探讨"生命教育""人性教育""世界公民教育"等主题，努力对外传达"创价教育"理念；对内，他通过自上而下、会员之间对话交流的方式，贯彻日莲佛法之"佛性生命"平等观与具有创价实践特色的"人性革命"精神。

总之，无论是围绕"和平"还是"文化""教育"主题的对话，池田大作都立足东方佛教，尤其是日莲佛教立场，坚持"以人为本"。可以说，"人本主义"是创价学会之和平、教育、文化交流活动的根本精神，也是池田大作不断拓展其文明对话活动的基础动因。

第四章　池田的宗教对话思想及其实践

相对文明对话，池田大作展开的宗教对话与众多宗教人士展开的教理、教义的比较辨析等不同，他力求回归宗教的本位进行思考，认为诸宗教皆有救助人类苦难的初衷，解救在贫病疾苦中的人们才是宗教的使命，也是宗教赖以生存的生命线。池田大作认为，对话的基础应该着眼于"人"，以"生命尊严"为基础展开，这是诸宗教对话的基石，也是宗教克服自身排他性，培养宽容与尊重他者精神的前提。宗教间展开对话的目的应该着眼世界和平与人类整体的繁荣进步，作为当代世界性宗教，需要彼此尊重，相互学习，坦诚合作，通过平等务实的对话来消除误解与隔膜，实现和谐共生。

池田大作对于"宗教"本质的理解有其独到之处。在与多位宗教社会学者、他宗教信仰的代表人物对话的过程中，池田大作始终站在佛教立场，本着谦逊、坦诚、宽容的态度坦陈自身观点，其对话中既有对宗教的普遍性、神秘性、本质性、现代性等问题的思考与探寻，也有对他宗教的观察、理解、比对与考量，还有其作为宗教领袖对于宗教组织、管理方法、布教方式等具体运作模式的探讨，并就宗教与政治、宗教与文化、宗教与教育等相关问题提出了具体意见与看法。

第一节　关于"宗教"的再思考

一　池田对话中的"宗教"与"人"

作为当代新佛教团体的领袖，池田大作对宗教问题有比较深入且持续的思考。无论是宗教的产生、存续，还是现代发展问题，池田大作始终立足"人"这一立场来阐释。

（一）关于宗教的起源与性质

早在 20 世纪 70 年代，池田大作在与松下集团原社长松下幸之助的对谈中，就曾特别提出"宗教"这一主题。池田认为，"人是宗教性的存在"，只要有人存在，宗教就会和人一起存续下去。① 人的存在会有两个必要条件，即首先要遵循有生必有死的自然法则，在此前提下，人还要无限制地追求自由，最大限制地放任欲望。显而易见，这是两个相互矛盾的条件，而宗教恰是人们为了解决这一矛盾而产生的，即人在深深自觉自身的局限性、有限性的前提下，去希望和相信有某种永恒力量的存在，正是由于人类这样的信仰状态，宗教才会产生。同样，关于宗教情感的来源问题，池田大作亦认为，人类对自身死亡现象的关心是宗教最深的生长点。他参考了人类学与考古学的方法，从墓葬形式来分析人类宗教感情的起源，池田认为墓葬仪式显示了宗教起源的初始原因，任何一个民族，其宗教最深的生长点都在于对人类自身的死亡现象的关心。② 池田大作从"人"的角度去思考宗教，坚持宗教"人创"说，而非"神创"。也就是说，池田认为宗教是因为人的需要而存在的，宗教也将始终伴随人类存在而存在，正如他在与戈尔巴乔夫的对话中提出的论题——"宗教是人类的标志"。

（二）关于宗教的神秘性与教义的理智性

宗教作为一种人类社会特殊的信仰形态，宗教性的"奇迹""神启"等现象是宗教之所以能够成为宗教不可或缺的条件。任何宗教，都或多或少有用逻辑无法彻底说明的神秘性要素，这是宗教不同于哲学与科学的鲜明特征。对于宗教的神秘性与奇迹性问题，池田大作也立足人类发展本身来思考，认为宗教的这些要素与特质会唤起人类超越理性的愿望与情动，从而产生良好的效果。反之，如若笃信和盲从乌托邦式的宗教或巫术，也

---

① 松下幸之助、池田大作：『人生問答』，潮出版社，1975，『池田大作全集』8，273ページ。
② ブライアン・ウィルソン、池田大作：『社会と宗教』，講談社，1985，『池田大作全集』6，31-32ページ。

可能导致悲剧性的结局。因此，池田大作认为"宗教有神秘性的成分，这是必然的。然而，过分强调它，就会使宗教与现实相脱离，过于淡化它，对于一切都做理性的说明，宗教性也会丧失殆尽"。①

在此基础上，池田认为既然宗教的神秘性具有必然性，那么人们面对宗教就需要在理性能够把握的范围内去判明神秘主义是否合理，宗教的教义是否与维持和发展健全的人性目标相一致。关于宗教教义的评判与选择问题，池田大作遵从日莲的主张，认为应从文证、理证、现证三个方面进行评判，即按照佛教的标准则是：首先，判断该宗派的教义是否有佛祖释迦牟尼说法记录的经典依据；其次，在理性判断的范围内看其教义是否合理，是否符合理智要求；最后，看其教义的目标是否能成为现实。池田认为，若能遵从此标准，就可以理性对待宗教的神秘性，也能防止把不合理的教义强加给人们，使宗教的宗旨澄明，并且避免人性的衰退，从而免除人们的堕落和对宗教的不信任。②

（三）关于宗教存续与发展的生命线问题

如上所述，池田认为宗教是因人类的精神需求而产生，也将伴随人类社会的存在而存在，宗教理应为人类服务，宗教的发展也要与人类社会的发展同步。他在与戈尔巴乔夫的对话中明确提到了宗教的生命线问题，即宗教的生命线在于对民众的奉献与救赎，对少数人、对贫苦者的拯救。③对此，池田大作曾以浅显易懂且极具象征性意义的例子做说明，即宗教应该拯救 99 只羊还是 1 只羊的问题。在有 100 只羊的世界里，99 只羊代表了一种"量的世界"，而剩下的 1 只羊则是一种"质的世界"的象征。政治是以"量的世界"为轴心而运动的，宗教则应该去关注"剩下的、即将失去的一只迷羊"。如果宗教也忽略和无视弱势，不去拯救那"一只羊"

---

① ブライアン・ウィルソン、池田大作：『社会と宗教』，講談社，1985，『池田大作全集』6，61ページ。
② ブライアン・ウィルソン、池田大作：『社会と宗教』，講談社，1985，『池田大作全集』6，63-64ページ。
③ ミハイル・S・グルバチョフ、池田大作：『二十世紀の精神の教訓』，潮出版社，1996，『池田大作全集』105，聖教新聞社，258-260ページ。

的话，那么宗教将会陷入形式化、制度化的泥潭，则会被截断生命线，丧失生机与活力。池田的这一思考也是沿袭其恩师，创价学会第二任会长户田城圣关于宗教之使命的论断，即宗教的使命是从这个世界上"消灭穷人与病人"。也就是说，宗教的本意在于去救赎那些被压在现实的苦恼之中，徘徊无助的"一只羊"，即关爱与拯救少数的弱势群体，这也是防止宗教陷入权威主义的泥潭、永远保持蓬勃向上生命力的方法。

（四）关于宗教的现代性及其自我深化

池田大作是从宗教对现代人类社会贡献的角度来思考宗教的现代性问题的，他认为对于一种宗教来说，其评定要具有现代性的标准，即通过实践、竞争、对话及其对现代文明的贡献来达成。对于现代宗教而言，教团、教派各式各样，这是无可厚非的，但民众应当从这些各式各样的教团、教派中，判断和选择哪一个最深刻地显示了真理，哪一个适合在自己的人生中付诸实践，会不会在生活中给人们指出人生的方向，能否在现代的社会和文明中成为复苏生机的源泉。

可见，池田大作思考的宗教的现代性问题是双向性的，即现代宗教应该着眼于人类的需求来发展，人们选择宗教信仰也应该符合现代社会自身生存和发展的要求。因此，从现代宗教的发展与深化角度思考：

> 教团、教派本身也应当从本宗原来具有的教义、哲理、理念如何解答现代人及社会、文明等相关问题出发，互相展开竞争，明确各自的优点缺点。这样就不能只是沉没于原来具有的教义、哲理，而应当以原有的教义、哲理为基础，探索如何应用，使之付诸实践。教团教派与民众之间、教团教派相互之间这样不断地展开竞争，进行切磋琢磨，宗教才能真正保持其蓬勃的生命，才能给文化、社会与人提供无限创造力的养分。①

---

① 松下幸之助、池田大作：『人生問答』，潮出版社，1975，『池田大作全集』8，277—278ページ。

此外，池田大作还进一步思考了宗教发展应该着眼于从外在的规范向内在的规范转化的问题。常规而言，宗教教理、教义以外力的形式对人们的行为起到规范与指导的作用，但同时也容易成为对人的内心的一种束缚，并催生教团的权威化倾向。"确定化了的规范，具有一种从人的心游离出去、形式化及复杂化的倾向性，进而形成一种外向的规范，反过来束缚了人。并且，复杂化了的律法往往纵容了掌管这些部门的专家的专横及权威化。"① 因此，池田呼吁人们从这种束缚和被从属的徒具形式的宗教律法中解放出来，把人心的改变与救赎放在第一位，即从"外在的规范"向"内在的规范"转化。这种"律法"的内在化中存在着作为全人类价值的普遍性，只有教理教义真正内化为人类自身的自觉自愿的精神规范，即完成池田所说的每个人自身的"人间革命"，从"为了宗教的人"向"为了人的宗教"发展，才能够实现现代宗教的自我深化与现代性变革。

二 宗教组织的性质与教团建设发展

作为学会的领导者，池田大作对于宗教教团的组织建设问题亦有思考。他在对话中，曾深入探讨宗教组织的必要性、二重性及其组织的形态问题，对学会建设与发展问题、布教问题等也明确阐述了自身的看法与主张。

（一）关于宗教、宗派组织的必要性

池田大作在与宗教社会学学者威尔逊对话时曾明确提出宗教宗派在现代社会的存在需求与外在性宗教组织的必要性问题，池田大作从"人"之宗教的角度出发，认为宗教及其组织的存在是人类精神复归的需要。

首先，宗教及其教团本身昭示了人类内心的一种深刻的现代回归。在当今时代，古代的血缘共同体与地缘共同体已逐渐被现代文明社会的发展淘汰，由于宗教本身是向人类生命之最深层次复归的精神运动，因此，在现代社会中，以宗教信仰为中心的宗派团体正替代其他以兴趣、地域因素等形成的团体，给予人们克服一切差别的共同体感觉，从而将人们的心归

---

① ミハイル・S・グルバチョフ、池田大作：『二十世紀の精神の教訓』，潮出版社，1996，『池田大作全集』105，聖教新聞社，256ページ。

结为一体。

其次，就其根源来说，人类产生融合需求的根源来自生物学之回归母胎的本能。人类向着更加深刻且更具实践意义的根源性目标回归的过程本身即揭示了人类寻求宗教的心理本能。正如池田大作从"宗教"一词本身所做的分析，"宗教揭示了人类需求融合的根源，教导人们向这个根源回归。'religion'（宗教）一词的意义是'再一次联结'。由此可见，宗教具有向融合根源回归的意义。日本人使用的'宗教'一词也是同样的含义：'宗'意味着'事物的开始'或'根源'；'教'则表示教义"。① 也正是因为这样的原因，宗教组织本身作为一个具有同一志向的信徒群体，会给人以强烈的安定感和深刻的群体感。另外，也正如威尔逊所回应的，任何宗教都必须保持已有的支持者，努力获得新的信仰者，普及本宗的事业，宣传本宗的业绩方法和手段，因此，宗教组织的存在是必要的。

（二）关于宗教组织的"二重性"问题

围绕宗教中"人"与宗教组织的关系、信众与领导者关系等，池田大作指出宗教组织存在"二重性"问题，并提出了解决办法，构想了现代宗教组织的理想形态。

首先，作为宗教组织的重要组成部分，信仰群体中的每一位信仰者作为个体而言势单力薄，宗教组织的力量可以弥补这一缺陷但又会产生抹杀个性的情况，所谓宗教组织的"二重性"问题即在于此。关于"宗教组织为恶，会毒害信仰与宗教本身"的说法，池田大作予以明确驳斥。他认为无论从坚持个人信仰的角度来说，还是将信仰传播给他人的角度来讲，个人的力量都是微弱的，只有组织才有传播信仰的力量。但同时，他亦看到了宗教组织产生以后出现的为了维护组织而抹杀个人的情况。池田认为，对此的正确态度不应是取消组织，而应该纠正组织具有的短处，把组织的力量运用于有益的方面。组织管理的改善有赖于组织领导人自身素质的提高与自律。

其次，池田对要求教团的领导人，需倡导人性沟通与发挥成员们的集

---

① ブライアン・ウィルソン、池田大作：『社会と宗教』，講談社，1985，『池田大作全集』6，133ページ。

体智慧。由于组织的存在必然伴随着权力、利益和名誉，因此宗教组织的领导人必须是具有优秀精神的人，避免权力欲和名利欲很强、长于玩弄权术的人物伺机夺权，使本来目的在于传播崇高精神的组织成为酿成丑恶欲望的场所，那样就会使崇高的精神在修行者心中失去地位，也必然恶化组织形象。池田认为"在现代社会中，宗教如果没有组织，存续和发展都不可能。因此无论是在组织中担任领导的人，还是普通成员，都更需要有高度的精神境界和献身意识。这种境界和意识在以往任何时代都是倍受推崇的"。① 事实上，正如英国宗教社会学家威尔逊所说，"宗教组织出现的问题，根本就在于非理性的宗教目标与越来越理性化的手段之间的矛盾"。为了把组织的弊病降少，干部和一般成员必须加深理解和沟通，并非强调教团中的地位与角色，而是凸显"人"的因素，按照地域分割成小规模组织。池田认为只有宗教组织不断施行分权化，才能让人们的联系回归人格的交往，启发良知，避免宗教组织抹杀个性的集权化弊端。

（三）宗教组织形态与建设发展问题

首先，关于理想教团的组织形态问题。健康的教团组织形态是教团得以顺利发展的前提条件，池田认为教团的组织形态亦存在与时俱进、因地制宜的实际问题，他着重强调了教团中普通民众作用的发挥与教团组织效率的平衡。传统金字塔型的教团组织形态虽然有利于教义传播，却会妨碍教团广大成员主体意识的发挥。为实现一种平衡，池田大作呼吁建立一种基于民主主义的团体式组织形态，即解释宗教教义的权力不是被特定的人所独占，而是大家共同拥有的权力。"宗教组织为适应实现目标的需要，就应使金字塔型的上下级关系与平等的伙伴关系合二为一。"② 也就是说，理想的宗教教团的组织形态应着眼民主与民众，作为组织管理者积极协调组织内部每个人的行动，以保证宗教修行活动顺利进行。但同时，为了系统的传播教义，宗教活动也必须在组织的指导下进行才有效果。也就是

---

① ブライアン・ウィルソン、池田大作：『社会と宗教』，講談社，1985，『池田大作全集』6，194ページ。
② ブライアン・ウィルソン、池田大作：『社会と宗教』，講談社，1985，『池田大作全集』6，221ページ。

说，现代宗教的健康的组织形态应该是有统合有分权的双向性形态，在广大民众教徒的"清静修行"与宗教团体的"组织效率"之间寻求平衡。

其次，关于教团的建设与发展问题，池田大作不断从创价学会的发展中总结经验。每个教团的发展都存在发展极限与成员构成问题，池田大作曾对此与宗教社会学家威尔逊探讨，二人在教团成员人数趋于稳定和成员构成成分定势问题达成了共识。创价学会在迅速发展壮大的过程中，曾出现了成员数在迅速增长后趋于稳定，社会精英人士逐渐掌权成为教团主导的现象，对此池田认为必须把握平衡，不能存在成员身份偏见，不能偏离救助困苦的主旨。正是基于上述思考，关于如何保持宗教团体的生命力问题，池田大作认为必须避免教团的权威化倾向、对自由讨论、创造性思想及行动的压制。只有教团不间断地进行反省，对人们进行自我意识的启蒙，分散权限，才能发挥教团中普通成员的智慧与能力，不断改善组织结构，保持教团的生命力。

（四）关于宗教组织扩张问题的沉思

对于宗教组织而言，布教是一项必要的宗教实践活动。传统的传教模式有两种，其一是与权力阶层相结合、自上而下进行的布教，也就是宗教组织与上流阶层和掌权者相联结，依附权力进行大规模的宗教教义宣传和宗教理念的渗透。另外一种方式是由宣教师面向社会群体、基层民众进行的传教。通常的模式是把人们集中在教会或寺院之中，由神职人员进行讲授与传教，这种方式表明圣职者主体与听众和圣典相通。

关于传教，池田大作主张教内普通民众、一般成员之间的相互对话、交流才是最好的传教方式，这也是创价学会等日本新宗教团体的布教方式。

我们的布教方法与此不同，一般会员是主要角色，通过个人与个人的相互接触或是通过对话达到使对方改变观念的目的。在几个人相聚的场合，由少数人进行恳谈，提高大家的觉悟。这个方法也许收效缓慢，然而，却能持久，能够避免暴冷暴热的弱点。我坚信，它是根植于每个人的高度自觉以及信仰之中的有力方式。

　　由此可以看出，池田大作认为传统传教模式有局限性，他指出：依赖权力自上而下布教，或者传教士在宗教设施内传教，缺陷是信众容易产生情绪波动，一时情绪激昂，但难以持久。而池田大作主张应以人格改造为目的，采取相互对话的方式来传教，即传教的真正目的是完成每一个人的内心改造，激发每个人自身的创造力，从而使教团更具凝聚力与号召力。

第二节　"法"与"神"：佛教与基督教的对话

　　池田大作曾与多位对谈对象谈及东西方宗教、佛教与基督教的特征与差别等问题。此处援引池田大作与英国历史学家汤因比、英国宗教社会学家威尔逊的部分对话记录，以此二人为例管窥池田大作对佛教与基督教的看法。从整体上来看，池田大作立足东方佛教立场，着眼东西方宗教的比较的视域，通过对话进行相互交流，来思考关于人之存在，诸如生命观、幸福观等问题，他认为以基督教为代表的西方宗教是"神本位"宗教，而以佛教为代表的东方宗教是"法本位"宗教，在此基础上进行了评述，进一步思考了不同宗教形态对于人类文明发展的意义。

一　"缘起"与"创世"的生命观

　　池田大作理解东方宗教的生命观是以"轮回""缘起"之"法"的理念为主导的，而西方宗教的生命观则是笃信"灵魂不灭"的"神"创论。在与汤因比的对谈中，池田大作谈道：

　　　　各宗教关于死后的生命观，大体可分两种。一种是佛教、印度教等主张的"轮回"说；一种是以基督教为中心的西方宗教主张的"灵魂不灭说"。[1]

---

　　① アーノルド・トインビー、池田大作：『二十一世紀への対話』下，聖教ワイド文庫，2003，19-21ページ。

事实上，池田大作是从"法"的角度来定位东方宗教的，认为佛教等东方宗教遵循的是生命轮回、世事缘起之"法"。与此相对，基督教等西方宗教却是"神"创论，认为是神创造了不灭的灵魂，"神"是世界的主导。对此，汤因比给予了回应，并进一步试图寻找双方的共通之处。汤因比谈道：

> 是的，但是这两种看法在生命不灭这个问题上的某些观点是一致的。即二者都认为我们在现世度过的虽然是短暂的一生，但可以把这个时间次元延长，这样人的一生，就有了时间上的延长性，因此有了生命"不灭"这样的共同点。

在此基础上，汤因比还进一步对"法本位"的佛教、印度教等宗教进行剖析。作为在基督教文化环境中成长的欧洲人，汤因比对东方宗教有自身的理解，他认为印度教和希腊宗教的一些流派等由于以"法"为根本，秉持法理，因此坚持"灵魂原本即是无限期存在，并非神创"的观点，在"一系列的生"与"一系列的死"过程中，灵魂始终存在于世间，只是灵魂寄托于肉体在这个世界上投生，肉体死后也将无限期地继续存在。南传佛教等则强调人的作用，即人可以通过现世人生在精神性的努力来对轮回转生的过程产生一定影响，乃至使其终止。与此相对，基督教则认为神主导一切，"肉体在母胎里寄托的一瞬间，神就创造了灵魂。灵魂一旦被创造，死后也将永远存在下去"。可见，在生命的不灭性这一问题上，池田与汤因比达成了共识。但在二人的对话中，汤因比的态度比较谦虚严谨，比如关于基督教"创世"的生命观问题，汤因比认为"基督教这种'不灭'的概念，似乎缺乏合理性"，并且也承认了自身在关于此本质性问题方面存在认知的缺陷。①

二 "利他"与"救济"的幸福观

池田大作在与汤因比的对话中，关于佛教与基督教的思考，在讨论幸

---

① アーノルド·トインビー、池田大作：『二十一世紀への対話』下，聖教ワイド文庫，2003，20ページ。

福观这一问题的过程中也有体现。池田大作立足佛教的立场，向汤因比详
细介绍了佛教"十界论"的生命观，即"地狱""饿鬼""畜生""修罗"
"人""天""声闻""缘觉""菩萨""佛"。在这样的排列中，前六项被
称为"六道"，佛教所谓的超越"六道轮回"即是通过佛教的修炼与实践，
人向着更高的目标——忘我利他之境迈进，超越"六道"的痛苦轮回，开
辟出走向永恒幸福的道路。"六道"之上还有"声闻""缘觉""菩萨"
"佛"四种境界，对此池田与汤因比展开了继续讨论，力求在这一问题上
找到基督教与佛教的共同点。

池田大作：

……"声闻"和"缘觉"都只是自己喜悦。和这些相反，"菩
萨"是对利他即因拯救别人而感到的喜悦。基督教的爱、佛教的慈
悲，都具有实践的特征。最后是"佛"，指的是"菩萨"修行的结果
而达到的境界。认为这个境界已经穷尽了宇宙和生命的"终极的真
理"——"声闻"和"缘觉"也是醒悟真理，不过那只是真理的一
部分——达到自己跟宇宙、整个生命存在融为一体的感觉。它是一种
醒悟到生命的永恒性，是绝对的幸福境界。这种"佛界"跟博士说的
"完全的并且永远得到满足"的幸福有很多共同点。

汤因比：

我想"声闻"和"缘觉"是小乘教追求的东西。这些目标远大
而困难。而"菩萨"是更远的目标。小乘教所追求的东西，对个人
能够达到的目标来说，大概已经是最高境界了。但另一方面，"菩
萨"是把个人自我想得更加开阔，把精神扩大到宇宙的自我，普遍
的自我。

在基督教中寻找一下相当于大乘教的概念、理想时，我看到菩萨
和基督是有相似的地方。即菩萨自觉地推迟进入涅槃，而基督教的三
位一体中的第二位，也就是基督也自觉地暂时放弃了神性去救济人
类。只是菩萨连人类以外的有情的东西都救济。按基督教的说法，承
受肉体作为人而来到人间的基督和菩萨一样，自觉地把自己放在人间

的苦恼之中，自觉地饱尝痛苦。他之所以非这样做不可，动机和菩萨一样，是出于怜悯之心。

池田大作：

的确是很相似的，也可以说是完全一致的。①

在上述对话记录中可以看出，池田大作和汤因比在两方面内容上进行了努力尝试。一方面试图对佛教和基督教的"救世"理念进行比较，努力查找其共同点与融通之处。在他们的对话中，池田大作认为"基督教的爱、佛教的慈悲，都具有实践的特征"，基于这一思考的启发，汤因比继而提出自己的延伸思考，即无论是"基督"还是"菩萨"，他们都是自觉去经历一种人间苦恼的实践，而其动机都是出于怜悯之心。池田认为，超越了佛教的"六道"轮回之苦，人开始追求利他度人之幸福。汤因比也指出"基督自觉地暂时放弃了神性去救济人类"，无论是基督教的神救济人还是佛教的成佛普度众生，其共同点都在于通过慈悲救世的实践来感知幸福。可见，二人在努力查找佛耶对话的共同基础。另一方面，从上述对话中可以看出，池田大作针对佛教内的宗派如"大乘""小乘"佛教的差别进行了思考。池田大作认为"'声闻'和'缘觉'也是醒悟真理，不过那只是真理的一部分"，汤因比则进一步推展，认为"小乘教所追求的东西，对个人能够达到的目标来说，大概已经是最高境界了。但另一方面，'菩萨'是把个人自我想得更加开阔，把精神扩大到宇宙的自我，普遍的自我"。可见汤因比更进一步将"小乘"归于个人的"最高境界"，而言明"菩萨"则是扩大到普遍的、宇宙的境界。从整体上来看，二人在围绕"幸福观"问题的对话中，无论是基于感知"幸福"的阶段性来说，还是从获取"幸福"的初衷与实践来说，二人都是力图通过对话来寻求佛教内部宗派乃至佛教与基督教的共同之处。

与此相对，二人在接下来的对话之中，围绕达到"永恒的满足"这一主题，进一步查找了佛耶二教的不同，其立足点归于了"神"与"法"的

---

① アーノルド・トインビー、池田大作：『二十一世紀への対話』下，聖教ワイド文庫，2003，87ページ。

差别。池田大作在回答汤因比的提问中阐明了他的个人见解，二人对话记录如下：

汤因比：

"菩萨"这一存在阶段，按照定义来说，是和基督教神学上说的神承受肉体一样，是一个暂时阶段。因此，它本身既不是完全的，也不是永恒的。我想象由基督所代表的基督教神所得到的这种完全而且永恒的满足，是以前一时进行的悲天悯人的自我牺牲的结果。这种自我牺牲的行为，就是自觉地放弃神性，自己承受人所能体验的最大的精神上和肉体上的痛苦。

"佛界"能够达到的完全而且永恒的满足，也与此相同，是从过去行为的结果中得到的吗？菩萨最后进入涅槃时达到的"佛界"，跟升天后基督的情况相似吗？

池田大作：

基督以痛苦的形象出现，我想是表示在他的生命中出现了"菩萨界"。因为基督也好，菩萨也好，他们思想出发点的基础都是利他的。小乘佛教的理想中缺乏这样"利他"的概念。如果小乘佛教有"利他"概念的话，那可能不是在实践过程中，而是在悟性之后所追求的东西上。但是，那时身心都不存在而只剩下"空"了。

您问进入涅槃后菩萨的"佛界"是不是跟升天后的基督相似，这里有些不同。佛教表示以"法"为本，而基督教则以"人格"或者"神格"为本。只要以"人格"以至"神格"为本，就只能在离开现实的人生、社会和世界去寻求其存在。所以，基督教大概要在"天"上寻求其存在的所在之处。相反，"法"是在这个现实的人生、社会和世界现象的深处，并且包括这些现象而存在着。因此，佛界并不存在于离开现实社会的某一地方，而是永远存在于人的生命之中，永远存在于宇宙之中。

从以上对谈记录可以看出，汤因比与池田大作的对话，是思想上循序渐进地推展，彼此激扬、良性互动的过程。佛耶二教都会追求"永恒的满足"这样的幸福境界，但其方式不同。面对在西方文化环境中、基督教信仰背景下成长起来的历史学家汤因比，池田大作立足大乘佛教的立场，主要讲述了两点不同。首先，查找了小乘佛教与大乘佛教的不同之处在于"利他"精神的有无。而后围绕"神"与"法"的差异将佛教与基督教进行对比，即"佛教以'法'为本，而基督教则以'人格'或者'神格'为本"。其次，"神格"需要离开现实社会、在"天"上寻找其不同之处，而"法"则普遍存在于"现实的人生、社会和世界现象的深处"，换言之，"佛界"普遍存在于现实社会、宇宙之中，并"永远存在于人的生命之中"。

在池田大作的对话中，他并没有执着佛耶二教的"幸福观"究竟差异何在，而是尝试用不同视角去观察和思考，去理解这样的差异。可以说，池田大作是愿意去积极思考他宗教信仰的。在对话中感受并思考佛教与基督教的同与异，对话是自我超越的过程，又是一种在对比中感知自我的过程。

三 "法"与"人格神"的信仰观

在围绕基督教与佛教的宗教对话中，池田大作还曾与英国宗教社会学家威尔逊进行过长时间的笔谈和对话。二人围绕关于人格神的宗教与以"法"为根据的宗教这二者不同的特质进行了探讨。以下截取几段二人笔谈的对话片段进行分析，反思池田大作在自身的宗教对话中是如何通过与"神本位"的基督教对比来思考"法本位"的佛教之特质的。

（一）探求"神"与"法"的精神，强调"人的自立性"

关于基督教的"神"与佛教的"法"池田大作与威尔逊曾尝试进行如下探讨，如画线部分所示，池田大作的观点表现出较明显的人本化倾向。

池田大作：

犹太教、基督教和伊斯兰教都把形成人类无法把握的力量的根源归结为唯一绝对神。唯一绝对神是一种人格化的存在，它是万物的终极。

相对一神教，佛教认为世界的终极是"法"（真理）。"法"可以说是非人格化的存在。

由此可以看出，犹太教、基督教以及伊斯兰教要求人们顺从神的意志，而佛教则强调人要正确地理解法，与法相一致的生活准则才是正确的。

从这里，我们就可以看出，人格神的宗教与非人格神的佛教的不同：前者不要求个人的自立性，后者则以法为根本主旨，并主张人的自立性。不知这种看法是否正确。另外，法是一种普遍性的存在，因此没有因人而异的亲疏差别，也就是说，大众应该是平等的。而人格神的宗教则有不同，由于神的存在被限定，神与人的关系就会出现亲疏远近的差别。

当然，佛教中有的教派也主张把佛的人格存在作为根本，因此不能说佛教各派的主张完全相同。关于人格神的宗教与以"法"为根据的宗教这二者不同特质的问题，教授您是怎样考虑的呢？①

从以上提出问题的记录中可以看出，池田大作对于基督教是从"神本位"宗教的角度进行定位的，与以"神"的意志为根本行动准则的基督教相对，池田认为佛教则是以"法"为根本主旨，从而凸显了"人"的自立性和"法"的普遍性。依池田大作的理解，"法"是普遍存在的真理，人是按照自己对"法"的理解进行的社会行动实践，因此相对"人"去绝对地服从"神"的意志而言，依法而动具有为"人"的自立性与主体性。同时，也由于"法"是普遍性的存在，没有因人而异的亲疏远近的差别，因此更具平等性。

---

① ブライアン・ウィルソン、池田大作：『社会と宗教』，講談社，1985，『池田大作全集』6，33-41ページ。

（二）"神人同形说"的发展与"神"之观念的演变

针对池田大作站在佛教立场上对基督教的"神""人"关系的理解，宗教社会学家威尔逊给予了回应，他指出基督教在发展过程中"神人同形说"的修正，人们对于"神"与"神之律法"相关理解的演变，也指出佛教中"神"这一概念的产生及其范畴。

威尔逊：

犹太教、基督教和伊斯兰教传统的神具有人的形象，它是人类把超自然的力量概括为具体形象的产物。

（中略）

在这种传统中又产生出其他一些宗教。随着这些宗教的发展，特别是在基督教的发展中，这种神与人类拥有同样的形体和相貌的"神人同形"说逐渐被修正了。神人同形说在早期基督教中曾被强化……现在几乎没有基督教徒否认神作为人生活着，大概更少有人认为神只是以人的形象出现。对于一部分信仰者来说，神是人格性的存在，但对于大部分信仰者来说，神大概是抽象的、精微的精神性存在。当然，很多人对于应该怎样理解神，也许还很模糊。

从威尔逊的这一段回应内容中可以看出，他是在向池田大作解释他所理解的基督教的"神"，以及在基督教社会中，人们对于"神"与"神人同形说"的相关理解的发展和演变。威尔逊认为，在基督教的发展过程中，人们对"神"的认识已经不再停留在"人格神"的维度，而是逐渐转为"精神性的存在"。但同时，威尔逊进一步强调了"神人同形说"的吸引力，即人们更容易理解人自身。也正因为这样的原因，人们即使在理性发达的社会环境中，也乐于使用"拟人"的模式。不但有文化教养的信仰者会把神的属性和性质在与人的比较中加以论述，甚至有的宗教教派还以纯粹的"神人同形说"为根本教义。虽然"神人同形说"在基督教中有着重要影响，但"神之律法"却在此基础上不断发展。威尔逊是在分析"神之律法"的演变过程中尝试对基督教的"法"的精神进行梳理，同时也提及了佛教"神"的观念的变迁。这是一种对佛耶二教的对比，也是对池田大作质疑的一种回应。

威尔逊：

虽说神人同形说在基督教中有着重要影响，但基督徒对神之律法以及神对人类博大的恩宠这些内容也感到很有魅力。在基督教中，律法的内涵正从个别的、具体的规则演变为普遍的抽象的基本概念。在正统犹太教和伊斯兰教中，律法依然是细节规则。但在基督教里，他的重点已转向律法的精神方面，而不在于遵守律法的文字。

（中略）

有一种观点认为：基督教虽然在某些方面把神的存在理解为神人同形说，但同时对神的法规也非常重视。这种情形与佛教形成对照。佛教在最初产生之时，是以佛陀为众人说法的形态表现的，没有对神的崇拜，但在其后发展的某些阶段，却出现了对神或群神的强烈的兴趣。在某些地区，特别是在小乘佛教诸国，古代的群神和圣灵一直存续下来。在另一些地区，佛陀被神格化。随着大乘佛教的发展，又出现了这样的观点，即佛陀能在更广泛的范围内以各种人物的化身表现出来。虽然佛教中有神化的现象，但总体来说，神的原理确实不占至高位置，而且在公开否定宗教传统的情况下，也仍然表现出把超自然的东西拟人化的思维方式。

从威尔逊这一段作为回应的文字来看，他是在试图解释基督教作为"神本位"的宗教同样具有律法的精神，对神的法规非常重视，并逐渐演化成一种普遍性的"道德的规范"。"与其说它是救世的手段，莫如说它揭示了作为人应尽的义务。与律法的运用相比，制定这个律法的神却已经不再那么重要了。"① 同样，"法本位"的佛教在自身不断发展的过程中，也

---

① ブライアン・ウィルソン、池田大作：『社会と宗教』，講談社，1985，『池田大作全集』
　6，38ページ。

表现出对"神或群神的强烈的兴趣"。威尔逊的这些发言，事实上力图向池田大作传递一种讯息以及他自身的看法，即界限分明地把基督教理解为"神"的宗教，把佛教理解为单一的"法"的宗教都是不够全面的。因为随着宗教的不断发展，基督教中已经发展出非常具有普遍性意义的"法"的精神，而佛教在发展过程中则表现出对神或群神的兴趣。正如威尔逊最后强调的那样：

> 从某种意义上说，判定一种宗教的作用，要看它能否使它的成员具有高尚的精神境界及其社会化的程度。① 为了达到这个目标，就需要有与之相适应的方法。也就是说，从人类的需求来看，如果只有普遍性的律法或抽象化的神是很难满足人们的精神需要的。这就意味着人类还需要与自身经验相近的形象性的精神依靠：或是当地的神灵，或是慈悲宽厚的佛陀，或是深深怜悯苦难的人类而为之受难的耶稣。他们都具有人类的感情经验。②

如上所述，威尔逊虽然针对池田大作提出的质疑阐明了自身的观点和对于"神"与"法"的理解，还着眼于宗教发展的视角解析了基督教的"神"的概念与"法"的精神的演变过程。最终他提出了宗教之为"宗教"的共性问题，即"能否使其成员具有高尚的精神境界以及社会化"。无论是神本位的基督教也好，法本位的佛教也罢，其某一方面的单一特征都无法满足人们的精神需要，那种具有共性的与人类自身的感情经验相近的形象化的依托十分必要。

---

① 这里提到的"社会化"，分为两个阶段，第一阶段是指儿童最初把社会规范作为文化的全部加以接受和学习，并逐渐地适应社会的各种规则和习惯的过程。这个过程由遵从来自外部的直接的压力（社会的统治力）到遵从本人的（被社会化的）正误判断而完成。社会化过程通过和他人的社会互动而不断加强。第二阶段一般指成人之后还要完成第二次社会化过程，即选择个人的新的信仰对象以及新的社会角色。在第二次社会化过程中，人们要学习新的宗教组织或社会职业的各种规范，并使之内化。

② ブライアン・ウィルソン、池田大作：『社会と宗教』，講談社，1985，『池田大作全集』6，38ページ。

小　结

综上所述，从池田大作与历史学家汤因比、宗教社会学家威尔逊展开的关于基督教与佛教之对比的记录来看，池田大作的佛耶对话具有以下三点特征。

首先，从对话内容上看，池田大作的佛耶对话体现出他对于基督教、佛教在信仰对象与信仰目的上存在差异的思考。作为一位立足佛教立场的对话者，池田大作是将基督教定位为"神"的宗教，将佛教定位为"法"的宗教，主要是基于信仰对象角度的思考。基督教的信仰对象是"神"，基督教中"神"创造了万物，因此人要听命于神，对于"神"是服从与敬畏的态度，因此池田认为，在以"神"为信仰对象的宗教中，"人"的主动性被掩盖在"神"的权威之下。与此相对，佛教则宣扬"法"，也就是说，佛教的信仰对象是"法"。"人"依法而动，因此是在主观理解、参悟"法"的基础上自主行动，去完成自救与利他的实践的，因此有了发挥主动性的可能。另外，就信仰目的而言，在"拯救"方式上是存在差别的。基督教通过外力的作用使信仰者达成被救赎的目的，而佛教则是依靠自身的力量、通过觉悟佛法真理来实现精神上的解脱与自我超越。总之，发挥"人的自主性"，是池田大作努力想要传达给对谈对象的主要内容之一。

其次，从对话结果来看，这样的对话是一种彼此启发、共同探讨与深入的过程。对话过程中，并非是区分对与错，或一方被另一方的理论所征服，也不是去探讨真理与谬误，而是针对问题虚心请教、各抒己见。不同的立场与知识背景拓宽了对谈双方看待问题的视野，在深化了对他宗教理解的同时也得以反观自身，使对话成为感知他者的过程，也是认知自我的必经之路。在每一话题的讨论结束时，池田大作都能尽量维持话题的开放性，有反思、有启发更有激扬，使对话双方在切磋的过程中不断实现思想上的提升。

最后，从对话态度上来说，池田大作是有着开放的心态与积极的对话态度的。可以说，在这样的对话过程中，池田是乐于去思考，也试图去理解基督教的基本精神的。他通过对话不断寻求基督教与佛教的共同点，其解疑究非的过程事实上也是一种求同存真的探索。在对话中，一方面，池田大作能够谦逊地提出个人见解与疑虑，向对谈对象虚心请教，积极征求对方意见，努力寻求共识；另一方面，由于对谈对象是学者，而非教派团体代表，围绕池田的质疑阐述个人理解时，他们不曾囿于狭隘的宗派观，而是从广义上多宗派对比的角度进行思考，回应的建议显得更加中肯客观。另外，池田大作作为佛教徒，他对于基督教的理解更偏重字面意义的解读，在对话中努力阐明佛理，表现出一种坚决捍卫佛教的护教态度。

第三节 "同苦"与"和平"：佛教与伊斯兰教的对话

如果说，20 世纪 80 年代池田大作进行的关于佛教与基督教的对话还是围绕宗教问题进行的一种初步探讨的话，后期由他发起成立的波士顿 21 世纪研究中心则成为一个专门从事宗教对话的研究机构，具体负责开展诸宗教对话实践。池田大作的宗教对话更多着眼于捍卫和平、寻求共识与宗教协作的大方向。池田大作于 21 世纪初与印度尼西亚前总统瓦希德的对话，就是一次很有代表性的佛教徒与伊斯兰教徒的对话。以下以二人的佛伊二教对谈记录为文本依据展开分析。

一 佛伊二教"和平对话"的共识

池田大作与印尼前总统瓦希德都是积极参与文明、宗教对话的知名人物，二人倡导诸宗教都能回归到原点——即追寻人类"和平"与"幸福"的原点，并在此基础上展开对话。二人在对话之初，就是以"和平"为出发点，本着平等谦虚、相互学习的态度展开对话，强调诸宗教的对话、交流与合作。

池田大作：

人与人的邂逅，会产生新价值。文明与文明的对话，会展开新历史。

对我来说，能与坚持伟大信念及哲学的瓦希德博士对谈、学习，是无上喜悦。我们的对话，仅就伊斯兰教与佛教之间和平与文化交流这一观点，已受到日本各界的极大瞩目。

瓦希德：

约 1980 年起，我即久仰池田会长的种种。拜读您与历史学家汤因比博士的对谈集 *Choose The Life*，一直希望能有机会与会长对谈，今日终于如愿以偿。

池田大作：

相信汤因比博士一定也很高兴吧。

博士曾访问贵国，是热爱贵国的人士。他认为贵国是"各种宗教友好共存的国家"，对贵国寄予莫大期待，并明言："针对宗教宽容这样的重大问题，印尼为我们做出了榜样。"

贵国 2.3 亿人口中，近九成信仰伊斯兰教，是"世界上伊斯兰教徒最多的国家"，且伊斯兰教、佛教、印度教、基督教等诸多宗教和平共存。在这个诸教共存共生的时代，瓦希德博士您身为贵国最大的伊斯兰教团体"伊斯兰教士联合会"（NU）的领导者，更以最高文化人、哲人总统的身份领导巨大的国家。能与博士对话，窥知您丰富的睿智，不仅是我，相信对未来的青年也是无法估量的珍宝。

瓦希德：

池田会长是伟大的人物。

以"文化力量"立于人类的高峰，您探究"人"，提升"人"的层次，并在唯物主义日盛的社会，使充满人本主义的佛教哲学复苏。十分期盼与会长的友情永续，期待进一步发展友好关系。

池田大作：

谢谢您温馨友好的回应。博士曾与基督教、犹太教人士对谈，我也以一对一的对话为根本，进行文明、宗教对话。印度尼西亚有一句名言智语："迷路了，就回到原来的路。"和平的殉教者、创价学会初任会长牧口常三郎也常说："路走不通，就回到原点！"当前人类应该回归的"原来的路"，此"原点"是什么？是"和平"。一切宗教基于"和平"必须合作。宗教是为了"人类的幸福"而存在的。即使教义上意见不同，为了全人类的和平也必须合作。我想以此为主题与博士对谈。迎接 21 世纪时，博士于联合国向全世界呼吁"对话"；那是一场具有历史性的著名演说。①

以上池田大作与瓦希德的对谈实录，二人在对谈时本着友好交流的态度，为展开佛伊二教的和平对话而进行努力。

首先，对谈态度的谦逊与坦诚。池田大作与瓦希德二人，都是有着自身坚定明确的宗教信仰，并积极致力于宗教对话实践的代表人物。其不同在于，池田大作是日本最大新佛教团体的精神领袖，而瓦希德不但是伊斯兰教团体"伊斯兰教士联合会"的领导者，还有前任印尼总统的政治身份。二人对话的态度表现出对对方极大的尊重以及对此次对话的期待。事实上，正如池田大作所说，"能与坚持伟大信念及哲学的瓦希德博士对谈、学习，是无上喜悦"。这样谦虚地向对谈对象学习的态度，是池田大作开展文明对话的基本态度，在与宗教教团领袖的对话中表现得尤为明显。

其次，对于对方身份、信仰及背景的前期调查和了解，更利于对话的顺畅进行。在充分了解和准备的基础上进行对话，也是池田大作对话的特征之一。在与瓦希德的对话中，可以看到，池田大作不但查找了印尼的名谚警句"迷路了，就回到原来的路"，适当引入创价学会初任会长牧口常三郎的观点做对比，寻找共鸣，而且还了解了瓦希德在新千年联合国会议上的发言等，可见是经过了充分调查和做好了对话准备。同样，瓦希德也言明曾拜读池田大作与汤因比的对话录，可见二人是在充分了解对方情况的基础上展开对话的。

最后，强调回归"和平"原点的对话。从二人对谈的整体内容看，池田大作与瓦希德虽然深知佛教与伊斯兰教的迥异差别，但还是希望能够

---

① アブドゥルラフマン・ワヒド、池田大作：『平和の哲学　寛容の智慧』，潮出版社，2010，12~14ページ。

在对谈中查找二教的共同点。二人在对话中，主张努力回归宗教原点去展开对话、交流与合作，正如池田大作所言："当前人类应该回归到'原来的路'，此'原点'是什么？是'和平'。一切宗教基于'和平'必须合作。宗教是为了'人类的幸福'而存在的。即使教义上意见不同，为了全人类的和平必须合作。"

二　创教的"同苦"经历与相同的"救世"之心

在池田大作与瓦希德的对话中，二人是从探求宗教和平之路的角度展开的，池田大作认为要实现宗教间的和平，其根本在于克服自我中心主义的利己主义心态，促进民族、国家与宗教间的交流。瓦希德对此表示十分认同，认为纷争的原因就在于"各扫门前雪"的心态，真正的和平需要宗教间的彼此尊重。池田大作引用汤因比的话说："在我们生存的今日世界里，更要承认并尊重皈依了不同宗教的人们是各自宗教的遗产，并表示敬意。"① 那么，尊重的前提是什么呢？池田大作认为是有耐心去了解和理解对方的宗教。联合国将 2009 年和 2010 年分别定为"国际和解年"和"国际文化和睦年"，"文化与文明的基础是宗教"这一结论也得到了广泛的认同，因此，宗教间如何达成相互理解就成为新的课题。二人在彼此交换意见的过程中达成共识：宗教对话是促进宗教相互理解的必经之路。因此，池田大作与瓦希德在对话中共同回顾了佛教创始人释迦牟尼与伊斯兰教创始人穆罕默德的出身和悟道经历，希望从宗教创始人身上找到共同点，这可以说是从根源上理解对方宗教的一种对话尝试。

（一）对人世苦难的经历与感知。

池田大作在与瓦希德的对话中，通过对比佛教创始人释迦牟尼与伊斯兰教创始人穆罕默德，寻求二者的共同点。

瓦希德：

传说中穆罕默德约于西元 570 年，诞生在阿拉伯半岛的麦加。原

---

①　汤因比：《汤因比著作集 4 一个历史学家的宗教观》，深濑基宽译，社会思想社，第 268 页。

生家庭属于麦加昔日有势力的古莱什部落，但并非富裕之家。穆罕默德的父亲（Abdullah）在他仍在母亲腹中之时已去世，母亲也在穆罕默德六岁时过世。之后穆罕默德由祖父养育，但就在平复丧母之恸不久，未满8岁时祖父又与世长辞。在需要父母照顾和疼爱的幼年失去双亲，就连祖父这个依靠也失去的穆罕默德，成了孤儿。所幸他得到伯父艾布·塔利卜的保护和养育，但生活仍是穷苦，直到25岁时与麦加富孀赫蒂彻结婚，生活状况才得以好转。由于认真和热心于工作，穆罕默德被周围人们称为"诚实的人"，因此博得了赫蒂彻爱慕。《古兰经》对于穆罕默德的成长有以下描述。"难道他没有发现你伶仃孤苦，而使你有所归宿？他曾发现你徘徊歧途，而把你引入正路；发现你家境清苦，而使你衣食丰足。"①

关于上述瓦希德对于伊斯兰教创始人穆罕默德身世的介绍，池田大作以同样的方式给予了回应，也介绍了佛教创始人释迦牟尼的成长经历，穆罕默德幼年失去双亲，池田大作回应说释迦牟尼同样有失去母亲的身世。

池田大作：

童年时期的辛酸可以说是穆罕默德的出发点。穆罕默德早年怙恃俱失，释尊也在出生一周后失去母亲。释尊诞生于今日的尼泊尔，出生为王子，但有各种说法，一说是西元前6世纪，又一说是西元前5世纪前后。师尊年轻时即展现出非凡的才能，虽然在安稳的环境中过着自由的生活，却对人生问题有着深刻的苦恼。据推测，母亲生下他后即过世的寂寞和痛苦可能是原因之一。才智过人的释尊逐渐长大成人，眼见人们日益衰老，自觉今后也将如此"老去"，深感任何人都无法逃避"生病"和"死亡"。即使结婚生子，他仍忧虑生老病死，最后决心出家。晚年释尊回顾年轻时"出家求善法"，选择脱离王

---

① アブドゥルラフマン・ワヒド、池田大作：『平和の哲学　寛容の智慧』，潮出版社，2010，159-161ページ。

子的地位，身为一个人，一心追求人之本质的生老病死之四苦的根本解决之道。可以看出，"求善法"这句话有着极深的觉悟：不止为自己，也是为了找出所有人皆能战胜痛苦、寻求幸福之道而勇敢挺身而出。

从以上二人的对话可以看出，池田大作是希望从佛教与伊斯兰教创始人的共同经历或者身世中找到共同点，这个共通的部分为宗教间相互理解和尊重提供了可能性和前提。二位在成长过程中，都曾有年幼失去至亲的悲痛，正是这样的痛苦经历让他们对于人生、社会有了更深的感悟，并愿意去寻求解救之法，拯救的对象不仅是其自身，而是所有人。事实上，这样关于彼此宗教的创教者，也是至上信仰者的对话，彰显了对话双方一种开放的胸怀，是愿意去了解、尝试去理解对方宗教的一种最基本的努力。同时也让他们更清晰地意识到教主创教的本怀，二者都曾受到某种人生苦难的触动，由自身的困苦想到他人同样处于苦难之中，推己及他。这恰恰是找到了宗教对话的共同根基，即同苦之心。这样的同苦之心恰是具有救世之心的各大宗教彼此尊重的前提。

（二）悟道过程的执着与艰辛

关于佛陀与穆罕默德悟道的过程，池田大作与瓦希德也进行了对话。

瓦希德：

穆罕默德以宗教崇高性、高尚品格与卓越道德驰名于世，又以诚实家喻户晓。

婚后穆罕默德过着较为安稳的生活，受召成为使徒前，即观察神力印证——特别是一切形态的美、力量，以及安拉的造物，并为了更进一步探求而善加思索。思考天地与其中万物，对于"为害社会、毁灭社会的是什么？""人为何要崇拜偶像"等问题用心思索。

靠近麦加的希拉山，是一座约30分钟即能登顶的山峰，穆罕默德曾经每年一次在希拉山的山洞中冥想。西元 610 年，40 岁的穆罕默德在山洞里透过天使吉卜利里得到启示，称为"登宵夜"。

穆罕默德至此为止的 40 年，都为了担当此重要使命做准备，天使吉卜利里的来访，将安拉的话转达给他。预言家的伟大灵魂为启示之光所照耀，将听到的话铭刻肺腑。

从此以后，这样的启示始终持续，后来成为圣典《古兰经》。

池田大作：

所谓"40 年间都为了担当此极大使命做准备，"是指穆罕默德经历的各种苦难，皆具重大意义，对吧？为寻求解决生老病死等人生根本问题而出家的释尊，在森林中从事断食等极度苦行，因为当时印度有"要使不洁的身体痛苦、衰弱以获得清净的精神自由"的思想。但经过 6 年仍无法悟道的释尊，得知苦行不是真实之道遂舍弃苦行。因此调整身心，在佛陀迦耶的菩提树下进入禅定，以探究自己的内向生命。此心灵深处的洞察，超越相通于家族、民族、人类、自然界之生命层次，也超越相通于地球、银河系的层次，深入大宇宙的本源，而达到与宇宙生命合为一体的终极层次。在此"内面宇宙"的洞察中，释尊与所有生命相互联结，互为关联，发现了周而复始生死流转的宇宙真相，并一语道破使人们对生老病死产生苦恼的，是盘踞一切生命深处的利己主义（自私），即"无明"造成的。进而在克服无明的同时，释尊悟得脉动着贯通于宇宙生命根源的"法"（真理），觉知此永远之法的人称为"佛"。关于这个法，日莲大圣人称为"南无妙法莲华经"。觉知宇宙根源之法的佛生命，能产生将生老病死的苦恼转变为大欢喜的力量，洋溢从宇宙生命显现的"智慧"与"慈悲"，进而为救济苦恼民众而行动。这是为了开启内在于万人之中的佛生命的佛教。佛教是以宇宙根源之法为基础的"觉知"的宗教、"智慧"的宗教，也是"慈悲"的宗教。①

---

① アブドゥルラフマン・ワヒド、池田大作：『平和の哲学　寛容の智慧』，潮出版社，2010，162–164ページ。

作为两种不同的宗教，穆罕默德得到的天启与佛陀的悟道形式虽然不同，但是池田大作还是在其中找到了共同点，即悟道、传道40年之漫长过程的艰辛与苦难，并具体阐述了释迦牟尼在悟道过程中经历的种种艰难考验。其旨在说明，任何宗教的创教，是天启也好，是悟道也罢，都要经历一个漫长的准备过程，也需要创教者长久的、矢志不渝的努力与深远智慧的融通。也正是从这样的意义上来说，任何宗教的产生都是不可轻视的，不同宗教的创教者都有着相似的经历、遭遇与救世救苦的本怀，宗教对话的基础恰由此而生。

（三）传道经历的坎坷劫难

在回顾了释迦牟尼与穆罕默德的成长与悟道经历的基础上，围绕二位世界性宗教创立者在创教之后排除万难、执着传教的经历，池田大作与瓦希德进一步展开了比较和探讨。

池田大作：

许多宗教的本源，有着对他人的尊重与宽容性。释尊教示："一切生物，要幸福、安稳及安乐。"佛教教导人们要活得堂堂正正，并劝诫"不杀生""不妄语""不贪欲""不邪见"等，尤其将"不杀生"排在第一位，非常重要。非暴力是佛教的真髓之一。以穆罕默德和释尊为代表，摩西、耶稣基督等大宗教的原点，在于其各自的人生都经历过极大的苦难。

释尊曾多次面临丧命的危险。其堂弟也是弟子的提婆达多，名利心强，嫉妒释尊且背叛他，为了杀害释尊不仅从山上推下大石头，更唆使国王释放恶象欲踩死释尊。提婆达多甚至企图分化教团，煽动部分弟子离开释尊，所幸此阴谋被释尊高徒舍利弗与目犍连粉碎。此外，还有许多人中伤释尊，甚至释尊还被诽谤为某杀人事件的主谋，当然事后释尊的清白得以澄清。《法华经》说"犹多怨嫉"。因为公正，才会遭受莫须有的压迫及诽谤。

日莲大圣人教示称"圣贤必试之以骂言"，遭受迫害时的言行正可看出伟大贤者的真正价值。我认为这样的历史在了解其宗教本质上，是不能忽视的。

瓦希德：

的确如此。穆罕默德获得亲人的帮助与支持，首先在麦加努力传道，随着信徒增加，受到的迫害也随之大增。古莱什部落的长老们深怕自己在麦加的领导权将原封不动地转移到穆罕默德手里，于是用尽一切方法拼命阻挠，不仅在经济上封锁，使信徒走投无路、饥饿随身，且不断地施加暴力胁迫，设法阻止教团成长。处于这样的严苛风暴中的619年，穆罕默德遭遇无以复加的悲剧、相继失去了无可取代的妻子以及作为后盾的伯父。身为哈希姆酋长且保护穆罕默德传道的伯父过世后，古莱什部落中的异教徒对其变本加厉地迫害。麦加的古莱什部落同意要趁夜间暗杀穆罕默德时，由于各部族代表皆出席，使得穆罕默德就算被暗杀，哈希姆家族也无法报仇。然而，天使吉卜利里前来告知异教徒的计划，穆罕默德得以幸免于难。穆罕默德奉阿拉之命，于622年与信徒移居距麦加三百多公里的麦地那，也称为"圣迁"，伊斯兰历自此开始。

从上述二人的对话内容中可知，佛教与伊斯兰教，虽然诞生在不同的地区，在很多方面存在较多差异，但作为各自宗教的创始人，释迦牟尼和穆罕默德在创教之后的传道过程中，都曾经历了难以计数的艰辛与苦难。这样的苦难，可以理解为天降大任于斯的考验，也可以作为一种集众生之苦于一身，身先试苦以慰众生，解救众生脱苦离苦的主观救世之愿。池田大作引用了日莲的说法，阐明"遭受迫害时的言行正可看出伟大贤者的真正价值"，正是这样，遭受迫害之时，释迦牟尼和穆罕默德所表现出来的隐忍、坚毅与执着，事实上也代表了他们所领导的宗教的风格。

（四）平等与救世的慈悲之心

池田大作在与瓦希德的对话中，曾围绕释迦牟尼和穆罕默德关于人人平等、无贵贱之分、身份高低之别的问题进行了探讨。并在二位宗教创始人的身上找到了平等、救世、慈悲的共性。

池田大作：

释尊教团中不但没有部族、阶层的差别，人们也不会因为是出家或在家而受到歧视。释尊教诲："不问出身，只问行为。火从薪而生。即使是卑贱者也能成为牟尼、智慧、高贵、谦逊而谨慎者。"诚如这句话的含义，没有出生与地位的差别，志同道合且努力投身实践的民众的平等团体，就是释尊的教团。

据说伊斯兰教没有牧师，是吗？

瓦希德：

是的。对于信仰之人不可有差别一事，《古兰经》说："确信真主和众使者而不歧视任何使者的人，他将以他们（应得）的报酬赏赐他们。真主是至赦的，是至慈的。"因此历经希吉拉（出走麦加），在麦地那与信徒展开新生活的穆罕默德，有如下轶事：

穆罕默德移居麦地那后的第一件事，是建造清真寺。在名为"那巴威清真寺"（先知寺）的地方，至今仍有许多来自世界各地的穆斯林前往朝圣，据说初期在建造清真寺时，穆罕默德还与弟子们一起搬运砖块。穆罕默德对众多信徒而言是怎样的存在？《古兰经》中有如下内容：

"你们本族中的使者确已来教化你们了，他不忍心见你们受苦，他渴望你们得正道，他慈爱信众们。"对其他宗教说道："你们是为世人而被产生的最优秀民族，你们劝善戒恶，确信真主。"

池田大作：

在此意义上，伊斯兰教与佛教这两个世界宗教的原点，都有着"与他人同苦"，以及"救济众人的崇高精神"。

容我介绍几则关于释尊的事。

有个病人被众人遗弃，独自痛苦着。释尊去到此男子处，抚摸并为他清洗污秽的身体，替他清理病榻。人们对于"佛为何如此"有疑问，但释尊却说"若看病人，即是看我"。

最初释尊和他的十大弟子与社会上最贫困的人穿同样的衣服。

释尊十大弟子中有一位盲人，有次他想缝衣服却无法穿针引线，此时帮助他的也是其师释尊。他说因帮助修行佛法者"借以累积我的福运"。此举说明了即使是佛，从事救人，累积福运的实践是无止境的。

释尊为拯救痛苦之人，率先行动不懈，例如鼓励因丧子而痛彻心扉的女性克服悲伤和烦恼等。佛教说示："一切众生受异苦，悉是如来一人苦。"也就是视他人之苦为自己之苦的"同苦"。

因此释尊教示弟子，为了众人的幸福与利益，要走入群众。以佛教教义为根本，不轻视他者生命，贯彻以拯救众人之苦为优先者称为"菩萨"。①

（后略）

通过二人的对话记录，可以看出这两位具有不同宗教信仰的人士，在认真思考和感悟教主创教的初衷，以及其核心精神理念的共同之处。第一，同苦之心。无论是创教之前的成长经历还是悟道、传道的过程，都充满了困苦和艰辛，但是，释迦牟尼与穆罕默德并不为苦难所屈服，而是积极的感知苦难，勇敢地面对苦难，更希望能够通过自身的努力传道来解救众生之苦。可见，无论是佛教还是伊斯兰教，都对于人世苦难有深刻的认识以及希望解救众生离苦的共识。第二，无差异的平等之心。无论是佛陀所言"不问出身，只问行为。火从薪而生。即使是卑贱者也能成为牟尼、有智、高贵、有惭而谨慎者"的教诲，还是穆罕默德关于"确信真主和众使者，而不歧视任何使者"的开示，都强调追求无差异的平等，这恰恰是佛教与伊斯兰教乃至各大宗教可以沟通与对话的前提。第三，慈悲救世之心。《古兰经》中有"不忍心见你们受苦，他渴望你们得正道，他慈爱信众们"的经文，佛经中也有佛陀"一切众生受异苦，悉是如来一人苦"的开示，池田大作与瓦希德二人在对话中征引各自经典中的教示，以品读释

① アブドゥルラフマン・ワヒド、池田大作：『平和の哲学　寛容の智慧』，潮出版社，2010，171-174ページ。

迦牟尼与穆罕默德两位创教至尊的慈悲之心与救度众人离苦脱苦的宏愿。二人通过围绕各自宗教信仰的至尊人物展开对话，并从二位智者身上找到了共通之处，由此也找到了宗教对话的可能性。

三 广泛的社会贡献乃宗教的生命线

以上回顾了佛教徒池田大作与伊斯兰教徒瓦希德这关于佛伊二教的探讨，为实现人类和平的宏伟目标，以佛教和伊斯兰教为代表的世界各大宗教必须展开交流与对话，这是时代的课题与使命。同时，通过回到各自宗教的原点，二人在对话中也重温了创教的初衷，找到了同苦、慈悲与救世等诸多共同点。但同时，池田大作与瓦希德作为当代佛教与伊斯兰教领袖人物，又肩负着当今时代教团建设与发展、贡献社会的使命，二人在以下的对话中进一步达成了共识，即当代宗教团体有广泛贡献社会的义务，同时作为教团领袖应肩负起"公共知识分子"的责任。

池田大作：

创价学会的活动以日莲大圣人佛法为基调，对于社会上的弱势与受虐者，为使其对人生产生希望，予以极大的鼓励。草创时期，经常受周遭人们讥笑为"穷人和病人的团体"，但户田先生毫不在乎无谓的非难，大声疾呼：

拯救穷人和病人才是真正的宗教。创价学会是庶民的朋友，即使受尽谩骂和嘲笑，仍会为他们奋斗。

若有人批评创价学会是穷人和病人的团体，就这么告诉对方："那你又拯救了几个穷人和病人呢？"

恩师的话语正是创价学会无上的荣誉，也是永远的指针。[1]

池田大作立足东方佛教立场展开对话，宣传与介绍自身教团的宗旨与行动是其作为教团领导人的使命。他在对话中积极介绍创价学会，并将创

---

[1] アブドゥルラフマン・ワヒド、池田大作：『平和の哲学 寛容の智慧』，潮出版社，2010，1-10ページ。

价学会解困济苦、扎根民众的根本方针进行充分说明，同时对来自周围的不理解与攻击的声音给予回应。他强调要救助社会上的弱势群体和受到不公平待遇者，以实际行动肩负起作为新佛教团体的社会使命。在后来的对话中，池田还谈到了如何助贫济困，鼓励那些在社会上的弱势群体，如何为社会做出切实有效的贡献等问题，强调社会贡献度是当代宗教得以生存和发展的重中之重。

在池田介绍创价学会之后，瓦希德也热情介绍了他领导的"伊斯兰教士联合会"的活动方针。

瓦希德：

我们"伊斯兰教士联合会"也根据伊斯兰精神，以印尼社会的幸福和福祉为目标持续推行活动。现在尤其倾力于教育方面，支持全国20万所巴山甸的运作，并推广下列活动：

一、宗教方面：致力于伊斯兰的传教，借以提升差异之中基于团结心的友爱精神。

二、教育方面：实施符合伊斯兰价值的教育，以培养虔诚而高洁、具广泛知识的伊斯兰教徒。

三、社会文化方面：致力促进符合伊斯兰价值以及人道价值之民众的福祉和文化。

四、经济方面：以发展国民之经济为优先，致力于达成平等领受开发恩惠的机会。

五、广泛开发对社会有益的其他活动和事业。[1]

从瓦希德的以上介绍来看，他领导下的伊斯兰教团，不但在宗教方面，在教育、社会文化、经济、公益事业等诸多方面都是以社会贡献度作为基本行动方针的。二人在对话中介绍各自的教团，并强调教团在当代社会做出的积极贡献，这是当代宗教与人、社会共同进步的重要条件。正如

---

[1] アブドゥルラフマン・ワヒド、池田大作：『平和の哲学　寛容の智慧』，潮出版社，2010，118-119ページ。

池田大作在下文中明确说明的："宗教的生命线，在于广泛贡献社会的活动，达成宗教使命的同时也达成人的使命和社会的使命。"

池田大作：

也就是说，不仅在宗教方面，也在更多方面推行各项活动。

宗教的生命线，在于广泛贡献社会的活动，达成宗教使命的同时也达成人的使命和社会的使命。

强调这一点的，是与我出版对谈集的哈佛大学杜维明教授。杜教授表示："有些人说世俗化潮流是现代化的显著特征，而宗教至今仍维持存在，我对此感到安心和满足。"并就宗教领导者应扮演的角色如此说道：

"宗教领导者对其信徒的幸福负有责任。正因为今日全球化时代的要求，他们又应扮演'公共知识分子'的角色。"

"作为'公共知识分子'，宗教领导者对于其团体以外的课题，也负有因应的义务。"

瓦希德博士身为宗教领导者的同时，也出色发挥了作为"公共知识分子"的角色。

瓦希德：

个人的事暂且不提，我认为杜维明教授的看法是正确的。

今日世界充满太多不满。事实上，不仅对于尚未完全实行真正民主主义的政治问题，还有对于经济、环境问题也多有困惑之声。

如今急于解决问题，青年们为激进团体和基本教义派组织所吸引并受其影响。但我相信，印尼众多青年的心地原本是干净且温馨，特别具有良心。我由衷期待青年并呼吁"要打开心窗，诚实地行动"。诚挚希望，开拓出一条令每位青年都能堂堂正正朝向21世纪之正确轨道前进的道路。为此，我决心对社会各种弊病与不正当行为持续发声。①

---

① アブドゥルラフマン・ワヒド、池田大作：『平和の哲学　寛容の智慧』，潮出版社，2010，119-121ページ。

从上述对话记录中，可以看到池田大作对当代宗教教团社会贡献度问题的重视，并强调了宗教与人和社会的关系，事实上，宗教的发展要着眼于促进人与社会的发展，在其中起到积极作用。当代宗教通过在各个方面广泛地做出社会贡献来达成自身使命，与此同时，也就完成了人自身的使命与作为社会的有机组成部分所肩负的使命，宗教、人、社会，三者不可分离。另外，池田大作在与瓦希德对话时还征引了自己与哈佛大学杜维明教授的对谈记录，积极将杜维明教授的观点传达给下一位对谈者，这一过程事实上完成了一种智慧的传递，从而实现了对话的另一层社会意义。在对话中，二人谈及了宗教领导者应肩负起作为"公共知识分子"的责任，对自身教团之外的事务也应有所担当。这是池田大作在与杜维明的对话中曾讨论的问题，对于这一提议，瓦希德表示十分赞同，并对当今时代种种社会现实、青年人的困惑等深表关注，表达了"对社会各种弊病与不正当行为持续发声"的决心，可见这位伊斯兰教领袖作为"公共知识分子"的社会使命感。

小　结

从上述池田大作与瓦希德展开的佛教与伊斯兰教的对话中，池田大作除具有积极开展对话，以谦虚、开放心态向对谈对象学习、努力沟通的对话姿态之外，还体现出如下三方面特色。第一，共同的创教初衷，"同苦"是佛伊二教创教之初的共同经历，也是当今时代的共同境遇。从上述对话内容可以看出，池田大作与瓦希德并未过多纠结于各自宗教信仰中特异性的部分，而是进行了"求同"的探讨。虽然佛教和伊斯兰教作为相异质的信仰体系，在信仰主体、仪礼形式等方面存在诸多不同，但二人在对话中却并未纠结于此，而是回归到了释迦牟尼与穆罕默德的身世与创教之初的种种经历、行动，从而发现了失去亲人的痛苦、感受世间众生疾苦的"同苦"之心是相同的，也就是说，因为"同苦"而希望"脱苦"，进而希望助人"离苦"的慈悲之心，无论是佛教还是伊斯兰教都是相同的。即使在当今时代，仍然有很多被贫困与病痛折磨的人期待被救助，无论是佛教还是伊斯兰教，都有慈悲救世的宗教意志。第二，重返"和平"原点。在对话中，池田大作与瓦希德达成共识，佛教与伊斯兰教有共同的原点，即"和平"。人类社会的发展，呈现出日新月异的状态，也遭遇到了各种困境与难题，如若要寻求回归到共同的原点，当属"和平"。佛教也好，伊斯兰教也罢，世界诸宗教都有追求"和平"的共通目标，在"和平"这一点上理应相互达成和解，通过慈悲救世的行动构建和平社会。第三，强调当代教团的社会贡献度问题，通过佛教与伊斯兰教的对话寻求合作。池田大作在与瓦希德的对话中，曾立足当代宗教的社会责任，认真探讨宗教教团的社会贡献度问题，并努力寻求交流、沟通与合作的途径。在共生与合作的前提下，找到了佛教与伊斯兰教的交集，也为对话提供了更坚实的共通之基。

事实上，池田大作还曾与另一位伊斯兰教信仰者、户田纪念国际和平研究所所长玛吉德·泰拉尼安在对话中系统讨论了佛教与伊斯兰教的和平与共生、宽容性与多样性以及对于现代文明的贡献问题。在人类由彼此独立走向合作，由对立走向共生共荣的当今时代，佛伊二教都有着追求共善与幸福的目标，随着全球化趋势日益明显，任何宗教都无法实现单独发展，只有不断对话与交流，才能达成世界宗教精神的复苏，从而完成人的使命、宗教的使命，在不断贡献的过程中完成应尽的社会使命。

第四节　"人本主义"的共鸣：佛教与儒教的对话实践

池田大作曾与多位儒家学者讨论佛教与儒教的共通性问题，其基本要点是佛教与儒教的"人本主义"。作为同属东亚文化圈的日本佛教与中华儒教，在如何看待"人"的问题上有着十分明显的倾向性，各有特色。以下以池田大作与哈佛大学杜维明教授的对谈记录为例，管窥其对话内容概貌，主要围绕以下三个方面进行讨论："法"与"天"；"慈悲"与"仁"；"宇宙即我"与"天人合一"。

一 "法"与"天"：拓展"人学"的宇宙论视野

同为东亚文化圈的佛教与儒教思想的代表，池田大作努力尝试通过对话查找佛、儒二教的共通之处，以寻求佛教之"法"的思想与儒教之"天"的思想在"人学"之宇宙论视野中的共同点。

池田大作：

（前略）

首先，想请问您，关于所谓"儒教"，简要来说它主张以什么为目的，以什么为理想呢？①

杜维明：

简单来说，所谓儒教，就是学习"人能够活得像一个真正的人"之道。比如说，孔子的弟子颜回，由于他有"好学"的精神，就多次得到孔子的表扬。

儒教的思想认为，人生的深刻意义需要在每个平凡的人的存在之中发现和实践。所以，也可以说儒教是在宣扬一种哲学，目的是渗透人们的日常生活，在人们的现实生活中发挥作用，帮助每个人实现自我。

池田大作：

这就是博士一直主张的"儒教人本主义"的精髓吧。

我很早就注意到，"儒教人本主义"在其方向性上，是与佛教、特别是大乘佛教又称"佛教人本主义"的基本理念是相通的。

杜维明：

"儒教人本主义"可以从"道"、"学"和"政"三种观点来进行探讨。

从"道"的观点来说，是围绕儒教终极关心的宇宙的视点、对人生的态度、自我认识及人的根本价值等问题上进行探讨。

---

① ドゥ・ウェイミン、池田大作：『対話の文明——平和の希望哲学を語る』，第三文明社，2007，161-163ページ。

池田大作：

在这一点上，确实可以说儒教和佛教有着共同的基础。这个终极的理念，在儒教中为"天人合一"，在佛教中则为"宇宙即我"。……在"宇宙、大自然"和"共同体"中，一方面把握"自我"，同时探究更好地更深刻地度过人生——在这一点上，可以说儒教与佛教是有共鸣的。

杜维明：

确实如您所说。

（后略）

以上可以看出二人分别立足佛教与儒教的立场，力图查找二教的共同点。值得关注的是，二人在对谈中提及了"儒教人本主义"与"佛教人本主义"的话题。这里有一个共同的部分即"人本主义"。佛教作为一种世界性宗教，池田大作提出了佛教之"人本主义"的思考，通过"宇宙即我"的理念凸显了"人"的重要性。而杜维明在对谈中提出从"道""学""政"三个方面看待儒教，比较有特色的是儒教之"道"的维度。"天人合一"的说法事实上即是着眼于"道"的维度，是从"宇宙的视点"来思考人及人生的根本问题，正如二人在后面对话中谈道：

杜维明：

颜回是孔子最喜爱的弟子。颜回先于恩师而夭折的时候，孔子痛哭流涕地喊道："天丧予！"这件事很有名。这句话也表现出孔子一向怀有"天"这一普遍性的概念。这一点应当特别提出。[1]

儒教所说的"天人合一"的思想，正是基于为发挥人的善性、超越一切基础的"天"的概念。我认为，"儒教人本主义"既不是以人为中心的，更不是简单的人学，其本质应当认为是"立足宇宙视野的人学"。这么认为的理由就在这里。

---

[1] ドゥ・ウェイミン、池田大作：『対話の文明——平和の希望哲学を語る』，第三文明社，2007，168–169ページ。

池田大作：

完全明白了。我作为一个佛教徒，对"儒教人本主义"有着关心，也正是在这一点上。

我把"佛教人本主义"也称为"宇宙的人本主义"。因为继承释尊悟达体验的大乘佛教的精髓，在人的生命的深层发现了"内在的宇宙"，洞察到贯穿宇宙和生命的绝妙的律动是"宇宙根本之'法'"。基于这种"法"，立足宇宙视野的"自然观""人观""伦理观"，就是我所说的"儒教人本主义"。

这样，"佛教人本主义"也与"儒教人本主义"一样，开拓了远远超过人类中心主义和简单的人学的"宇宙论的人学"的地平面。

从以上对话内容可以看出，池田大作与杜维明对于佛教与儒教之人性论进行了拓展，尝试从更广阔的层面来思考人性问题。杜维明否定了将儒学简单定位成"人学"，而是本着"天人合一"的理念，从发挥人的善性的角度出发，阐发超越一切基础的"天"的概念，进而将儒学提升到"立足宇宙视野的人学"层面。对此，池田大作给予了积极回应，他认为佛陀在人的生命深层发现了"内在的宇宙"，佛教之"法"贯穿宇宙与生命的律动，大乘佛教的精髓即在于此。在对话中，二人立足"宇宙"的视角看待"人"的问题，将"人"与"宇宙"相贯通，从"天"的意义上来说的"儒教人本主义"与从"法"的意义上来说的"佛教人本主义"，已经超越了人类中心主义和简单人学的视域，开启了"宇宙论人学"的新次元。

二 "慈悲"与"仁"：促生"人与文明"的变革

关于儒教的"仁"与佛教的"慈悲"这两个基本理念，杜维明与池田大作曾深入探讨其深意。对话大体可以分为三个层面，其一是促成外部指向性的拓展，通过儒佛二教理念的相互激扬，将"仁"与"慈悲"的理念由"人性"层面拓展到"众生""生命"的范畴；其二是促生双向性的变革，是通过从字源上挖掘"仁"与"慈悲"的原意，找到了其中的"他人"性，强调儒佛二教"仁"与"慈悲"的基础理念都需在双向性的交往与对话实践中寻求新突破，促生其"变革"的力量；其三是内部指向性的深化，即"人性革命"，通过自身的人性变革来完成社会性的转变。

（一）"慈悲"与"仁"的生命内涵

以下是池田大作与杜维明围绕佛教的"慈悲"与儒教之"仁"的思想进行的具体探讨。"仁"是儒教的价值观之一，也是根本理念。而大乘佛教以"慈悲"为伦理基准，在同情与关爱他人方面，二教有共通之处。

杜维明：

"仁"和"义"被认为是儒教的两大基本原理。在被立为"三德"的"智、仁、勇"中也有"仁"。并且在"仁、义、礼、智"的四端（德的可能性）和"仁、义、礼、智、信"的"五常"（人应当经常遵守的道德细目）中都举出了"仁"。

"仁"就是这样存在于构成儒教的价值观、实践论核心的所有四个项目之中。"仁"就是作为人如此不可缺少的特性。而"仁"的显著特征，是在于"同情"、"同感"和"关爱"。

池田大作：

听到您谈到儒教以"仁"为中心的价值观，我想起了中国的天台大师所说的话。

天台以《法华经》为归依之经，就释尊的开悟之法构成了"一念三千"的庞大体系。在其主要著作《摩诃止观》中，把儒教的"五常"与佛教的"五戒（不杀生戒、不偷盗戒、不邪淫戒、不妄语戒、不欲酒戒）"做了对比之后说："以仁慈矜养，不害于他，即不杀戒。"所谓"不杀生戒"，是佛教的伦理基准"慈悲"的实践，显示了佛教的生命尊严的理念。也就是说，指出了以"仁"来怜爱他人是与"慈悲"直接相通的。

杜维明：

在儒教中，确实也极其重视生命的尊严和对万物的尊重。曾在九州大学任教的一位名叫冈田武彦的儒教学者，在去世前为其最后一部书命名，其中的"仁"就含有"尊重一切事物"的意思。

如上，从二者的对话记录来看，二人首先通过对话围绕儒佛二教的"仁"与"慈悲"的两个基础理念进行了思考。杜维明提出"仁"是作为"人"不可缺少的特性，其显著特征是"同情""同感""关爱"。可见，杜维明是从"人"之"仁"的角度来定位儒教之"仁"的。针对杜维明关于"仁"的发言，池田大作及时引入了佛教历史上天台大师的释论，也是对于历史上前人进行的儒佛对话的一种征引和思考，即佛教的"五戒"与儒教的"五常"的比较。池田认为佛教"五戒"中的"不杀生戒"，是对于佛教的"慈悲"之伦理基准的实践，并用"慈悲"来对应儒教的"仁"。但值得关注的是，池田大作进一步阐释了"慈悲"是显示佛教关于"生命尊严"的理念，即从"生命"的视域来看，佛教的"慈悲"并不单纯限于"人"，而是拓展到了"有生命的世间万物"的范围。在池田大作提及的佛教之"慈悲"理念的广义内涵激扬之下，杜维明也进一步开拓了思路，谈到了儒教学者拓展儒教之"仁"的尝试。在这样的对话中，可以看出池田大作与杜维明二人，虽然持不同的对话立场，但却能基于"求同"的理路开展对话，巧妙地将"异"寓于"同"之中，以寻求儒佛二教的共鸣。二人表现出了高超的对话技巧，池田大作通过阐明佛教之"慈悲"观，完成了对话中的思想激扬，取得了杜维明的认同与回应，在对话中拓展了人们惯于从"人性论"的角度来理解儒教之"仁"的思维狭域，将儒佛二教之"仁"与"慈悲"的概念外延拓展到了关爱"众生万物"的层面，可谓"人性论"的一种新突破。

（二）"慈悲"与"仁"的"变革力量"

在上文的对话基础上，池田大作接下来从词源的角度进一步讲述了自己对于"仁"的理解，以寻求人性论层面的"仁"与"慈悲"的深意，找出蕴含其中的"他人"性，儒佛二教都需通过双向性的交往与对话来促生其中隐含的"变革"的力量。

池田大作：

我查阅了一下关于"仁"的词源的解释。在金文（刻在金属器等上面的古代文字）中，"仁"字是人在铺坐垫的形态。意思是，在舒适的气氛中安心地坐着。也可以解释为在亲如一家人似的气氛中迎接他人的"慈爱"的意思。还有一种说法认为，"仁"是把坐垫递给对方的姿势。用现代的概念来说，这种场合可以说是与"友爱""款待"的意思有关吧。

杜维明：

刚才池田会长做了非常具有启发性的说明。除了这些解释外，在20世纪90年代初期出土的郭店竹简中，"仁"是用"心"之上加"身"组成的字来表达。

"仁"被单纯视作"内在的伦理"，这其实是一种误解。正如您从文字的构成所做的明确说明一样，"仁"是脱离现实社会中的人际关系、对话和交流就不可能实现的理念。通过现实社会中的行动，即使在复杂的状况下也是可以实现"仁"的。

以"人际关系"为基础时，"仁"就不会仅停留于抽象的道德层面，而会成为能够在现实中完成变革的一种具体方法。另外，通过"对话"，"仁"能够让人们超越只贪图个人安宁的狭小度量；通过"交流"，"仁"会生发出充满生机的变革力量。[1]

从以上对话记录可以看出，池田大作是在对儒教的基础理念之"仁"进行了充分调查与准备的基础上将话题拓展开的。他通过查找"仁"字的金文原意，以现代的概念进行了阐释，无论是对"他人"的"迎接"还是递让坐垫的姿势，都体现了一种人际交往的双向性，"友爱"他者、"款待"他者之意。在池田大作这样颇具启发性的话题提起之后，杜维明进一步阐释了"仁"的新内涵，指出了将"仁"单纯看作"内在的伦理"是一种误解，"仁"需在人与人之间的交往、交流、对话

---

① ドゥ・ウェイミン、池田大作：『対話の文明——平和の希望哲学を語る』，第三文明社，2007，202-203ページ。

中实现，只有在"人与人之间的关系"这一层面上来讨论"仁"，才能让"仁"不再停留于抽象的道德层面，而成为一种具有现实性的变革意义的"具体方法"。通过二人的对话可以看出，池田大作作为日本新佛教的代表，杜维明作为中国新儒家思想的代表，他们并未拘泥于经典内涵的原意，而是努力通过对话来阐发传统思想的现代意义。他们一改东方宗教传统的"内省"与"悟达"的思维模式，努力在双向性关系、自他关系中阐发"仁"之新义，强调人际交往、对话等现实性接触的重要性，从中激发传统儒学之"仁"性思维的现代意义，不再拘泥于抽象的道德层面，而是作为一种现实性的变革方法，强调"仁"的理念在指导现代实践意义上的变革之力。

如果说，池田与杜维明二人在上述对话中将讨论重点放在了人际交往中"仁"的"变革之力"上，那么接下来的对话中，通过池田大作对于佛教之"慈悲"含义的阐释，则让二人进一步将这种"仁"与"慈悲"中蕴含的"变革之力"转换为另一种思考，即"变革"的表现。人们通常将"仁"与"慈悲"理解为一种"关爱""利他"之心，池田则提出了新的主张，即"慈悲"的"惩恶"之意。

池田大作：

刚才我介绍了"仁"的词源解释。现在我想谈谈"慈悲"一词的词源。"慈"和"悲"原本是不同的词。从词源来说，"慈"意为"真正的友情"，"悲"则是"同情""关爱""亲切"。根据这样的原意，印度著名的大乘论师龙树把"慈"解释为"与乐"，把"悲"解释为"拔苦"。

就是说，所谓"慈悲"，并不是单纯的"内在的伦理"，而是促使人们去关注他人的苦恼、拔除痛苦、给予快乐的一种积极的行动。在这样的行动中，才能孕育出对他人的深切关爱、同苦之感与真挚友情。因此也可以说，"慈悲"有包容他者的"亲切"，也有破除掉引发自他生命之苦的"恶"的那种"坚强"。

杜维明：

完全明白了。其实"仁"也一样，其含义中一方面包含和蔼而宽容之意，另一方面也主张对那些将人差别化对待的"恶"行必须严肃惩处。对于"恶"不能无视也不能冷眼旁观，而是要严肃对抗。

池田大作：

是这样的。在刚才引用的孔子与樊迟的对话中，孔子还进一步谈到"仁"的具体方式："举直错诸枉，能使枉者直。"（《论语》）

关于这一点，《论语》中还根据历史，列举了选拔正直的人而使邪恶的人被疏远的史实。

我们的初任会长牧口先生基于佛教的慈悲精神，曾经呼吁说："不能勇敢与恶人为敌，就不能成为善人之友。"只有击败人类生命中的恶，才能强化善，才能促进社会健全发展。[①]

在前一部分的对话中，可以看到池田大作对于儒家思想中"仁"这一理念的理解和阐发，而在这一部分的对话中，池田大作呼应上述对话儒家思想的"仁"，提出了佛教思想中的"慈悲"观。尤其着重强调了"慈悲"的双重内涵，即"与乐"和"拔苦"。换言之，慈悲并非仅指"友爱""和蔼""宽容"，还必须关注他人之苦难，与"恶"相斗争，须为人"拔苦"。与儒教之"仁"一样，佛教的"慈悲"也并非"内在的伦理"，而同样需要关注他人，惩恶扬善。只有这样击败"恶"，强化"善"，才能实现"人"的变革，从而实现社会整体的变革。

（三）"人性革命"与"自我实现"的"新文明"

在对话中，杜维明强调"仁"是能够让人的潜力发挥到极限的"最起码的必要条件"，也是"儒教复兴"要达成的"最大的课题"，是让人能够更加有尊严活下去的不可或缺的条件。对此池田向其询问践行"仁"的方法，杜维明给予了回应，池田大作也讲述了佛教《法华经》的成佛之道。二人在此基础上探及了"自我实现"与"人性革命"对于创建"新文明"的重要意义。

---

① ドゥ・ウェイミン、池田大作：『対話の文明——平和の希望哲学を語る』，第三文明社，2007，205-206ページ。

杜维明：

我认为，实际上（儒教复兴）是一项精神性的共同事业，需要把所有的人，特别是政治、学术、传媒、企业以及从事专业性职业和社会运动的公共知识分子都吸引进来。

池田大作：

这真是一次意义深远的尝试。

在佛教中，在《法华经》出现之前的成佛观是讲"历劫修行"，经历多次转世反复修行，才能成佛，从而显现出"佛界"。但如果那样的话，对于多数人来说最终还是不可能实现。

而《法华经》中却讲述了"即身成佛"之理，为众人开辟出一条成佛之路。并且，在 13 世纪的日莲佛法中，为了让所有人都能将《法华经》的核心精神付诸实践，还确立了《南无妙法莲华经》这一成佛大法。

杜维明：

佛教的"慈悲"精神能将所有人引向"成佛"这一理想中的至高境界，让我很受触动。"儒教人本主义"也同样强调在现世间的当下能够实现自我的重要性。

我认为人类这一物种正在面临着灭绝的危机。现如今，对于我们十分必要的是能够避免灭绝的新视点、新的思考方法、新的人类观、世界观。借用池田会长的话来说就是"人性革命"。文明对话的"贤人会议"中使用的说法是"新的文明"。

"充满慈悲与正义的坚定自我"才是缔结与他者关系的核心，"充满智慧的开放性的自我"才能与共同体、自然和天等相联结。在这一点上，我相信佛教与儒教的智慧能够不断带给人类启迪。

池田大作：

我也同样对此充满信心。如今我们更应该努力开发类似"慈悲"与"智慧"这等人类无止境的潜能。这样丰富的"人本主义"才是将"战争与暴力的世纪"转换为"和平与非暴力的世纪"的"主轴"。

在此处的对话中，杜维明强调儒教复兴需要众人参与，在当下实现自我。池田大作本着佛教立场，讲述了佛教《法华经》的"即身成佛"观，特别介绍了日莲佛教的独创性，"所有人都能将《法华经》的核心精神付诸实践"，即众人皆能"成佛"。池田大作所说的"成佛"事实上是指他一直主张的"人性革命"，当今时代的人们需要通过这样的"人性革命"来重塑新的文明。二人也对此达成共识，即要深入挖掘佛儒二教的智慧，用于指导当代人类文明建设的实践。二人在此基础上进一步阐明了当代文明的问题。

杜维明：

这是当今在道义上的必须事项，也是当务之急需解决的课题。

从儒教观点来说，真正的文明社会，并非是缺乏信任感的敌对的社会，而应是值得信赖的共同体。基于诚信的社会，不是依赖理性计算和利己主义而存在的社会，而是志同道合的人们在充分交流的漫长过程中自然形成的结果。

我们要努力寻求意见的一致，分担悲伤与喜悦，逐渐强化作为人的一体感。人是不能通过激烈的争论与不正当的竞争而变得文明的。

遗憾的是，现实的危机是极其深刻的，不放走任何转瞬即逝的机会来发挥人类的智慧，才能改变这种潮流。

池田大作：

是的，不能袖手旁观犹豫不决了。

为此，我们必须相互磨砺"慈悲"与"智慧"，从每个人的身边开始，勇敢地将"对话"与"交流"拓展开来。我相信这样顽强的、宝贵的精神斗争才是创造新文明的原动力。[1]

从上述对话中可以看出池田大作与杜维明二人在当代人类文明面临危机与解决难题的紧迫性上达成了共识，同时强调了"对话"与"交流"对

---

[1]　ドゥ・ウェイミン、池田大作：『対話の文明——平和の希望哲学を語る』，第三文明社，2007，211-212ページ。

于共筑"新文明"的现实意义。在重塑新的人类文明过程中，"人"是完成"文明"变革的核心环节。每一个"人"要勇于从自我做起，从身边做起，广泛展开交往与对话，相互磨砺"智慧"与"慈悲"之心。同时，在这一过程中，要寻求意见的一致性，强化作为"人"的"一体感"。这样的变革是时代赋予人类的使命，我们必须抓住历史的机遇，挖掘传统智慧的现代性以指导实践，以"人"的变革带动整个人类"文明"的变革。

三 "宇宙即我"与"天人合一"："人本主义"新高度

儒家的"天人合一"与佛教的"宇宙即我"思想，分别体现出儒教与佛教的"天道"观。池田大作与杜维明在这部分讨论中，着重从宇宙、自然的整体角度来定位"人"。因此拓展了儒教人本主义与佛教人本主义的公共视野，将二教的思想共同点、肩负的共同使命与倡导的生活方式进行了评述，找到了其中可以对话与融通的共同特征。

（一）"天·人·宇宙"的儒佛思想融通

在这一部分的对话中，"天·人·宇宙"的儒佛思想融通首先表现在池田大作对于诠释和理解"天人合一"的儒家思想理念表现出的积极态度上。池田大作首先从亚洲的风土自然特点的角度思考了儒家传统中"天人合一"的思想，强调了人与自然的共生。而杜维明在此基础上解释了"大同"思想的含义，特别补充了其中包含的差异性和多样性思想。

池田大作：

包括中国在内的亚洲，"共生的智慧"源远流长。我今年（2006）在国际创价学会的倡言中也强调了这一点。就是说，在亚洲，与较为温和的气候特点相适应，人们形成了一些心理倾向性，注重调和而不是对立，注重团结而不是分裂，不是以"我"个人而是以"我们"这样的整体为基础，强调人与自然、人与人的共存。我想正是把这种

"共生的感受"通过言语表达出来，从而表述成了"天人合一"的中国思想。

　　杜维明：

　　是的，这种中国思想的精华就是"大同思想"，也可以说是儒教的"天人合一"的哲学。

　　但是，意味着"和谐"的"大同"思想，与那种凭借优越的才能展开的创造性行动并不对立。"大同"思想的极端是同一性和整齐划一性。事实上恰是由于有差异和多样性的存在，"大同"思想才得以确立。①

　　从上述对话可以看出，池田大作是在分析儒家"天人合一"思想形成的自然原因，人类与自然环境相协调生存才会形成"天人合一"的思考模式。对此杜维明进行了补充，提到了"大同思想"是其精髓，并强调了"大同思想"并非完全绝对地求"同"，同时也提倡创造力、多样性和差异性。在接下来的对话中，池田大作则进一步总结了他所理解的"天人合一"的内涵。

　　池田大作：

　　关于这个问题，我与中国的国学大师季羡林博士也谈论过。关于"天人合一"的意义，季博士简明地概括为，"天人合一"就是"人"与"自然"，乃至"人"与"人"，不能成为敌人，一定要成为朋友。

　　始终作为大自然的一员来共生共存，这是人原本正确的生存方式。此外，还要在与他者和平地充分地交往中展现本真的自我。这就是"天人合一"所展现的人类观。

　　杜维明：

　　是这样的。离我们最近的这 1/4 个世纪中，台湾的钱穆、香港的唐君毅以及北京的冯友兰这三位具有指导性的思想家，根据各自独立

---

① ドゥ・ウェイミン、池田大作：『対話の文明——平和の希望哲学を語る』，第三文明社，2007，214-215ページ。

的立场，得出的结论是："天人合一"的思想是儒家传统为全球社会做出的最重要的贡献。

我把这种思想的视点称为"人类、宇宙的世界观"。这种世界观并非是有意无意把人从自然中剥离出来的世界观，不是"以人为中心的世界观"，而是把人紧密地纳入宇宙秩序的世界观。

在这部分对话中，池田大作积极参与了关于儒教"天人合一"思想的思考，并分享了他与季羡林对谈的结论，阐述了自己对于"天人合一"的看法。强调"人"要与"自然"与"人类"为友，"人"要作为"自然"的一部分来生存，在交往中才能感知自我。对此杜维明进一步给予了回应，强调新儒家学者关于"天人合一"的思想共识，认为这是儒教对全球的思想贡献。不能将人与自然剥离，也不能以人为中心，而需将人纳入宇宙秩序，树立一种"人类、宇宙的世界观"。

在明确儒家思想中的"天人合一"是强调"人是宇宙的一部分"这一前提之后，池田大作阐述了佛教人本主义的"宇宙即我"的理念，并言明了佛教人本主义与儒教人本主义的共通性。

池田大作：

与"天人合一"思想所代表的"儒教人本主义"相通的思想可见于"佛教人本主义"。其原点当然是在于释尊的悟达。释尊体悟到"宇宙""内在"于"自我"之中，其极致则表现为能够觉知、表现出"宇宙根源之法"的境界。释尊的这样一种悟达，事实上是发现了已经与"宇宙根源之法"一体化的"大我"，也就是所谓"宇宙即我""我即宇宙"的说法。

在狭隘偏执的利己主义、国家主义、本民族中心主义乃至将"人"凌驾于"自然"之上的扭曲的"人类中心主义"等矛盾大量涌现的现代，这样的思想显得愈发重要。

杜维明：

是的。"儒教人本主义"也是可以克服您刚才指出的各种矛盾的。

明确表现在儒教强调"天"的作用上。

　　孟子曾经断言："尽其心者，知其性也。知其性则知心矣。"(《孟子·尽心》)也就是说，认识自己和认识"天"是相通的。为了最大限度地体现我们的可能性，努力理解"天"是绝对必要的。

　　池田大作：

　　原来是这样。佛法所说的觉知"宇宙根源之法"，是赋予了释尊"人类导师"的使命。释尊自觉到这样的使命，为解救人类的苦恼，勇敢地走到人们中间，开始了慈悲的行动。[①]

　　(后略)

　　在这部分的对话中，可以看出池田大作通过讲解佛教人本主义，以寻求与儒教人本主义的共通点。依据池田大作的理解，佛教的释迦牟尼通过悟达的方式，感悟到自身与宇宙的合一。也就是说，宇宙内在于"人"自身之中，人能在达到某种境界之后，不再局限于某种"小我"的范畴，而是变为与"宇宙根源之法"一体化的"大我"。正是这样的"宇宙即我""我即宇宙"的佛教理念，才能超越利己主义、国家主义、本民族中心主义和极端的"人类中心主义"。对此，杜维明也强调儒教尊重"天"的思想是与佛教此理互通的，二者的讨论在此找到了共同点。

（二）肩负"宇宙创造者"使命的"人"

　　如上所述，池田大作与杜维明二人在儒教之"天人合一"与佛教的"宇宙即我"的理念中，意识到了"人"的另一种存在维度，即作为自然的一部分而存在的人，也就是儒教所说的与"天"合一的"人"，佛教的与"宇宙根源之法"成为一体的"大我"。从"人本主义"的角度来说，这事实上是将"人"提升到了"天"与"宇宙"的维度。接下来的对话中，则阐明了"人"所肩负的天道使命，主张发挥人的主观能动性，即作

---

　　① ドゥ・ウェイミン、池田大作：『対話の文明——平和の希望哲学を語る』，第三文明社，2007，216-217ページ。

为宇宙和自然的"共同创造者"的责任。

池田大作：

（前略）

总之，早在公元前，中国的"天"的概念就已经不是超越人的神或君临人之上的权力性的存在，而是与"德"这一伦理性相结合，不断促进人与社会的进步。其中，我感受到了在中国思想中搏动的伟大的人本主义。

杜维明：

是的。作为周代思想显著的特征，可以举出"人"对"天"及"天命"的责任。另一方面，人们一直认为，"天"对人类社会既表现出正面影响，也表现出负面影响。孔子以前的中国就有一句谚语叫作"天生人作"，很好地表现出了这种"天"和"人"的伙伴关系。也就是说，"天人合一"中的"人"，不是从属于绝对者的"被创造物"，而是积极地创造性地与宇宙和自然相关联的"共同创造者"。

池田大作：

这样的总结太到位了，让我感叹。在这一方面，佛教与儒教也是很相近的。

释尊觉知的"宇宙根源之法"，在大乘佛教中表现为"如来"。所谓"如来"是指"从真如（真理）中来"的意思，也是"佛"的特质之一。也就是说，"佛"是依据"宇宙根源之法"，担当着引导人类的使命的一种存在。自发觉知"如来"这一宇宙论的使命，并立志继承这一使命，就是大乘佛教的菩萨道。

另外，在佛教中，宇宙的森罗万象都处于"缘起"，也就是相互依存的关联性之中。并且，大宇宙不但遵循"缘起"的法则，还与创造生命并使之进化的慈悲相贯通。[①]

[①] ドゥ・ウェイミン、池田大作：『対話の文明——平和の希望哲学を語る』，第三文明社，2007，222—223ページ。

在上述对话中，杜维明在前面的对话基础上进一步提出与"自然"合二为一的"人"，并非是自然或"绝对者"的"创造物"，而是与自然相关的"共同创造者"，强调了"人"对于"自然"的主观能动性。正如池田大作所分析的"天人合一"的人本主义精神，表现为"天"与"德"这一伦理性相结合，强调人的"德行"与积极行动，人是"自然"、"宇宙"之"天"的"共同创造者"，不断促进人与社会的进步。对此，池田大作谈及大乘佛教的"菩萨道"，事实上也是一种实践性的、创造性的行动。与儒教依"天道"重"德行"一样，佛教所谓"如来"，就是需要依照"宇宙根源之法"来展开"入世""救苦""慈悲"的"菩萨道"行动。"人"处于宇宙"缘起"的关联性之中，要通过创造生命、使人类与社会不断进化的"创造性"行动与"宇宙"相贯通。因此说，儒教与佛教的"人本主义"理念中都强调"人"作为"自然""宇宙"之伙伴、合作者的"创造性"。

（三）"人道竞争"与"中道生活"

在这一部分的对话中，池田大作与杜维明探讨了"人"与"宗教"的关系，也进而探讨了在当今时代，人应该按照怎样的方式生活的问题。可以说，二人通过对话，从各自代表的宗教立场，对于"人"进行了重新定位。从总体来看，二人达成了基本共识，即宗教是为人服务的，应该接受"人"对其的评判。

首先，儒教与佛教都是面向人、面向民众开放的宗教，是积极入世的宗教。

池田大作：

我还要强调，佛教和儒教的人本主义，都排斥教条性和宗派性，是面向众人开放的。

释尊曾明确说过："圣人抛去世间种种束缚，即使发生争论，也不组党派，于不安众人之中显泰然自若，无所执着。"（《佛陀的话》，中村元译，岩波书店出版）

另在日莲佛法中也告示"日莲既非何宗之始祖，亦非何宗之后裔"。（《日莲大圣人御书全集》）即是说，日莲并非为振兴一宗一派，而是为了众人，为了未来的全人类而宣讲开放的真理。

杜维明：

池田会长强调儒佛二教根本理念中具有推进相互合作与相互理解的精神底蕴，这是让我觉得十分值得称赞的。

佛教与儒教哪一方都没有很教条式地大肆宣扬自己的信念或者思想，也没有否定其他精神传统的狭隘性。二者都认为，相比自身团体的安泰与否，整个人类的命运才是自己主要关心的事。而且，两者的目的都不仅限于人类的存续，而是着眼于人类的繁荣。进言之，两者都是与"世界市民"精神相映生辉的思想。

据我所知，与社会积极相关的佛教，也是把人们生活的"现在""此处"的现实世界作为一种精神性的形态给予最大的重视的。

池田大作：

是的，正如您所说，佛法就是为了变革现实、实现和平与幸福而存在的。①

（后略）

上述对话是围绕儒佛二教的开放性进行的讨论。由于二教的人本主义特色，因此不拘泥于宗派和教条，而是具有更多的开放性。在对话中，池田大作立足大乘佛教和日莲佛教的立场，分别阐述了佛陀与日莲的主张，其共同点在于弱化宗派性，开放地面向世间众生讲述悟得的真理。杜维明进一步补充，认为儒佛二教的共同点在于不会教条式地宣扬自身理念而排斥他教，且并非局限于某宗某派，无论是儒教还是佛教，更多关心的都是全人类的命运，着眼社会现实。池田大作则进一步说明佛法即是为变革现实、实现人类和平与幸福而存在，突出了当代新佛教的入世色彩与救世

---

① ドゥ・ウェイミン、池田大作：『対話の文明——平和の希望哲学を語る』，第三文明社，2007，237-238ページ。

行动。

其次，为"人"服务且需参与"人道竞争"的当代宗教。

正如池田大作在对话中所说，"应当是为了人的幸福而有宗教，而不是为了宗教而有人"，在现今时代，宗教应该是为"人"服务的，当代宗教需不断超越自身宗派的藩篱，克服利己主义，着眼整个人类的发展与未来。同时，对于宗教的评判问题，池田与杜维明在对话中也有探讨，强调了当代宗教理应参与"人道竞争"的重要性。

池田大作：

（前略）

如前所述，牧口会长一向呼吁要超越和克服"军事竞争""政治竞争""经济竞争"之类的对立性竞争，倡导"人道竞争"的重要性。宗教也应当根据"能够给予众人多少希望、能够为人类和社会做出多少贡献"来作为竞争和评价的基准。

杜维明：

您说得很对。

必须承认，宗派主义在儒教的传统中也曾经出现过。因此，把牧口会长这种比拼"能为全人类做出多少贡献"的"人道竞争"的理念，扩大运用到宗教之间、思想之间的存在方式之中，是一种非常健全的思考方式。探求艺术、文学、音乐、思想以及学术的卓越性的竞争，我认为应当给予鼓励。

池田大作：

这时重要的一点是，评价、裁判这种"人道竞争"的绝不是国家或权力，而始终应是民众。民众是贤明的。一个宗教、一种思想对自己是否必要，是否有价值，民众会严格、尖锐地做出判断。

这一部分的对话内容可见池田与杜维明二人讨论的两个要点，其一在于宗教之间必须发起以"社会贡献度"为评价基准的"人道竞争"，其二在于在评判过程中民众的主导性，国家和权力不能参与其中。这种宗教之间展开"人道竞争"的方式，进一步强调了在处理"人"与"宗教"的关系过程中"人"的作用，二者的共识也体现出儒佛二教鲜明的人本主义特征。

最后，"中庸""中道"的生活方式彰显人本主义特色。

池田大作在与杜维明的对话中，还对儒教之"中庸"与佛教之"中道"的理念进行了重新定义和阐扬。

池田大作：

儒教的"中庸"要开辟顺天道、行天命的有价值的人生，即怀"仁"之心，恪守礼节的生活方式，同样，佛教的所谓"中道"，就是指要遵循"宇宙根源之法"、肩负"宇宙论使命"来生活的人生道路。

总之，"中道"的人生方式，不受现有的意识形态、国家、阶级等框架的束缚而偏向一方，而是在千变万化的现实之中，在遵从现实的同时，为了自己和他人的幸福、为了和平，争取创造最大的价值。所以，佛教对社会也好，对他人和自身也好，都不是固定的、僵化的模式。

（中略）

在这一段的对话中，池田大作对他所理解的儒教的"中庸"、佛教的"中道"思想进行了重新解释与界定。也就是说，池田大作认为儒教的所谓"中庸"，是循天而动、怀仁拘礼的生活方式，而佛教的"中道"，则是遵法而行的菩萨道。而且，池田强调，"中道"的思想并非固定、僵化的思想，而是充满变化与创造力的。对此，杜维明进一步就自己对"中道"的理解进行了补充和展开：

杜维明：

我认为，由"十界互俱论"衬托的"中道思想"是一种智慧。是一种能超越差异、通过自他的共生与融合，促生出一种全新理想的智慧，也是一种立足总体性的智慧，可以给所有的存在带来活力。而且，它不是静止的智慧，而是始终处于不断变革之中的智慧。

"中道"的智慧，始终不忘记思考什么是正确的。在极端物质主义的潮流中，有时也会相反地表现出另一种极端精神主义来让人们觉知。但我认为，所谓"中道"，绝不是"走在大道中间"的折中主义。

可见，池田大作不但阐述了儒教之"中庸"思想是"顺天循礼而动"的思想，而且强调了"中道"思想的"遵循宇宙法理"的一面，而杜维明则进一步补充了"中道"思想的创造性、可变动性与思辨性。如果说在前述对话中，池田大作在努力参与到儒教之"天人合一"思想的思辨中来，并且力图从现代视角阐发更多的现实意义的话，在这一部分的讨论中，则是杜维明在为池田大作所主张的体现当代佛教的入世性、实践性之"中道"思想注入另一种新的生机，即"中道"并非字面意思的代表"中间道路"的折中主义。这拓展了池田大作进一步阐释"中道"深意的空间，即："中道"思想的人本主义力量。

池田大作：

的确如此。您谈到了非常重要的一点。"中道思想"绝非"走在大路中间"，而是"选中（zhòng）大道"的意思，"中道思想"即"走拯救人类的大道"之意。

"中道"的智慧是宇宙生命所具有的本源性的智慧，充满了广大的慈悲力量。而且，能够与众生同苦并引导众生超越其苦，从而让所有人盛放"人性之花"。

内部蕴含佛性之尊严的人类生命，如何在自我与他者之间相互磨砺、锻炼，从而发现善的智慧呢？我深信只有永不懈怠地展开对话与实践，才能生发出伟大的社会变革之力。

在最后这一段的对话中，池田大作阐明了佛教之"中道"思想的人本主义特色。首先，"中道"是人类自身主动性选择的道路，是

"选中的大道"，是选中一条拯救人类的正确道路并坚定地走下去。其次，"中道"的智慧是宇宙性的智慧，能感知人类之苦，并引导人脱离苦难的现实。这种慈悲的力量会让人展开积极行动，从而在行动中实现自我改变，即人性的变革。最后，强调对话与实践中蕴含的变革之力。依池田大作的理解人类的"中道"之路，是有思考、有鉴别、有选择的道路，在"封闭之路"与"对语之路"的选择面前，人类只有选择交流与对话的发展之路，在自他对话中不断相互激发新的创造力，才能不断获取新知和新生机。

小　结

池田大作曾经与中国学者季羡林、蒋忠新、常书鸿等人探讨东方佛学与中国传统文化儒家思想的相关问题。杜维明作为新儒家思想的代表人物，有其自身对于当代儒家思想的理解与认识，因此本节主要分析池田大作与杜维明的对话。从对话中可以看到二人开展的佛教与儒教对话，呈现出以下三个特点。

首先，"人本主义"是贯穿整个对话的一条主线，即佛教人本主义与儒教人本主义的对话。佛教与儒教，同为东方代表性宗教，相比基督教、伊斯兰教等有神论宗教来说，佛教与儒教都属于伦理性宗教，因此十分重视"人"的作用。池田大作和杜维明也是围绕佛儒二教的"人性论"展开探讨，本文截取了其中三组话题即"天"与"法"、"仁"与"慈悲"、"天人合一"与"宇宙即我"进行了具体分析。池田大作作为新佛教团体代表，很注重强调佛教的现实性与入世性色彩，也就是说，佛教应该是为人而存在，引导人觉悟并发生精神变革与提升，从而促进社会整体的变革。而杜维明作为新儒家的代表，同样希望当代儒学能够广泛为社会所接纳，让儒学思想内涵有新的充实、突破与提升。因此，二人的对话以"人"为中心，首先从宇宙和自然的角度来看待人，提升了"人"之内涵的深度与广度，进而又强调人需遵天道，又需发挥主观能动性，促进自身与社会的整体变革。围绕着"人"这一主线的对话，让佛教与儒教找到了对话的共同根基。

　　其次，二人基于不同的立场和知识背景，在对话中互为补充，形成了良性互动，在了解对方的同时也得以反观自身。从整个对话过程来看，二人对对方宗教都有一定的知识积累。单就池田大作来看，对于儒教经典和名句的引用如数家珍。可见在对话之前做了充分的知识储备。也正是因为对于对方宗教保持了浓厚的兴趣，才能在对话中及时提出新的话题，在提问过程中有启发性，使对话得以顺利进行。同样，杜维明作为积极参与各种对话会议并致力于将儒家思想广泛传播的儒教学者，他也及时从跨文明、跨宗教的开阔视野来与池田大作对话，使二人的对话既有各自思想特色的介绍，又有相互思考的分享，实现了佛教人本主义与儒教人本主义的深入切磋和良性互动。

　　最后，通过对话，更加明确了"宗教"与"人"的关系问题，在当代宗教与"人"的使命这一问题上达成了共识。"人"是宗教存在的目的，"人"也是评判宗教的标准。宗教不能脱离民众，也不能囿于狭隘的团体之中，需要通过人道竞争的方式，服务于社会和民众，以社会贡献度来接受民众的评价与监督。同时，人要选择合乎天道、合乎宇宙根源之法的生活方式，发挥主观能动性，让每一个人都能完成生命的变革，人性的丰富与提升。"天"与"人"，"宗教"与"人"，都是相辅相成，相资相依的关系。总之，佛教和儒教中都流动着扎根于人本主义的深刻的精神性、伦理性与宗教性，只有遵循"天人合一"、"宇宙即我"的"中庸""中道"的方式生活，才能不断超越自我，完成充满生机与创造力的人性革命，从而实现社会的整体进步与繁荣。

第五节　池田宗教对话实践的主要特征

　　如上所述，池田大作在与多方人士的对话中，曾反复围绕"宗教"这一议题做重点讨论，不但就宗教本身存在的意义、特征等进行深入反思，还对于宗教组织的管理、教团建设等问题进行了探讨。池田大作开展了具有创价学会特色的宗教对话实践，既有当代世界宗教对话的一些典型特征，又具备东方佛教新兴教团对话的诸多特点。

　　首先，池田能够以积极开放的心态去了解和学习他宗教，深切关注当今时代各大宗教的生存与发展问题，积极致力于交流与对话。其次，在对话内容上具有鲜明的时代性与指向性，讨论的主题多为与人类社会发展密切相关的重大课题、难题。另外，其特殊性还表现在他立足东方大乘佛教的基本立场来对话，强调宗教对话中需凸显"人性化"因素。最后，在其对话实践中，池田大作不断试图冲破传统的宗教对话参与者范围的界限性问题，他尝试与基督教、伊斯兰教、儒教等几大代表性宗教的社会文化背景中成长起来的学者与知识人进行对话，与他们共同思考佛教与其他宗教的异同点，通过与多方代表沟通，不断挖掘对谈对象观点中的内涵加以阐扬，以实现对话双方在对话中的双向性成长。而且，池田大作组建成立了多个专门性的对话机构，让更多的专业人士参与对话，以此拓展宗教对话的专业性、精深性、层次性和影响力。

　　作为日本新宗教团体的代表，池田大作开展的宗教对话有其不同于传统宗教对话的几点特征。

　　第一，宗教对话也要以"人"为本。池田大作认为，当代世界的各大宗教团体之间开展的对话，神学对比虽然是其理论基础，但对话的出发点与目标指向都应是"人"。一方面，池田大作主张回归诸宗教的原点，从人性、生命的维度展开宗教对话。关于从人性、生命的维度展开宗教对话的首要条件问题，池田大作曾明确提出如下三点主张，即第一，各个宗教必须重返其形成之初的原点，即为了救助人类苦难而创教、设教。无论任何一种宗教，最初都是为了克服当时民众的苦难，都有构建和平社会的初衷。都需要回归到最初为了救济民生疾苦的原点来看待今日的对话问题。也就是说，相同的出发点与最初彼此相同的救世意愿让今日的宗教对话成为可能。第二，各个宗教都有各自的特征，在相互认可、相互学习的过程中，需要在"人"与"生命"这一维度中寻找共同点。各大代表性的宗教都有"慈悲·仁·爱"，"智慧·理性"，"法·天·神"等基本教理，在这些最基础的宗教理念中我们能够洞察诸宗教皆存在共通之处，这样的精神都发端于"人"，即人性之爱与慈悲，人之智慧与理性，为人所感知与理解的法、天、神等，既然诸宗教都有

"为了人"的目的，那么对于其他宗教的认同即对话中"宽容的精神"也发端于此。第三，立足上述精神基础，对话的目的就是人类永远的和平与繁荣且相互合作。另一方面，池田大作认为相信对话的可能性本身就是相信人的可能性。关于对话的可能性问题，池田大作也是以"人"为基点来看待，他强调对话精神的复兴对于人类文明的意义。面对世界上丰富多彩的人类文化，现代人不能囿于封闭的排他性之中，人类要致力于复兴"对话"精神，从而带来人类谋求共生与协调的新的创造性。

第二，对话对象选择上的广泛性与对话视野的开阔性。首先，池田大作突破了传统宗教对话仅限宗教教团中有明确坚定的宗教人士可以参与的藩篱，对谈对象的范围拓展到学者和社会人士诸阶层。从对谈对象的身份来看，与池田大作深入探讨宗教问题的对谈对象并非那些宗教教团的领袖或专门从事宗教活动的教职人员，而更多是对于"宗教"现象、本质及其现状、未来等保持关注，对宗教这一社会形态本身有深度理解和思考的知名学者或社会人士。纵观池田大作40年的对话实践，曾与池田大作深入探讨宗教及其相关问题，并出版对谈集的代表人物有：被誉为欧盟之父的学者库德诺夫·卡雷尔基，历史学家汤因比，世界美术史学家尤伊古，国际宗教社会学学会会长威尔逊，德国伯恩大学名誉教授戴尔伯拉夫（佛耶对话），苏联国家领导人戈尔巴乔夫（21世纪宗教的条件），夏威夷大学教授马吉德·泰莱拉尼安（佛教与伊斯兰教、文明对话、诸教共存），中国学者季羡林（《法华经》、儒教），莫斯科大学校长萨德布尼奇（科学与宗教的关系、21世纪的宗教运动），世界法律家协会名誉会长拜德·南达（佛教与印度教的具体比较——宗教的生存方式），杜维明（佛儒对话），印尼共和国前总统瓦希德（佛伊对话）等。另外，正是因为池田大作没有将对谈对象的范围囿于宗教人士，因此他能够以更开阔的视野去审视和反思"宗教"这一社会形态的全貌，其对谈内容也涉猎宗教起源、本质、现象、发展路径与未来宗教的理想形态等多个主题。

第三，对话内容中引入并强调日莲佛教的实践精神。从立场上来说，池田大作对于大乘佛教的法华精神以及日本日莲佛教的救世实践精神都有深度的理解和把握，因此，在对话中，他不但始终立足东方佛教立场进行观点阐发，而且努力将日莲思想引入对话，其对话行动本身也彰显了日莲佛教的实践性。考察池田大作的对谈记录会发现，他与众多对谈对象的谈话过程中多次提及"日莲大圣人"，即日本佛教日莲宗创始人日莲，"日莲大圣人"是日莲宗教徒对其宗派创始人的敬称。相较传统的法华信仰，日莲佛教更注重人们在现世的利他行动与自救精神，而且，他推崇对话的形式，强调对话之力。从这一意义上来说，池田大作的对话行动本身也是对宗主日莲思想的一种实践行动。比如他在与美籍学者杜维明的对话中就曾提到："我们信奉的日莲大圣人（日莲圣僧）的《立正安国论》，就是用思想和信条迥异的两个人物对话的形式进行论述的。他们有时论战，同时又站在忧虑社会这样的共同基础上，顽强认真地不断进行对话。关于产生悲剧的原因是什么、有无制止悲剧的办法、人们应该为此做些什么等问题，二人达成了共识，在交谈中找出了解决的办法，确认了要为社会采取行动。在这篇文章中，生动地显示出'对话的力量'。"① 因此，在践行日莲思想的过程中，池田大作主张通过利他式的奉献行动与自救革新式的人的自我精神变革"——"人间革命"来实现社会整体变革，促进宗教教团完成其自身的现代化进程，这是池田大作在宗教对话中始终坚持的基本立场。

第四，坚定的东方佛学立场与明确的宗派意识。池田大作与多方人士深入探讨佛教《法华经》的内涵，并阐释日莲佛教之《法华经》的独特性。池田大作作为佛教徒，深谙大乘佛教的慈悲救世精神。创价学会以《法华经》为宗经，念唱"南无妙法莲华经"的宗门题目。佛教起源于印度，佛陀释迦牟尼说法40年，传世经卷众多，可以说对于日本影响最大的莫过于《法华经》。从宗祖日莲，到创价学会历任会长，都认为《法华经》为佛陀说法的最高境界。东方佛学之古老的法华智慧，其深远的思考与博大的生命力，在现代仍保留着有待深入挖掘与激发的潜能。这也是池田大

① ドゥ・ウェイミン、池田大作：『対話の文明——平和の希望哲学を語る』，第三文明社，2007，65ページ。

作在与多方人士的对话中反复提及《法华经》的原因。比如池田大作在与
中国敦煌文化研究所所长常书鸿的对话中，曾专门探讨了《法华经》的由
来问题，并提出了自己对于《法华经》区别其他经典的看法："《法华经》
与其他经典比较，根本之处在于它是原原本本本地说明释迦牟尼自己在菩
提树下悟到的'宇宙和生命根源之法'的最高经典。"① 此外，池田大作在
与中国知名学者季羡林、蒋忠新对话时还进一步谈到了日莲确立《法华
经》并创建独特修行方式的问题。"日莲圣僧广泛而深入地考察了释尊的
经典，得出的结论是，释尊最重要的教义是《法华经》。""日莲圣僧把
《法华经》的真髓确立为一种人人可以实践、可以成佛的修行方法。因而
确立了真正意义上的民众佛教。"可见，池田大作的对话，不仅是日莲佛
教的一种实践和传播，同时也希望在听取多方人士意见和见解的基础上，
进一步挖掘古老法华智慧的深层内涵，用于指导教团行动与民众实践。

第五，举学会整体之力投入各大文明、各大宗教的对话之中。池田大
作作为学会会长，不但本人致力于文明、宗教对话，他还亲自发起成立了
专门开展宗教理论、宗教对话实践的机构。为推进文明、宗教的对话与交
流，池田大作提议并设立了三个研究机构：东洋哲学研究所、户田纪念国
际和平研究所、波士顿 21 世纪研究中心（现更名为"池田国际对话中
心"）。这三所研究机构有专职研究人员从事宗教相关的专题研究，并广
泛开展文明、宗教对话实践，包括国际范围的大规模社会公益活动，包括
和平反战、社会公平、人权福祉、教育科学等。单就宗教本身来说，这些
研究机构的研究内容具体不仅涉及各大世界宗教的精义与对比，还着重深
入挖掘佛教的深层内涵。其中不仅包括传统佛教如法华思想的相关内容，
还包括现代佛教团体以及创价学会思想本身、创价体系相关的研究。可以
说，这三所研究机构的建立，大大拓展了池田大作本人进行的文明对话、
宗教对话的半径，无论是在佛教之教理、教义内涵的深入挖掘方面，还是
在宗教对话、对比的专业性方面，都是有力的支撑和补充。此外，池田大
作与各界人士对话的记录也会很快编辑成书出版，并通过学会内部的宣传

---

① 常书鸿、池田大作：『敦煌の光彩　美と人生を語る』，間徳書店，1990，『池田大作全
集』17，81ページ。

机构迅速传播，为广大会员周知。可以说，池田大作的宗教对话，不仅仅是其一个人的奋斗，而是得到了整个学会的支持与众多教内人士的强有力辅助。

总之，池田大作认为相信"对话"的可能性本身就是相信"人"的可能性。因此，他努力拓展对话实践并力图从"人性"层面看待宗教对话问题。正如池田所说："诸宗教之间，必须超越相互之间的差异，共同追求自他宗教的善的价值，只有'开放的对话'，才能成为构筑新的地球文明的有效方式。"①

---

① 東洋哲学研究所編『池田大作　世界との対話　平和と共生の道を開く』，第三文明社，157ページ。

第五章　池田的对话观
与东方佛学智慧

作为一名大乘佛教徒，同时也是日本佛教日莲宗信徒，池田大作在对话中遵循的理念、表现出的态度、面对各种对话对象和应答各种对话内容时的风格，事实上都是与其自身尊崇大乘佛教法华经信仰、日莲佛教信仰与创价学会现代佛学理念的背景密切相关。池田大作在对话中多次提及"人人皆有佛性""众生皆可成佛"的平等理念，认为宗教家和社会公知人物必须广泛对话和开启民智，肩负起慈悲救世与社会变革的历史使命。同时，他在对话中强调尊重"樱梅桃李"的各自特点和多样性，并多次提到常不轻菩萨的虔诚礼让精神。事实上，池田大作信仰的日莲佛教是极具日本特色的佛教，《法华经》被日莲宗信徒奉为第一宗经，同时，日莲宗信徒还以日莲《御书》中的教示为实践纲领。

本章将主要从《法华经》"一佛乘"思想及其譬喻、日莲佛教的"实践性"特征以及创价学会的"人本主义"现代佛学理念三个方面进行剖析，以论述池田大作对话思想及其实践与东方大乘佛教传统、日本特色日莲佛教的理念、当代新佛教教团发展方针的关系。

第一节　池田的对话观与《法华经》

日本学者菅野博史教授和中国学者陈坚等人曾就《法华经》中深蕴的宗教对话理念进行论析，事实上，池田大作对话中的"平等"思想的佛学根据即在于《法华经》，他能够贯彻"平等"的对话原则也是对于大乘佛教经典《法华经》深入修习的结果。以下对《法华经》

中最具代表性的"一佛乘"思想与几个与文明对话相关联的譬喻进行具体分析。

一 《法华经》中的文明对话思想资源

（一）"一佛乘"与平等利他的对话原则

"一佛乘"思想为众人皆能成佛提供了平等的依据。正如长年从事《法华经》研究的日本学者菅野博史所说，"一佛乘"思想是《法华经》中最知名的思想①，也是天台宗最具代表性的思想。"一佛乘"思想出现在《法华经·方便品》第二中，其经文如下：

> 佛告舍利弗，诸佛如来，但教化菩萨，诸有所作，常为一事，唯以佛之知见示悟众生。舍利弗，如来但以一佛乘故，为众生说法，无有余乘，若二若三。舍利弗，一切十方诸佛，法亦如是……知诸众生有种种欲，深心所著，随其本性，以种种因缘、譬喻、言辞方便力而为说法。舍利弗，如此皆为得一佛乘一切种智故。舍利弗，十方世界中尚无二乘，何况有三……诸佛以方便力，于一佛乘分别说三……诸佛如来，言无虚妄，无有余乘，唯一佛乘。②

在这段经文中，四次出现"一佛乘"一词。所谓"一佛乘"，简言之是世间只有"佛乘"一乘之意。因此，正如经文中所释，包括释尊在内的三世诸佛的所作所为，"常为一事，唯以佛之知见示悟众生"，也就是说诸佛都是为了唯一一件大事——引导众生成佛而出现于世，也就是为了为众生开、示、悟、入佛之知见佛之智慧，以引导众生成佛。"以一佛乘故"，"无有余乘"，则进一步说明了只有"佛乘"这一种"乘"，众生只要能勤于修行佛法，都可以启动身心之佛性，进入"佛乘"，这样也就为"人人皆有佛性""众生皆能成佛"找到了佛理依据。不仅如此，在《法华经》

---

① 菅野博史：『法華経』と宗教間対話，『東洋学術研究』，第四十五卷第一号，2006，157ページ。

② 《大正藏》，第33卷，第7页中、下。

中还有龙女成佛的典故，畜身龙女都能领悟佛法精妙成佛，更进一步消除了男女不平等的差别与女性歧视，也正是这样的依据为"人人平等"的思想提供了最充分有力的证明。既然每个人的智慧中都具备佛性，每个人就都具有成佛的可能性，这一点上就体现出了"平等"。而且，如果每个人生命中隐含的佛性智慧都是需要尊敬的，就使"平等"成为尊重他人与尊重自己的前提。

同时，三世诸佛"常为一事，唯以佛之知见示悟众生"诸佛为了众生成佛而出现于世，是为了为众生开、示、悟、入佛之知见，用佛之智慧讲法引导众生成佛，讲法是为了普度众生脱离现实苦难，慈悲利他是佛陀出世的本怀。

《法华经》中讲述的"一佛乘"的佛理与"示悟众生"的佛愿，事实上也阐明了文明、宗教对话的基本前提。首先，诸文明、诸宗教具有平等性。有经济发达进步的文明，也有生产力发展相对滞缓的文明，有历史悠久的传统宗教，也有创教时间短暂的新宗教。因此，对话也应以平等、尊重为前提，坦诚互见，彼此尊重。其次，参与对话的人具有平等性。"人人皆有佛性""众生皆能成佛"，强调了每个人都具有非凡的智慧潜能，不可轻视。在对话中，也应该尊重每一位对谈对象的智慧，通过对话中的相互磨砺与激发，不断使佛性智慧得以显现。此外，需要特别指出的是，佛陀对弟子的传法与救度众生的本怀是与现代人之间的平等对话有形式性的差异的。但是，排除历史局限性与宗教特殊性的因素来看，对话的过程，事实上可以理解为通过相互对话磨砺出人之佛性，不断提升智慧、无限接近和彰显人之佛性的过程。《法华经》所醒示的"一佛乘"之佛理与"示悟众生"的佛愿，恰是古老的法华智慧可以为当代文明对话、宗教对话贡献的启发性理念。

（二）"方便教"与渐进性的对话方式

上述谈到了《法华经》中著名的"一佛乘"思想，但是众所周知，佛教中还有人们熟知的以阿罗汉为最高修行果位的声闻乘、以缘觉为最终目标的缘觉乘还有菩萨乘等。如果仅有"佛乘"一乘的说法成立，那么佛陀在《法华经》之前对众多人所言说的佛法又如何解释呢？对此，佛陀在后来的说法中也给予了说明。在《法华经·方便品》第二中有记述称，舍利弗三次劝请佛陀说法，而佛陀正要说法时却有在场的五千增上慢者退席①，佛陀并未制止，并言说留下来的人都是"纯有贞实"，对此佛陀接下来给予了解释，那就是关于"方便教"的解说。佛陀言说在《法华经》以前，以声闻、缘觉和菩萨这三类修行者为对象所说的四谛、十二因缘、六波罗蜜这三类法及其相关的修行，事实上是行方便教。因为每个人的智慧根机与领悟能力都不同，所以佛要对声闻、缘觉等不同根基的人言说不同层次的法，这些法对于他们来说也是真实的。只要他们不断修行，逐渐成熟，最终也可以成佛，达到佛乘。因为是唯一真实的存在，因此又称"一乘"，即"一佛乘"。这种"三乘方便、一乘真实"的思想，中国佛教也称"开三显一"。事实上，佛陀对不同根机的人以渐进性内容进行传法的做法，笔者认为在文明、宗教对话中，也有其可以借鉴思考的现代意义。在佛陀传法的过程中，听其传法的主要对象最初有不了解佛法之人，后来则多是信仰佛教并追随其后的弟子，弟子之中有初识佛法之慧的弟子，也有长年实修已参悟佛法精深之妙的弟子。考虑这样的实际情况，佛陀巧妙采取了因材施教、依据个人根基说法的方式进行传法，这样才能保证更多的人更容易接受佛法，逐步启发每个人深藏于心的佛性，最终达到不同根机的人皆能成佛的目标。

这对当代文明、宗教对话带来的启示是，对话的目标和内容也应该是分层次性、对象性、依据渐进性原则逐步展开的，而并非不加区分地从对话伊始就单刀直入地阐明自己的精深见解。这并非是对于"平等"这一根本对话原则的背离，而是为了最终实现真正的"平等""利他"之对话目的而必须做出的准备，是能够展开互动性的理性对话所必须经历的过程。对话的初衷既然是要达成双方的交流与互动，则需考虑对话的双向性，依据对谈对象的身份、知识背景、理解能力等由浅入深地逐

---

① 关于"五千增上慢人退席"，有"除去增上慢，才能受持《法华经》"的相关解说。参见菅野博史《法华经》的现代意义，载李四龙、周学农主编《哲学、宗教与人文》，商务印书馆，2004，第639~649页。

步展开，而非单向划一、不加区分地沉浸于独白自唱，让对谈对象不知所云。

（三）"三草二木" 与尊重多样性的对话理念

《法华经》中共有火宅、穷子、药草、化城、衣珠、髻珠、医子七个譬喻，事实上，这七个形象生动的譬喻本身即体现了世间众生百态，其情其景各有不同。佛陀为言说佛法普度众生，在传法中使用譬喻来启发众生之慧，其中"药草喻品"中"三草二木，一雨普润"之说，明确体现出世间万事万物的多样性，对于现代文明、宗教对话有其启发意义。"三草二木"的譬喻被池田大作在对话中反复引用，并在对话中总结出意思相近且更加直观的譬喻"樱梅桃李"，阐明各大文明、宗教，乃至人与世间万物各自有其特色的法理。

关于药草的譬喻，其大体字面意义是天空普降甘霖大雨，世间诸种草木皆承雨露恩惠，各自生长。大雨降下，具有平等普施性，不会因草或木大小而有所差别。同样，草木各自得雨润恩泽，各取其所需的生命养分。

这里所言的"三草二木"，喻世间众生根机有别，是充满多样性的丰富的存在。"药草"是治病的药草，分小、中、上三等，小药草譬喻人，中药草喻声闻、缘觉；大药草和小树、大树喻菩萨三阶。"三草二木"的譬喻暗示众生的根机有深浅大小的不同，也可以理解为充分显示出世间万物的多样性。而"一雨普润"则象征佛法普度众生的平等性，也隐含"一佛乘"之意。草木丛生的生长，需求的雨量不同，但大雨降下不会因大树需要的水分多而多给予，小草需要的雨量少而少给予，只是各自因其不同各取所需而已。隐含表现出众生因自身特点不同，对法理的受得亦千差万别，即万物具有多样性；但佛法普度唯有一乘之法，众生各取所需，依自身特点和规律生长，相得益彰，体现出一乘佛法的平等性。

在文明、宗教对话中，可以从《法华经》的譬喻中得到诸多启发。譬如，"三草二木"的譬喻事实上形象生动地体现出当今世界各大文明、各种宗教的多样性与差别性，而广泛地开展"对话"则显示出一种平等性。

如同草木繁盛生长状态下盘根错节的根系一样，文明、宗教、国家、民族、组织、个人等代表着不同利益和身份，相互关系也是无法割裂的。因此，在发展中需要承认和尊重他者的存在，同时形成一种良性互动。随着经济的发展，共存、共生的社会现实对于相互接触、相互沟通的要求越来越明显，文明之间、宗教之间、人与人之间只有不断对话，才能实现更好的沟通与交流，就如同草木的生长法则一样互惠互利，通过这样的良性竞争才能为共同发展与共同繁荣提供更广阔的空间。反之，随着现代人类文明和社会的发展，我们也可以将"对话"理解为一种现代生存法则。对话是平等的、普遍的，积极参与到"对话"中来，各自汲取自身发展的养料，才能实现更快更好的发展。

（四）"常不轻菩萨"与虔敬礼赞的对话精神

《法华经》常不轻菩萨品第二十中讲述了常不轻菩萨的故事，池田大作在对话中也曾多次提及。这位常不轻菩萨虔心向佛、忍辱修行、礼敬众生的精神对当代宗教对话、文明对话有可以借鉴、阐发的现实意义。

《法华经》中云：

> 最初威音王如来，既已灭度，正法灭后，于像法中，增上慢比丘有大势力。尔时有一菩萨比丘，名常不轻，得大势以何因缘，名常不轻？是比丘凡有所见，若比丘、比丘尼，优婆塞、优婆夷，皆悉礼拜赞叹，而作是言：我深敬汝等，不敢轻慢，所以者何？汝等皆行菩萨道，当得作佛。[①]

从经文内容看，此位常不轻菩萨，见到比丘、比丘尼，优婆塞、优婆夷等不同修行者，皆礼拜赞叹，并深信"汝等皆行菩萨道，当得作佛"，可见其对于"人人皆有佛性""众生皆能成佛"之理的虔信，并落实在了实践中。事实上，对话是需要一种虔信恭敬的精神的。这样的"虔信"，既包括对于自身信仰与文化传统的虔诚皈依，亦包括对于"对话"之力量

---

① 鸠摩罗什译《妙法莲华经》卷6，《大正藏》第9册，50页下。

与意义的笃信不疑。所谓"对话的力量",事实上是通过"对话"的方式将不同个体的生命与思想中的精深潜质——佛性智慧挖掘和激发出来的过程。而"恭敬"地发起"对话"与坚持将"对话"进行到底的精神,则是不断接近与激扬佛性智慧的过程。

此外,"对话"是一种互动性的行为,需要对话双方的坚持与相互礼让,才能达成真正地理解与交流。《法华经》中提到了常不轻菩萨在不被他人理解与尊重的情况下的隐忍,经文如下:

> 而是比丘不专读诵经典,但行礼拜,乃至远见四众,亦复故往礼拜赞叹,而作是言:我不敢轻于汝等,汝等皆当作佛。四众之中有生瞋恚,心不净者,恶口骂詈,言是无智比丘,从何所来?自言我不轻汝,而与我等授记,当得作佛。我等不用如是虚妄授记。如此经历多年,常被骂詈,不生瞋恚,常作是言,汝当作佛。说是语时,众人或以杖木瓦石而打掷之,避走远住,犹高声唱言,我不敢轻于汝等,汝等皆当作佛。[①]

如上,佛经中记载的这位常不轻菩萨是一位在无量久远劫前威音王佛像法时出家的比丘菩萨,他不诵经,不打坐,一生所修行的是向众人顶礼,包括向比丘、比丘尼、优婆塞、优婆夷四众弟子顶礼。"我不敢轻于汝等,汝等皆当作佛"是其顶礼之时必言之语,意为"你们都有佛性,皆可作佛,我不敢轻慢,所以我现在要向你们恭敬、顶礼"。由于他见人礼拜时就言说这句话,当时有很多增上慢的比丘、比丘尼、优婆塞、优婆夷对他这种"见面就顶礼,为他人授记作佛"的举动心生不解和厌恶,骂他,甚至用杖木打他,投掷石块驱赶他,他仍不放弃,在杖木石块抛不到的地方顶礼,坚持说:"我不敢轻于汝等,汝等皆当作佛。"

从文明间、宗教间、人与人之间的"对话"角度来思考,常不轻菩萨的行为有三点启示:其一是坚持"一佛乘"的对话实践。常不轻菩萨代表着大乘佛法一个圆顿的理念——"一切众生皆有佛性,都能成佛"。常不

---

① 鸠摩罗什译《妙法莲华经》卷6,《大正藏》第9册,50页下。

轻菩萨事实上是对于《法华经》的"一佛乘"思想深信不疑并将其传播与实践的代表,其实践的主要形式就是平等、广泛地发起与坚持对话。其二是发扬谦敬礼让的对话精神。常不轻菩萨发起的对话是以谦和的姿态、恭敬的态度面对他人的。这是对话得以开展的基础,也是作为对话参与者的一种自身修为。他能够以谦敬的态度向他人顶礼膜拜,并坚持传授讲述《法华经》,在当时的情境下虽是一种传法,从现代的视角来看,则是将自身对于经典的理解讲述给他人的方法,也可以说是一种宗教对话精神的表现。其三是忍辱宽谅与将对话坚持到底的精神。对话本身即是一种双向互动的行为,因此可能出现单方拒绝对话或对于他者行为无法理解、言语不合,甚至怀疑、出言不逊等情况。对此,如何去面对、巧妙回避与将对话坚持到最后是一种考验,从佛教角度来说,也是一种艰难的修行法门。因此,《法华经》中常不轻菩萨的修行方式与最终佛陀阐明的"尔时常不轻菩萨岂异人乎?则我身是"① 的修行本怀,即可以理解为大乘佛教的一种"对话"实践的自修方式,在当今时代可做新的诠释与解读。

(五)"安住四法"与宽容谦虚的对话态度

《法华经》安乐行品中有佛陀对于菩萨于佛灭后之恶世如何弘扬《法华经》的佛训,佛说"安住四法"是在《法华经》安乐行品的开头,回答文殊菩萨的提问时所述:"佛告文殊师利:若菩萨摩诃萨,于后恶世,欲说是经,当安住四法。"② 在天台大师讲述灌顶笔录的《法华文句》中,将佛训"四法"归结为"身、口、意、誓愿"之"四安乐行"③ 事实上,"安住"即是行动、实践之意,"四法"即是四大法门。

首先,身安乐法门——"安住菩萨行处及亲近处,能为众生演说是经"④。身安乐法门中所言主要是指弘扬佛法的心境与范围,这句中提到了

---

① 鸠摩罗什译《妙法莲华经》卷6,《大正藏》第9册,51页上。
② 鸠摩罗什译《妙法莲华经》卷5,《大正藏》第9册,37页上。
③ 《法华文句》卷第八下,"天台师云:止观慈悲导,三业及誓愿……是名身业安乐行,余口意誓愿亦如是。"隋智顗说(章安灌顶记)《妙法莲华经文句》卷8,《大正藏》第34册,119页上。
④ 鸠摩罗什译《妙法莲华经》卷5,《大正藏》第9册,37页上。

"菩萨行处"与"亲近处"。关于"菩萨行处",《法华经》中解释为"若菩萨摩诃萨,住忍辱地,柔和善顺,而不卒暴,心亦不惊,又复于法无所行,而观诸法如实相,亦不行、不分别,是名菩萨摩诃萨行处"。①从对话的角度来看,说明了一种对话心态。要以坚忍、谦和、友善与恭敬的态度参与对话,不粗暴,不口出不逊,不固执于我,无分别心,以心平气和,从容不迫的态度来对话。而所谓"亲近处",则可以理解为对话对象的范围,要尽量多与佛教中称为"善知识"的人士展开交流。这样的"善知识",他们有着积极向善的人生态度,并不断努力在自己的行业中做出成果,很多对于佛教理念有了解因此更便于展开对话,只有这样才能有更多的共鸣和对话成果。

其次,口安乐法门——"不乐说人及经典过,亦不轻慢诸余法师。不说他人好恶长短"②。《法华经》云:"如来灭后,于末法中,欲说是经,应住安乐行。若口宣说,若读经时,不乐说人及经典过,亦不轻慢诸余法师。不说他人好恶长短。于声闻人亦不称名说其过恶,亦不称名赞叹其美。又亦不生怨嫌之心。善修如是安乐心故,诸有听者,不逆其意。有所难问,不以小乘法答,但以大乘而为解说,令得一切种智。"③从"对话"的角度解读,可以理解为对话交流中的注意事项,即"不轻慢""不说他人好恶长短""不生怨嫌之心""但以大乘而为解说,令得一切种智"。对话交流中,需要尊重对方,不轻视,不胡乱品评,同时要以真诚友善的态度对待每一位谈话对象,不得暗含排斥抗拒之心,同时以大乘慈悲救世度人之法为根本来展开交流。

再次,意安乐法门——"无怀嫉妒谄诳之心,亦勿轻骂学佛道者,求其长短"。"于后末世,法欲灭时,受持读诵斯经典者,无怀嫉妒谄诳之心,亦勿轻骂学佛道者,求其长短。若比丘、比丘尼、优婆塞、优婆夷、求声闻者、求辟支佛者、求菩萨道者,无得恼之,令其疑悔。"④"亦不应戏论诸法,有所诤竞。当于一切众生起大悲想,于诸如来起慈父想;于诸

---

① 鸠摩罗什译《妙法莲华经》卷5,《大正藏》第9册,37页上。
② 鸠摩罗什译《妙法莲华经》卷5,《大正藏》第9册,37页下。
③ 鸠摩罗什译《妙法莲华经》卷5,《大正藏》第9册,37页下。
④ 鸠摩罗什译《妙法莲华经》卷5,《大正藏》第9册,38页中。

菩萨起大师想；于十方诸大菩萨，常应深心恭敬礼拜；于一切众生，平等说法。以顺法故，不多不少，乃至深爱法者，亦不为多说。"① 广义的宗教对话不仅包括不同宗教之间的对话，还有宗教内部的对话，即同一宗教内部不同教派之间的对话，或者是教徒之间关于信仰体验的交流。上述关于"意安乐行"的两段经文，也可以从宗教内对话和宗教间对话两个角度来展开思考。譬如从佛教内部对话来看，可以是诸派别之间的对话，抑或佛教徒关于佛教法理的交流与探讨。作为同修佛道者，不应有狂妄嫉妒之心，更不应轻视和嘲讽初学者或修行方式、成果不同者。另外，对于他宗教或者同宗教不同派别的态度，也不应去比攀高低，戏谑他法之不足，应以谦敬、适度的态度平等说法。

最后，愿安乐法门——"于在家出家人中生大慈心，于非菩萨人中生大悲心"。"愿安乐行"是发心立愿，以《法华经》救度众生的决心。正如经中所云，"于后末世，法欲灭时，有持是法华经者，于在家出家人中，生大慈心；于非菩萨人中，生大悲心。应作是念：如是之人，则为大失，如来方便，随宜说法，不闻、不知、不觉、不问、不信、不解。其人虽不问、不信、不解是经，我得阿耨多罗三藐三菩提时，随在何地，以神通力、智慧力引之，令得住是法中。文殊师利，是菩萨摩诃萨，于如来灭后，有成就此第四法者，说是法时无有过失"。② 这段经文本意是应立决心誓愿，佛灭后坚定于恶世传法，对疑法不解法之人应以大慈大悲之心导之。从对话的角度来思考，可以理解为一种持之以恒不断对话的坚定信念，以不懈怠不动摇的心态面对众人。对话中虽然可能会遇到各种不解和疑虑，但仍应坚定贯彻对话的精神，让古老的佛法智慧焕发出新的生命力。

二 池田对《法华经》的精神弘扬

以上是从文明对话、宗教对话的角度对《法华经》相关内容的一个简单阐释，从中可以窥见上述佛理对池田大作对话实践的影响之深远。可以从两个方面来思考，一方面是池田大作作为大乘佛教徒对佛法的遵从与贯

① 鸠摩罗什译《妙法莲华经》卷5，《大正藏》第9册，38页中。
② 鸠摩罗什译《妙法莲华经》卷5，《大正藏》第9册，38页中。

彻；另一方面则是池田大作在当今时代的社会现实中，如何突破传统佛法的一些时代性局限，并将其进行新的阐发与实践。

一方面，池田大作依《法华经》佛理展开对话实践。从对话的角度来解读佛经，在前几章的分析中可见，池田大作能够与众多国家、领域的人士展开广泛对谈，坚持了近40年，并在对话中始终保持谦和、友善、宽容的态度，是与《法华经》中的佛理有着深远的渊源关系的。

首先，深谙"一佛乘"思想之精髓，以此指导对话实践。《法华经》中的"一佛乘"思想，事实上是对人类生命智慧的一种积极肯定，其特色在于强调人类生命智慧的普遍性。池田大作能够坚持近40年与众多国家的不同领域、不同职业身份的人进行广泛对话，指导其这一行动的思想指针应归于《法华经》"一佛乘"思想，也就是对于人性智慧的信赖与普遍尊重。同时，池田大作也认为，通过对话的方式，可以使人性智慧得以充分彰显，因此他才积极致力于文明间、宗教间、文化间、人与人之间的"对话"实践。从这个角度来说，对于池田大作的对话，可以做双向性的理解，即一方面对话是对他人之"佛性"的肯定与尊重，另一方面对话亦是一种自身佛性智慧的修行，也体现出佛法在现代的生命力。

其次，对于人类智慧多样性持肯定态度，能够把握好对话的层次性。《法华经》中有"三草二木"的譬喻，是讲述世间万物各有特点，同样经受佛法熏习却各得所益。池田大作在对话中经常提及的"樱梅桃李"的理念，事实上即得益于法华智慧。池田大作在论及教育问题时，多次谈到人与人之间存在个性及资质差异，这是首先应该理解并尊重的，譬如教育者面对不同资质的学生，必须因材施教。同时，在对话中，也要意识到每个人的自身特点、背景差异与理解力的不同，充分考虑对话层次性的问题，根据各种情况灵活应对，在对话主题、对话方式上及时变通，才能更好地实现交流与互动。

最后，在对话中能够始终保持谦逊、礼让、宽容、理性的对话态度。池田大作在对话中多次提及"常不轻菩萨"的精神，一方面是对于"人人皆有佛性"的"一佛乘"理念的强调，另一方面也是对于常不轻菩萨逢人皆行恭敬礼拜的谦逊精神从当代文明、宗教对话的角度给予阐扬。在此基础上，池田大作也在以自身的方式将《法华经》中"四安乐行"的佛训应用到对话实践当中，在对话时始终保持谦逊、友善、宽容、理性的对话风格，努力寻求对话双方的共鸣，面对分歧能够从容化解，以保证每一次对话都能够顺利进行，并结合时代特点对传统佛法中的一些思想和训诫做出现代性解读与适当的变通。

另一方面，池田大作信仰并继承了大乘佛教《法华经》的精神，同时也依据时代精神，进行了进一步的阐发，并在实践中有突破与发展。

首先需要特别指出的是，历史上佛陀对弟子的传法与当今时代文明、宗教对话在形式与身份上是有差别的，但佛陀说法的形式与内容在今日仍有许多有待挖掘的对话思想资源。众所周知，佛陀悟道之后，最初是对自己身边的人传法，是将自己对于人生至真之理如四谛、八正道等思考讲述给大家并得到了认同，慢慢得到更多人追随，逐渐形成僧团。但与西方宗教之神启神授、对于神的旨意完全遵从与膜拜的形式不同，佛陀面对弟子的传法，是以解疑释惑的方式进行的。形成僧团以后，从身份上来说，佛陀是面对众弟子以智慧之师的身份讲说佛法的，但其形式是没有强制性的、自愿参加的。从当代宗教对话理论的角度来说，并非拘泥于对话者身份的绝对平等，而是要通过对话，来发掘各大宗教传统思想中的精华，并为现代所用。尤其在《法华经》中，有大量可以为今日文明、宗教对话所借鉴的宝贵思想。如上所述，池田大作不但信仰《法华经》中的核心理念，而且对于佛陀传法的形式也是有所继承与发展的。

第一，池田大作是以平等的身份开展互动性的对话的。他坚持以平等对话的形式去面对他者，站在东方佛教的立场将自身对于佛教传统与当代问题的理解讲述给对话对象，同时积极去聆听他者的思考，以寻求共同点，查找差异，以达成有效沟通。第二，池田大作强调"一对一"的对话形式。与佛陀面对众人传法不同，池田大作认为，当代"对话"需要如友人一般，以"一对一"的方式进行。这是充分考虑到当今时代人与人、信仰与信仰、文化与文化之间的关系、相互存在的差异性而采取的方式。这样的方式有新佛教教团的特点，同时也是对传统佛教之时代局限性的一种突破。第三，对话内容更加着眼于当下，致力于当代世界现实性难题的解决。佛陀的传法，主要是阐释人生之真理，而池田大作的对话则着眼于与各界人士讨论，解决现代问题。这体现出佛教在现代发展的新趋势，也是对于传统佛教之现代性的挖掘。

另外，对于《法华经》中讲述的佛理，池田大作也依据现当代的实际情况进行了变通。譬如，《法华经》身安乐行中关于"亲近处"等的说法，还有诸多关于不要对几类特殊职业、身份的人讲传《法华经》的行业限制。对此，日本学者菅野博史解释为"任何经典都不能完全摆脱时代潮流的局限性"①。笔者认为，如果仅就"对话"的理念来说，可以从对话相关内容应因人而异的角度进行解读。中国学者段德智曾论述宗教对话的层次性问题，《法华经》因其内容的特殊性而择范围言说其真知也可以理解为是一种方便之法。在对话中，合理选择对话对象范围与确定合适的对话内容，是对话交流能否成功的关键。从池田大作对话对象的选择与对话内容的把握来看，已经突破了时代性的局限，对话对象的范围大大拓展，涉及诸多领域，对话内容也因人而异，循序渐进，体现出在对话实践中既遵循佛理又灵活变通的特点。此外，更值得肯定的一点是，池田大作并非是只讲述自身对于佛法的理解、对于问题的看法，他在与不同的对话者对话的过程中，经常引用之前对话者的观点和对于问题的真知灼见，对话有效完成了思维与智慧的传递，这是对传统佛法智慧的阐扬，更是为传统思想注入现代生机。

第二节　池田的对话观与日莲思想

一　日莲佛教思想的特色

在日本佛教众多宗派中，日莲宗是极具特色的代表性宗派，日莲佛教有 700 多年的悠久历史。日莲宗的创始人日莲，被众多教徒奉为"日莲大圣人"，追随者众多。他首创的日莲宗最初规模不大，但由于日莲思想的

---

① 参见菅野博史『法華経』と宗教間対話，『東洋学術研究』第四十五卷第一号，東洋哲学研究所，第 170 页，注 25，2006 年 6 月。

强大生命力和广泛的普众性，逐渐发展成日本派系众多、规模庞大、势力最强的佛教宗派，对后世影响深远。日本新佛教团体许多都出自日莲宗系，包括知名度较高的灵友会、立正佼成会、创价学会等，其中创价学会的发展势头尤其迅猛。池田大作作为创价学会的第三任会长，对于宗主日莲的思想有着虔诚的信守，并在对话中积极向外界介绍日莲思想，并努力立足当今时代，将日莲思想结合自身的理解不断阐发其新意。可以说，日莲思想深深影响了池田大作的对话观，并有效指导着池田大作的对话实践。

（一）"现世为重"的净土观

日莲思想中有明显的强调现世为重的色彩，这也是日莲宗区别于净土宗最显著的特征。净土宗是在充满苦难的现世之外设置了一处"极乐世界"，强调人在现世即"秽土"中经历艰难困苦，因此应予厌弃，而同时鼓励大众积极修行，得以被接引至极乐"净土"。与此相对，日莲则坚决反对将"净土"与"秽土"相隔离区分的做法，他独创"净秽不二"法门，强调"秽土"即"净土"，极力主张人们生活在现世之中，充分尊重现世人生的生命价值，努力发扬大乘佛教菩萨行的精神，将充满苦难的现实的娑婆世界建设成为乐土、净土，即发挥每个人的主观能动性完成现实世界的佛国土化。正如日莲在其代表作《守护国家论》中所说：

> 问云：《法华经》修行者可期何净土耶？答曰：《法华经》二十八品，肝心寿量品云我常在此娑婆世界。亦云：我常住于此。亦云：我此土安稳。如此文者本地久成圆佛在此世界，舍此土可愿何土乎？故《法华经》修行者所住之处可思净土，何烦求他处乎？
>
> 尔前净土久远实成释迦如来所现净土实皆秽土也。《法华经》亦方便寿量二品也。至寿量品定实净土时，此土即定净土了。[1]

---

[1] 日莲：《守护国家论》，《文录》，第1453~1454页。

以上可见日莲对于"此世界"的态度，"修行者所住之处"就可以认为是"净土"，无须再往别处寻求。事实上，日莲在后文还主张人们生活现实娑婆世界是可以凭借心的力量和人的努力去改变的，去完成所谓"佛国土"的建设。日莲在《守护国家论》之后，于文应元年（1260）又著成《立正安国论》，这是日莲在岩本实相寺进行充分考察社会、体验民生疾苦之后完成的一部著作。日莲将其呈给了当时执政的北条政权，希望统治者采纳自己的主张，来改变困苦不堪的现实社会。

特别值得注意的是，《立正安国论》是以作为僧侣的主人与客人对话的形式展开的，文中通过客人的描述来道出现实世界的苦难，由僧侣解答进而将对话的目的由"安国"引向"立正"，也就是以佛法护国，将"秽土"改造成"净土"，最终完成现世中的"佛国土"建设的目标。可见，日莲是非常重视眼前的现实世界的，而且，改造和建设理想中"佛国土"的做法也充分显示出日莲思想的鲜明入世实践性和以佛法治国的独特思想特质。《立正安国论》通过僧侣与俗人的对话，以逐步说理的方式暗含了日莲希望执政者听从其建议，接纳其佛法理念，早日迷途知返建设"佛国净土"的热切期待。正如我国佛教学者张文良在其著作中论析的，"日莲佛法最显著的特征是在佛教专注于精神世界的向度之外，开拓出了以佛教改造政治、以佛教改造社会的新向度"①，这一特征对创价学会后来的发展以及池田大作的行动都产生了深远的影响。

（二）"依正不二"的中道观

日莲作为《法华经》思想的信仰者，其思想融入了浓重的《法华经》思想色彩。《法华经》思想是中国天台宗思想的核心，其中影响最大的思想即是"一念三千"。"一念"即人们心头的"一念"之思，"一念三千"即是指"一念"之中包含了林林总总的大千世界。当然，天台宗所说的"三千"，事实上是有其特定宗教内涵的，并非只是我们理解的现今时代的外部世界。这里的"一念"，着重"心性"的层面，而"三千"则强调现实层面。"一念三千"是将"心性"与"现实"，也就是人的主观世界与

① 张文良：《日本当代佛教》，宗教文化出版社，2015，第128页。

外部客观世界视为一体的思考方式。正如日莲在其代表作《观心本尊抄》中援引《摩诃止观》卷五中所说：

> 夫一心具十法界，一法界又具十法界白法界。一界具三十种世间，百法界即具三千种世间。此三千在一念心。若无心而已，介尔有心，即具三千。①

日莲在《法华经》之"百界千如""一念三千"的思想基础上，进一步强调了包括"有情"和"非情"世间在内的"一念三千"，即"非情"世间也有色心二法。日莲十分认同唐代天台宗中兴之祖湛然的"无情有性"论，"一草一木一砾一尘各一佛性，各一因果，具足缘了"②。也正是受到湛然思想的影响，日莲才认为"草木亦皆成佛"③"樱梅桃李不改其当体而开见无作三身"④。由于日莲注重和强调"有情世间"与"非情世间"的共同开显，他才能够将"心性"与"现实"相贯通，为其"色心不二""依正不二"的"中道论"提供更具说服力的证明。

这里的"色心不二"之"色"可以理解为人们所能看见的物质世界，"心"则主指人的观念和主观世界；"依正不二"之"依"则是周围的环境对人之生命主体的作用，"正"则是主体的行动对于环境的影响。所谓"中道"，即是避免分裂，统一地看待"物质"与"精神"、"环境"与"人"的关系。日莲这种"中道"思想的特征，"揭示了人的精神世界和外部的世界的一体性，超越了唯物主义和唯心主义之间的对立"。⑤

（三）"女身成佛"的女性观

以上对于日莲重视"现世佛土"建设与强调"依正不二"的中道思想

---

① 日莲：《观心本尊抄》，《大正新修大藏经》第 84 卷，第 272 页。
② 湛然：《金刚錍》，《大正新修大藏经》第 46 卷。
③ 日莲：《草木成佛口诀》，《文录》，第 1293 页。
④ 日莲：《御义口传下》，《全集》，第 784 页。
⑤ 张文良：《日本当代佛教》，宗教文化出版社，2015，第 123 页。

进行了概述，此外，女性可以"即身成佛"的"女人成佛论"也是日莲非常具有代表性的思想。

在古代日本，受传统的不净观影响，女性因有生产的"产秽"和月经的"血秽"被认为本身即不净，女性"污秽"这一概念自平安时代中期开始流传。室町时代，在中国所写但被认为是伪经的《血盆经》① 传入日本，随着各种抄本的传播，女性"污秽"与不净思想流传，到了中世时期已极为流行。而且，《华严经》《银色女经》等诸佛经中也有诸多对女性的否定和关于女性不成佛的表述。另外，受大乘佛教的影响，平安时代的日本还曾流传女性转身成佛说。进入中世，日本"镰仓新佛教"兴起，在各宗派代表人物中，大多对女性成佛避而不谈。如日本曹洞宗的创始人道元在初期提倡彻底的男女平等论，反对女人五障说和禁制，进入永平寺后却放弃了"女人成佛论"而倾向于出家至上主义。

在这样的时代背景下，日莲宗的创始人日莲却坚持女人成佛论，成为当时日本"在关于女性与佛教态度上最进步的"② 一位。其原因在于，首先，由于日莲宗奉《法华经》为最高经典，《法华经·提婆达多品》第十二中有 8 岁畜身龙女成佛的表述，成为日莲女性成佛论的经典依据，但《法华经》中记载的龙女成佛，是龙女转身成男子之后才成佛的，经文记载如下：

> 当时，众会皆见龙女忽然之间变成男子，具菩萨行，即往南方无垢世界，坐宝莲华，成等正觉，三十二相，八十种好，普为十方一切众生演说妙法。③

作为日莲宗的宗主，日莲的女性成佛论较其他宗派都坚决彻底。他不

① 《目连正教血盆经》的简称，又名《女人血盆经》。据明清以来诸多学者、佛学人士考证，是一部伪经。据传在室町时代传入日本，在民众中影响甚广。日本学者松岗秀明将"《血盆经》信仰"定义为"由于血污的缘故认为女性会坠入血池地狱的信仰""因分娩而死的人会坠入血池地狱的信仰"。

② 小栗纯子：《女人往生：从日本史来看对女人的拯救》，人文书院，1987，第 122 页。

③ 鸠摩罗什译《妙法莲华经》卷 4，《大正藏》第 9 册，35 页下。

但坚决驳斥女性不成佛论，也不赞同女性转身成男性成佛的观点，坚定主张只要皈依《法华经》，无论是女性还是恶人还是二乘都能成佛，且女性即身可以成佛。在中世的日本，众多女性信徒为女性污秽论和女人不成佛论所扰，女性社会地位低下，日莲作为新佛教宗派的创始人，在女性宗教拯救上进行了大胆的挑战。从中世日本的宗教和社会状况来说，这是一种超时代的宗教男女平等观。① 在他的宗教活动中，其特色之一即是女性信徒众多。日本关于日莲的先行研究中有学者桑名贯正做过日莲遗文书信的统计，其中给女性信徒回复的书信已超过三成②，可见日莲在教化女性信徒方面所做的努力。另外，从家庭环境和个人成长经历看，"日莲此生是贫困下贱者，从首陀罗家庭中走出"③，没有妻子、子女，对女性这一受社会歧视群体的关注源于"同苦之心"。而且，他非常孝敬母亲，曾在自己流放伊豆期间回到阔别十年的故乡为卧病的母亲祈祷，据说使母亲寿命延长了四年。《法华经》中的女性成佛内容让日莲找到了母亲可以成佛的依据，故日莲认为《法华经》是可以报答母亲恩情的唯一经典。

（四）"上行菩萨"的实践观

日莲佛法具有鲜明的实践性，不仅是由于《法华经》中关于"地涌菩萨"于佛灭后弘通《法华经》的记述，更是源于日莲作为"地涌菩萨"的代表者和领导者的自觉，其日莲佛法的强力实践性色彩更体现在弘通《法华经》时采取的"折伏"与"摄受"两种方式上。

《法华经》中，佛陀对来自他方国土的大菩萨言说佛灭度后将有来自娑婆世界的六万恒河沙那么多的大菩萨及其眷属护持、弘通《法华经》，正如"从地涌出品"第十五中记述的，"佛说是时，娑婆世界三千大千国土地皆震裂。而于其中，有无量千万亿菩萨摩诃萨同时踊出"④，这即是关于地涌菩萨的佛典记录。正如日本学者菅野博史在其著作中论述的，地涌

---

① 栗原淑江：《佛教史中的女性问题——以日莲的女人成佛论为中心》，黄成皎译，《大乘佛教的挑战》，香港公开大学出版社，2006，第 82 页。
② 桑名贯正：『日莲圣人的女性观』，『佛教与女性』，平乐寺书店，1991，第 98 页。
③ 《佐渡书信》，《书信》校订本，第 614 页。
④ 鸠摩罗什译《妙法莲华经》卷 5，《大正藏》第 9 册，39 页下。

菩萨是主动放弃了享受其自身精进修行的良好果报，满怀对众生的大慈悲心，自愿选择娑婆恶世来弘通《法华经》，救助世人的。① 也就是说，"地涌菩萨"是具有鲜明的积极救世誓愿的菩萨。在此基础上，《法华经》中还记载了关于"上行"等四位菩萨，"是菩萨众中有四导师：一名上行，二名无边行，三名净行，四名安立行。是四菩萨，于其众中最为上首唱导之师"②，也就是说，这四位菩萨是地涌菩萨中的代表者与领导者，他们在佛灭后的末法时期出现于世，是代表如来弘扬一乘妙法的。

　　关于上述关于上行菩萨等四位菩萨，日莲称其为"如来使"，并认为自己就是上行菩萨的再诞。正如他在《与北条时宗书》中记述的，"日莲者法华经御使也"③。并且，日莲还撰写了《开目抄》，用《法华经》劝持品中记述的佛陀授记的大菩萨们忍受各种苦难弘通佛法的事实向弟子说明自己即是《法华经》的行者，并强调"日莲若不生此国，殆世尊为大妄语之人"，以证明自己作为菩萨行者的重要意义。不仅如此，日莲还结合元嘉元年和文永元年日本出现的大地震、大彗星等自然现象，为自己作为上行菩萨的诞生找到了现实证据，即所谓"现证"，以对应《法华经》中记载的"娑婆世界三千大千国土地皆震裂"一说，以此为"经证"（文证）。可见，日莲是以怎样积极的态度将自己定位成再诞于世的上行菩萨，以"如来使"身份弘通《法华经》的。这种强烈的使命感恰是后来日莲积极向执政者进谏，主张以激进的攻势催破他教的原因，也是支撑他在遭受各种贬斥、排挤、打击之后仍旧不改初衷的精神支柱。

　　日莲弘通《法华经》的主要实践方法有两种，即"折伏"与"摄受"。"折伏"又作"破折屈服"，可在《胜鬘经》和《大日经》中找到解释，是一种以积极的攻势催破邪恶的布教方法，《涅槃经》中则主张在末法时期弘扬正法应"执持刀剑器杖"。与此相对，"摄受"则是以宽容的态度摄引、容受对方，是一种相对"折伏"而言要显得柔和、宽容的布教方式，适用于正法、像法时期。日莲认为日本当世是末法浊世，因此更倾向

---

① 菅野博史：『現代に生きる法華経』，第三文明社出版，2009，84-85ページ。
② 鸠摩罗什译《妙法莲华经》卷5，《大正藏》第9册，40页上。
③ 日莲：《与北条时宗书》，《文录》，第429页。

以激进的"折伏"方式布教传法，并寄希望于当时的统治者，希望借助王权来广布正法，以立正安国。不过，需要指出的是日莲虽主张"折伏"，但还是提倡《法华经》中关于常不轻菩萨慈悲、坚定、隐忍的精神，主张以言论说法布教，折伏要以权教开会为前提，尊重对方的人格，相信对方通过受持正法和修行能够成佛。

二　池田对日莲思想的弘通与实践

如上所述，日莲思想作为日本佛教思想的一大代表，既有东方大乘佛教的底蕴，又具有鲜明的日本本土文化特征。《法华经》是对日本社会影响最大、最广泛、最深远的一部佛经，日莲佛教思想扎根于日本文化土壤，汲取《法华经》的精髓，在此基础之上生发。可以说，日莲佛教既继承了《法华经》传统与智慧，又经历了新的自我诠释与创新，因此具有特殊性。故认为日莲佛教就是大乘佛教、就是中国天台佛教，并将其思想不加区分地一概而论的做法是笼统的。同时，对池田大作思想的分析，也必须充分考虑日莲佛教的特殊性。池田大作作为日本新宗教的代表人物，对其行动与思想的认识，是不能无视日莲佛教的影响而单纯围绕大乘佛教、天台思想而展开分析的。可以说，池田大作的对话思想中有着日本特色佛教日莲佛教的深深烙印，而且，继承了日莲佛教强烈实践性的特质。换言之，池田大作文明、宗教对话的实践，更是对日莲佛教的一种弘通与践行。

首先，池田大作展开的文明、宗教对话的总体出发点是着眼解决现代问题的，具有"现世为重"的鲜明特征，也是对日莲思想之现代性的挖掘与实践。这与"重视现世"的幸福，主张通过自身努力来改变命运，通过弘布《法华经》来完成"佛国净土"建设的日莲思想一脉相承。如笔者在第三章中所述，池田大作开展文明对话的过程中，围绕和平、反战、人权、环境、教育、文化等主题与各界人士展开了广泛的探讨，就现实问题的严峻性交换信息，并各自立足自身立场发表看法、阐明观点，共同寻求解决实际问题的良策良方。在积极广泛对话的基础上，池田大作作为国际创价学会的名誉会长，每年都会发表和平纪念倡言，密切关注当今时代的时局与动态，思考如何解决人类发展的困境与难题，对一些热门话题阐发自己的意见与思考，并提出解决办法与建议。可以说，池田大作所期待并为之不断对话的宏伟愿景——一个充满和平、友爱、平等、尊重的现代社会，与日莲所坚信的"现世净土"是同出一愿的。还需注意的是，与《法华经》中指出的应避开与政客接触不同，池田大作并不排斥与政界人士进行对谈，他的对谈对象中不乏曾任国家元首、外交长官等重要政治职务的人。尤其是在池田大作担任创价学会会长期间，他提出了"佛法民主主义"与"人性社会主义"的主张，颇具独创性。由此不难看出日莲佛法的现代生命力及其对于创价学会发展和池田大作行动的深远影响，日莲思想才是池田大作对话理念的直接源头。

其次，池田大作在对话中进一步为日莲的"中道思想"与"人性尊重"的教义拓展了现代性内涵。如前所述，日莲在《法华经》"一念三千"的理论基础上，进一步将"有情世间"与"无情世间"相贯通，为其"中道思想"的提出埋下伏笔。日莲思想中提出的"依正不二"理念，在池田大作的对话中得到了很好的诠释。人与自然的关系是池田大作文明对话的重要话题之一，池田大作在与众多人士的对话中谈其环保理念时，多次提及日莲提出的"依正不二"的佛理，强调人与自然的一体性关系，人应与自然和谐共生。因此说，池田大作的环保思想恰是日莲思想在当代社会的延伸。在"色心不二""依正不二"的基础上，池田大作还结合当今时代的特点进一步阐发了"生死不二""善恶不二""资社不二"的理念，进一步充实了他的"中道论"。此外，池田大作对话的一个核心指针就是"人"，在探讨每一话题时都紧密围绕"人"这一核心展开，倡导以"人"的精神变革即"人间革命""人性革命"来实现推动社会整体变革的目的，虽然池田大作是根据当今时代的现实情况做了富于新意的阐发，但从根本来说也是基于日莲尊重人性、重视现世幸福的教义。

再次，"池田对话"中表现出了对女性特别的尊重。在池田大作的对话中，不但不乏女性对谈者，而且在谈及女权问题、家庭问题、教育问题时，池田大作对女性都表现出了特别的尊重，对于女性价值给予了高度认可。这在有着男尊女卑的日本文化传统中显得非常特别并具有代表性。究其原因，应该也可以在日莲主张的女性观中找到依据。在中世的日本，日莲坚定的女人成佛论是对女性信徒的一种宗教拯救，也确立了日莲宗坚持男女平等、重视和保护女性信徒的态度。在日莲主张的女人"即身成佛"论的基础上，池田大作结合当代社会的男尊女卑的不平等现象与女性权利尊重等问题，进一步强调了女性的特质并肯定了女性的价值。可以说，池田大作对女性社会角色的认同与对于女性思想解放的建议都是与宗祖日莲"女人成佛论"和拯救女性的思想实践一脉相承的。不仅如此，在池田大作的对话中，还将讨论的主题从女权问题进一步拓展到儿童的权利问题、人权问题等，进一步从全人类的角度来对女性的社会作用进行新的定位，可以说，池田大作的女性观是肯定且积极向上的。但需要说明的是，池田大作所主张的男女平等，并非是强调女性必须克服自身生理上的弱势去谋求完全绝对的男女平等，而是主张女性应该发挥自身的特长与优势担当起适合女性生理与心理特点的工作，并得到社会的重视与肯定。因此说，池田大作的女性观是具有相对性和灵活性的。

最后，池田大作展开的对话是日莲思想的现代实践。现代意义上的国际宗教对话兴起于 20 世纪 60 年代以后，而在众多东方佛教的代表人物尚未广泛参与到这样的对话中来的时候，池田大作于 60 年代末发起了与世界名人展开文明对话的行动。这当然与创价学会的国际化发展需要有关，但池田大作能够将对话作为自己毕生的一项事业来完成，却是受到宗祖日莲教授的作为地涌菩萨、上行菩萨必须广宣流布《法华经》的使命感鼓舞与支撑的。传统的东方佛教，倾向于自修、自悟、避世、养德，而大乘佛教《法华经》对人之佛性的强调，更加凸显了救世度人的意义。日莲佛教深谙法华智慧精髓，并将日本传统文化的多神信仰、君权神授、神佛合一与重视现世幸福、趋利避害等特质融入自己对于《法华经》思想的理解，并在此基础上，结合当时的社会现实创出了一套具有自身实践特色的佛学思想体系。正如池田大作在其著作《政治与宗教》中所说："一切哲学著作、一切社会主义和民主主义的理论体系没有不追求人类幸福的，但皆不过是观念论，没有提出明确的实践理念。须知能够提供真实的理论体系、实践理念的，只有日莲大圣人的大佛法。日莲佛法昭示的是东洋佛法的真髓、色心不二的伟大的生命哲学。"① 也正是由于秉承了日莲的佛学理论与实践理念，池田大作才积极投身广泛的对话实践。池田大作的对话实践，不但是东方大乘佛教思想与西方特色宗教文化思想的接触与碰撞，更是日本佛教、日莲佛教的一种向海外传播与拓展的过程。在池田大作的对话中，虽然立足东方佛学立场展开，但他几乎在每一次对话中都会提及日莲佛法，即使并未提及"日莲"二字，其思想根底处也深深刻画着日莲佛学思想的烙印。关于日莲的佛学思想及其实践方法，中国佛学学者何劲松曾在其著作《日莲论》中有详细论述，他认为日莲是主要采取"折伏"的办法在当时被认为是末法时代的日本来弘布《法华经》。② 但在以和平共生为主题的当今时代，面对威胁人类生存的问题和一些人性之"恶"，池田大作要求信徒在传教过程中，必须坚持宗主日莲"勇猛精进"的折伏态度，但在对话中，面对对佛法知之不多的对谈对象，池田大作的对话更多表现为一种"摄受"的方式，即以温和、包容、友善的态度去讲述佛理，寻求共鸣和探讨解决实际问题的办法，而不是以拉拢对方转而信仰佛教为目的。可以说，池田对话是日莲的"折伏"与"摄受"思想在现代的一种实践。

第三节　池田的对话观与创价理念

第一、第二节论述了池田大作对话思想的远近两个源头，一方面源于大乘佛教、天台佛教的《法华经》传统，另一方面则直接源自日本特色佛教日莲佛教的理念。池田大作将其思想付诸对话实践去交流与检验的过程，也体现出日莲佛教信仰之鲜明的实践性特征。而除了上述两个源头，对池田大作影响更为直接的莫过于日本新佛教团体创价学会的思想理念，其中包括第一任会长牧口常三郎与第二任会长户田城圣的思想，更包括池田大作在融汇法华智慧、践行日莲思想、秉持先贤理念基础之上进行广泛对话，纳百家之睿思而逐渐形成的一种富于现代性与世界性的创价学会新理念，以下将从三个方面加以简单评述。

① 池田大作：《政治与宗教》，凤书院，1964，第253页。
② 何劲松：《日莲论》，东方出版社，1995，第155页。

一 牧口常三郎的"创价教育论"

牧口常三郎是创价学会第一任会长，他亲自发起创立了创价教育学会，也就是创价学会的前身。牧口常三郎著有两部代表性著作，从社会人生角度探索地理、地域关系的《人生地理学》和总结了自己的教育实践经验与思考的汇编性著作《创价教育体系汇编》（共四卷）。

在《人生地理学》这部著作中，牧口常三郎有关于"本土民"与"世界民"的论述，池田大作曾多次在对话中引用此观点。即每个人都是生活在自己国家、自己所居住区域的"本土民"，有自身的成长背景、知识架构与文化传统，但同时，每个人又都是生活在同一个地球上的"世界民"，具有相互认识、了解、交流的需求，也有相互学习和提高的必要，而且需要摒除那种只看到局部的眼前利益而不顾大局的思维模式。这就要求每个人现代人都需要有一种同为地球人、同生共荣的责任感，同时也应该相互尊重彼此的特异性和传统，友善交流与合作，同中存异、异中求同，才能更好地在地球大家园中共生共荣。因此说，池田大作能够超越国籍、区域、行业、文化传统、宗教信仰等诸方面的限制，展开广泛的对话，包括其对话中多次提到的"世界公民意识""世界性宗教建设"等思考，应是得到了牧口常三郎上述关于"本土民""世界民"思想的启示。

牧口常三郎曾在东京从事小学教育20年，历任首席训导、校长等职，积累了丰富的青少年教育实践经验。在此期间开始接触并了解日莲正宗的思想，于1928年经三谷素启介绍成为日莲正宗的正式信徒，开始正式接受佛理佛法的熏习。由于长年从事小学教育工作，牧口常三郎于1930年在户田城圣等人的协助下成立了创价教育学会，组织京滨地区的小学教员从事教育实践活动。1930~1934年，牧口将自己的研究成果汇编成《创价教育体系》四卷，标志着牧口创价教育体系的确立。牧口创立的以"美、利、善"为核心理念的"创价"教育体系是融合了日莲佛法、康德哲学与自身教育经验的产物。他认为，康德哲学的"真、善、美"中的"真"是代表真理，但"真理"可以发现却无法"创造"，所以"真"应属于另一系统。他在自己的理论中，用"利"来替换"真"，这里的"利"并非世俗中的财富利益，而是"价值创造"之意，牧口常三郎主张通过每个人的努力与实践去完成自身转变、救助他人、创造新价值，从而完成社会改革，建设一个美好、慈善、健全的社会。牧口继承了日莲佛法具有鲜明实践性的强烈社会责任感，将佛法慈悲、救度的思想与自身的教育理念相结合，强调人的教育是自利与利他的过程。创价教育理念也强调宗教只有在通过救助他人与自救这样的新价值创造即"利"的基础上，创造出"美"与"善"的社会价值，才有存在的意义。

牧口常三郎关于"美、利、善"的"创价"教育思想，为后来创价学会的发展奠定了基调。"创价"即"创造新价值"的理论，后来也成为池田大作开展对话实践的一个核心理念。池田大作认为，"对话"的过程，原本就是"创造新价值"的过程。通过不同的人与人之间的接触和交流，通过语言沟通，能够引发新的思考，创出新的智慧，也能通过实践，产生出新的价值。此外，在池田大作的教育思想中，也融汇了牧口常三郎教育思想中关于"美、利、善"的思考，并将这样的思考推衍到生命教育的层面，为创价教育增添了新的内涵。

二　户田城圣的"佛性生命论"

户田城圣是创价学会第二任会长，创价学会在他的领导下，从一个教育学会性质的团体真正发展成为一个宗教团体。在他领导创价学会期间，实现了创价学会会员人数的突破性增长。户田城圣以其在狱中体悟的"佛即生命"——佛性生命论思想为创价学会的发展确立了又一重要理论支柱。池田大作对户田城圣评价极高，奉户田城圣为授业恩师，一生追随。池田大作提出的"师弟不二"的精神信条、人间革命的实践纲领以及佛法民主主义的政治主张，都是与户田城圣的思想与教导密切相关的。

户田城圣年少时曾随兄经商，颇有管理才能与经济头脑。他聪颖好学、博览群书，通过考试获得了小学教员的资格，教学中发现日本社会及教育中的诸多问题。他对数学和科学的理解也相当深入，由他首创并出版的《推理性指导算数》一书一度畅销日本。后来创办的"日本正学馆"成为日本补习学校的先驱。牧口常三郎《创价教育体系》四卷即是户田城圣资助出版，户田城圣在经济上对牧口常三郎传教活动的支持，是其创价教育思想得以延续发展的重要因素。

户田城圣自幼体弱，因此对生命问题一直思考和不断叩问。与牧口常三郎相遇后，接触到日莲佛法，才真正深化了他对于生死本质的认识。由于二人共同呼吁开展教育革命与宗教革命，反抗政府强权，因此遭到迫害共同入狱。户田城圣在狱中继续研读《法华经》与日莲《御书》，并唱诵《南无妙法莲华经》200 万遍，终于悟出了生命的本质——佛即生命。佛即是生命的表现，佛是宇宙生命的合一。万物生命的本源并非精神也并非物质，而是精神与物质的统合，所谓"色心不二"的佛法生命哲学。在此基础上，户田城圣还进一步悟出《妙法莲华经》即是佛法的最高总结，它揭示了宇宙生命的本质。户田号召人们信奉日莲宗的大御本尊，唱诵《法华经》七字题目，即可皈依宇宙生命，获得创造价值的巨大能量与强大生命力，从而获得幸福。1946 年，户田城圣将"创价教育学会"正式改名为"创价学会"，在他的领导下，创价学会呈现了飞跃发展的态势，从一个弱势的教育团体发展成为一个宗教团体，成功突破了 75 万户会员的目标。至户田城圣去世的 1958 年，加入创价学会的家庭数已近一百万户。

户田城圣狱中体悟的佛性"生命论"与牧口常三郎的"价值论"一起，共同成为创价学会的两大理论支撑，鼓舞人们勇于通过自身的不懈努力来改变现实，将充满困苦艰难的人生转换为充满喜悦的人生，这就是由户田城圣率先提出的所谓"人间革命"——"人性的变革"。户田城圣关于"佛即生命"论和"人间革命"的思考与实践对忠实追随他的弟子，后来成为创价学会第三任会长的池田大作影响最为深远。正是户田城圣在知识、文化、思想、实践及人生哲理各个方面对池田大作的培养与教育，才为池田大作后来成功领导创价学会走向世界奠定了基础。正如池田大作经常提起的那样，"要是没有恩师户田先生那约十年的训练，就不会有今天的我"。池田大作 1996 年在哥伦比亚大学教师学院演讲时，曾致辞："我的教育几乎全部来自我的人生之师——户田城圣的个人教导。大约十年来，我每天上午，星期日则从早到晚，恩师一对一对我进行教授，包括历

史、文学、哲学、组织论等各种学问。从中，我学习到了恩师的人格。他
无惧入狱，一生不断地燃烧着对和平的热情。他投身苦恼的人群，不断与
群众交流。其深邃的人类爱，正是恩师要教导我的。我所以有今天，98%
都是从恩师那里学来的。"① 包括池田大作后来开展的文明对话、宗教对
话，最初也是因为得到了户田城圣的鼓励。他在回忆恩师教导时曾复述户
田城圣的话，"将来是对话的时代。要多见一流人物。'和人对谈'是'带
着人格作战'，才会真正赢得信赖"。②

　　综上可见，池田大作是继承了恩师遗志成长起来的新一代教团领袖。
他广泛开展并积极推广的对话行动，以及后来在他的领导下确立的创价学
会的发展路线，是他在践行前两任会长之思想的一种行动，也是他根据时
代变化与教团发展需要做出的行动抉择。

小结：池田大作对话思想的三大佛学思想来源

　　本章主要分析了池田大作对话思想的三大佛学思想来源。

　　其一，池田大作挖掘了大乘佛教《法华经》思想中的对话思想资源，
并通过其对话实践彰显了古老法华智慧的现代意义。他坚持《法华经》的
"一佛乘"思想，本着佛性互俱的理念，遵循平等利他的原则开展对话。
得益于《法华经》中讲述的佛陀行"方便教"的佛理，池田大作的对话以
渐进性的方式进行，与不同的人展开不同主题、不同内容的对话。如同
"药草"譬喻中讲述的"三草二木"的道理一样，池田大作对于各大文明、
宗教、文化的多样性给予了最大的尊重，他以积极的态度去了解他者，以
宽容的胸怀去面对不同的文明与信仰。在对话中，池田大作充分发扬了
"常不轻菩萨"那种虔敬礼赞的对话精神，并遵循了"安住四法"中要求
的宽容谦虚的对话态度，因此他立足东方佛学立场的对话事业才得以顺利
开展，不但传播了东方佛教的"法华"精神，也在对话中不断汲取世界诸
文明的养料，集合众家智慧，不断成长。

---

① 『「地球市民」教育への一考察』，『創立者の語らい』，創価大学学生自治会，2004，第
　　99 頁。
② 池田大作：『恩師戸田城聖先生』，第三文明社，2001，第 427 頁。

其二，日莲佛法是池田大作的对话行动的实践指针，池田的思想与对话行动都体现出日本特色佛教——日莲佛教的浓重的实践性色彩。通过他与世界的对话，也使具有近 800 年历史的日莲佛法得以向世界传播，使融合了日本文化色彩的日莲佛教思想在当代社会萌生出新的生命力，也体现出日莲佛法独特的现代意义。与传统佛教避世自修的理念不同，日莲佛教强调"现世为重"的佛国净土观，池田大作在对话中始终探讨的主题就是世界和平问题，事实上也是着眼当今世界人类发展的困境与难题，多方征集意见与办法，希望通过自身的努力和诸文明、诸宗教的通力合作，来把人类世界建设成一方充满和平、友爱与慈悲的净土。而且，面对日愈严峻的环境危机，池田大作始终坚持日莲佛法中主张的"依正不二"的中道观，强调人与环境相互依存，必须善待人类赖以生存的环境，摒除那种牺牲自然环境以谋求人类短期发展的盲目之举。池田大作一直非常关注人权问题，对于女性权益表现出了特殊的重视和尊重，这是他的思想与日莲佛法一脉相承最突出的体现。日莲坚定主张女性可以即身成佛的态度，在现代社会仍有其积极的进步意义，该思想对池田大作的影响作用不可低估。总之，池田大作将日莲自觉为"地涌菩萨"之"上行菩萨"的使命感在现代以一种积极的对话者的姿态去实践，通过他的对话，将日莲的思想广为传播。池田大作运用日莲思想指导自身的对话行动和创价学会的实践的过程，为古老的日莲思想注入了现代生机。

其三，池田大作传承了前两任会长的思想，其思想中融合了整个创价学会教团的集体智慧。池田大作的对话也是秉承前两任会长振兴教团的遗志，致力于教团发展壮大并代表教团不断向世界发起对话的实践过程。创价学会作为日本当代佛教的一个新兴团体，从一个少数小学教员组成的一个小规模的教育学会发展成全日本会员数最多、实力最强大的佛教组织，拥有近 800 万户会员，其发展速度是惊人的。这是与第一任会长牧口常三郎提出的"创价"思想理念的进步性与第二任会长户田城圣强有力的组织和领导作风分不开的。"创价"理念的进步性充分体现在创价学会自身教团的发展态势上，同时在发展过程中，也需要不断壮大和宣传自身。池田大作的对话理念恰是创价理念不断发展与完善的过程，其对话行动也是创价学会向世界发展的需要。池田大作担任会长期间创价学会取得了飞跃性的发展。1960 年，池田大作正式担任创价学会的会长，决心秉承前两任会长遗志，发扬"创价"精神，弘布正法，壮大学会。1960 年末，创价会员数达到 172 万户，他以极大的热情投入学会建设，引领会员展开"折伏"运动，创价学会在日本的影响不断扩大，到 1970 年，会员人数已猛增至 750 万户，学会发展进入了鼎盛期。在 20 世纪 60 年代的十年里，创价学会在政治、文化、教育等各个领域建立组织、开展活动，并开始走向海外，在巴西、美国的日系移民中发展会员。20 世纪 70 年代，创价学会的国际发展战略进一步取得成果，成立了以在全世界推进和平、教育、文化事业的"国际佛教联盟"，后发展为"国际创价学会"，有 156 个团体加盟其中，会员人数超过百万，遍及世界 192 个国家和地区。在这样的形势下，向世界宣传自我，从外界汲取养料以壮大自身成为学会发展的必需之举。因此，池田大作积极开展民间外交，不断发起对话，他立足东方佛学的基本立场，集聚整个创价学会的集体智慧，与世界各国政要、宗教领袖、学者、作家、艺术家等不同领域、身份的人展开广泛对话，着眼人类发展的现实问题，就和平、人权、文化、教育等主题展开丰富的交流，取得了丰硕的成果。创价学会也在池田大作的海外对话事业拓展过程中不断被世人了解、不断丰富与发展。

　　总之，池田大作其思想中融合了大乘法教《法华经》智慧、日莲佛教的实践精神和创价学会的人文宗教理念，这三大思想源流成为池田思想的主脉。他通过与当代杰出人物对话的方式，不断将这些思想有机结合、融会贯通，通过对话交流的方式传播和检验这些思想。在此基础上，池田大作通过自己努力思考、探求、学习与探讨，在对话中汲取各大异质文明、文化的时代新能量，并不断将其注入自己的思想体系，不断推陈出新，使古老的东方佛学智慧在现代焕发出勃勃生机，同时也为创价学会的国际化、开放性、对社会的助益性积累了能量。

第六章 关于池田对话思想的学理反思

池田大作与来自不同国家、不同地域、不同信仰背景和文化层次、不同职业身份的众多人士展开对话，其对话历程跨越了近 40 年。那么，如何客观看待并理性评价池田对话，池田对话又会引发我们怎样的思考呢？

上述五章，笔者论及了中国池田大作思想研究的一些问题点，对于池田大作思想发展历程及其文明对话实践、宗教对话实践进行了归纳与整理，并分析了池田思想的东方佛学思想源流。本章，笔者将以"池田对话"这一略称来定义和评析池田大作以东方佛学代表人物身份展开的文明对话、宗教对话行动。

主要着眼于三个方面，首先从世界文明对话、宗教对话视阈下思考"池田对话"、在此基础上对"池田对话"模式及其"人间论"对话思想特色进行总结，最后立足日本当代新佛教视角对"池田对话"进行评析。

第一节 文明对话的发展与宗教对话的转型

事实上，文明、宗教对话成为时代主题，是文化、地域、历史与现实因素、思想意识因素等多重背景共同作用的结果。但是，回顾半个多世纪以来的东西方"对话"史，人们不难发现，彼此相异质的文明、文化传统与信仰体系之间的对话存在着多方面的张力，排他性的难题长期存在且并未得到彻底解决，在当今全球化趋势日益明显，多元化与地域特色有待保全的现实语境下，诸多难题日益突显，有深度、有实效性的对话实践的展开困难重重。

一　全球化时代背景下的文明对话

全球化与多元化时代，"对话"之所以能够成为一种全球共识性的交往与相处的方式，其原因是多方面的。以下从历史文化、现实需求与思想意识三方面展开讨论，采取从宏观到微观的方式加以分析和解读。

首先，促生"对话"的历史文化背景。关于历史文化背景对于"对话"的重大影响，斯威德勒做过论述，他在《走向全球伦理宣言》一书中谈道，"仅仅在100来年以前，每一种宗教，后来是意识形态，即每一种文化，还在倾向于十分肯定，只有自己才拥有完全的'对生活的终极意义和相应的该如何生活的解释'"。然而，时至今日，"世界从数千年之久的'独白时代'缓慢而痛苦地走进了'对话时代'"。① 正如斯威德勒所描述的那样，"自从16世纪'大发现时代'以来，地球已经越来越像温德尔·韦尔基在1940年所说的，变成了一个'单一世界'"。人类在过去的千百年里，世界上的大多数人都是在故乡或祖国度过自己的一生，远距离的沟通与联结较难达成。但是，随着科技的发展与通信技术的大大提高，加之交通条件的巨大改善，现代人的活动半径不断延伸，人与人之间的交往越来越便捷，国家、团体之间的联结越来越紧密。当今时代，无论是团体还是个人，由于社会交往、外出远行等需要，都会接触到不同的文化地理、风土人情、信仰风俗等。即使足不出户，外部世界的各种信息也会随着报刊书籍、广播电视等媒介传入，强大而丰富的"信息流"让每个人应接不暇，交往与沟通成为不可回避的基本需求之一。同时，随着经济方面的联结日益紧密，区域之间经济活动出现交集的范围大大增加。在过去，大多数国家与地区在经济上均可以实现自给自足，而今却呈现出"你中有我""我中有你"的形态，依存度的增加让每一个地区或国家想要生存或发展，都必须参与到全球化的经济体系的竞争。同样，随着人类联结紧密度的增强，小规模区域性的战争与纠纷也完全有可能对

① 斯威德勒：《走向全球伦理宣言》，〔瑞士〕孔汉思、〔德〕库舍尔编《全球伦理——世界宗教议会宣言》，何光沪译，四川人民出版社，1997，第138~139页。

全球的和平与稳定造成影响，各式政治性联盟随之结成。因此说，当今时代，地球已经出现了"村落"效应，文化方面的感知与接触，经济上的依存与合作，政治上的协力与联盟，都让现代人、现代团体、现代国家无法继续保持各自孤立，在"地球村"中谋生存的人们必须处于一种交往、合作的状态，而对话恰是人类特有的、原初性的交流与交往方式。"对于地球村的成员来说，交往、对话与合作不但是自我生存的需要，还是避免全球性灾难的唯一选择。"①

其次，呼吁"对话"的现实需求。2001 年被联合国命名为"文明对话年"，在人类跨入新的千年迎来的第一个年头，文明、宗教对话已经成为不可回避的选择。正如孔汉思在《走向全球伦理宣言》中阐述的四个方面：

> 我们生存的世界与时代，宗教信徒与非信徒之间，圣职者与反圣职者之间存在着新的危机与对立，如不互相尊重与合作，民主主义将无法存续；我们虽然暂未受到世界性战争的威胁，却时刻处于国家之间、国家内部甚至城市、街区、学校、家族内部纷争的威胁之中，而宗教因素恰恰成为引起诸种憎恶、敌意与战争的促因，没有宗教间的和平，就没有国家间、文明间的和平；大多数国家的和平受到激进主义的威胁，无论是犹太教、基督教、伊斯兰教还是佛教、印度教，其各自奉行的激进主义比宗教本身更容易成为导致社会惨象环生，没有宗教对话就没有宗教间的和平；宗教之间的良好关系的确立受到教条主义与"自宗教至上主义"的妨碍，时代要求确立一种全球共同伦理，即最底线的全人类共通的价值观、保证人类生存的规范与基本的生活法则。②

正如孔汉思在宣言中明确指出的由宗教因素诱发的现实性危机，2001年 9 月 11 日，震惊世界的"9·11 事件"发生，给美国带来沉重一击，更

---

① Leonard Swidler, *After the Absolute: the Dialogical Future of Religious Reflection*, Minneapolis, M.N.: Fortress Press, 1990, p. 6.

② マジッド・テヘラニアン/デイビッド・w・チャペル：『文明間の対話』，戸田記念国際平和研究所監訳，潮出版社，2004，前言 2-5ページ。

说明恐怖主义已经成为一种世界性的现象和问题，任何国家都无法回避。而暴力与恐怖事件发生的根本原因，其实都无法与组织性的排斥、阻隔与对立撇清干系。仅就宗教关系而言，误解的消除、心灵创伤的平复、固有敌对观念的改变、憎恶与破坏活动的停止、共通点的相互确认与建设性关系之样范的确立，都要求通过平等"对话"的方式逐步引向深入。

再次，文明对话，特别是作为其内核的宗教对话是一种深层次的意识交流。时代的发展让人类从根本上改变了对于"实在"和"真理"的理解方式，对此，斯威德勒将其归结为"范式转型"（paradigm shifts），并从形而上学、认识论、心理学与伦理学等多方面进行了论证。从形而上学的角度来看，过去的200年，人们的理解范式从"静态的观念"转向"动态的观念"，从一元论的"实体"概念转向了多元论的"关系"关系范畴，即任何事物不再被视作孤立性的存在，"相互之间的关联性"成为事物存在的本质。从认识论角度来看，19世纪以前的欧洲人代表性的真理观是"A之所以为A，在于其不能被表述为非A"，也就是一种绝对的、静态的、排他的真理观。而当代西方哲学则发生了逆转，"祛绝对化的"（deabsolutized）、动态的、兼容的真理观成为主流。当然，这种转变的发生本身是与历史主义观点、意向性理论、社会学观点、语言哲学观念、解释学观点与对话理论的发展与变革相伴生的。从心理学的角度来说，其研究成果为"对话"的展开提供了另一种理论根基，即"人类自我结构与发展的学说"。人生而具备自我发展的潜能，从个体心理发展的过程而言，人类的认知能力在"情感自我"与"道德自我"的发展中不断完善，从而走向"自我超越"。

最后，从伦理学的角度来分析，"依存性"遍布各种关系，而"对话"则是打破"人际关系僵局"的出路。无论是"公平交往"的要求还是"重建信任关系"的需要，都要求开辟"对话"这一渠道。

综上所述，文明、宗教对话是人类历史发展过程中，由于经济、政治、文化等诸多因素共同作用带来的必然结果，也是现代社会发展过程中缓解冲突、对立与解决诸种社会问题、维护人类和平与安全的必然要求。人类思维范式的转变为"对话"的发展提供了理论支撑，同时，若单纯从宗教学的学术视角分析，"只知其一，一无所知"的比较宗教学研究方法与特点也为宗教"对话"提供了学理基础与内在根据。自20世纪50年代"宗教对话"作为一个课题被提出即引起学术热议，经过半个多世纪的对话实践与理论研究的结果表明：文明、宗教展开行之有效的"对话"与交往，其重要性及必要性皆毋庸置疑。而且，正如韩国著名宗教学家尹以钦所说，"宗教对话运动只有具备实践和理论的两个轮子时，才能健康地向前发展"。[①]

二 宗教对话的理论难题与现实张力

如前所述，宗教对话是文明对话中最核心、最主要的部分，在不同文明之扩展与相遇过程中，越接近"宗教文明"之内核部分，其张力越大。从开展了半个多世纪的宗教对话实践来看，宗教与宗教之间的相遇与对话，其理论难题始终存在，在实践中的张力也不断显生。

（一）宗教对话的理论难题

关于宗教对话的难题与张力问题，我国宗教学者张志刚曾在其专著《宗教哲学研究》中做过系统论述，他提到了宗教对话的"双重两难"问题，即"对话的必要性在于信仰的不同，而信仰的差异性是无法消除的；若要进行对话便不得不观念开放，凡在信仰上开放者难免陷入两头不讨好的境地——本宗教或本宗派会有人指责你离经叛道，来自其他宗教的对话者则迟早发现你决不会改换门庭"[②]。而上述"两难"又源于宗教对话固有的"基本张力"，概言之即"信仰与信仰之间的张力"。此处的"信仰"与"张力"又分别有两层含义：首先，"信仰"可以理解为"自他信仰之间的张力"，此处所言"信仰"是彼此异质的，即"你的信仰"与"我的信仰"是不同的；同时，还可以理解为"同一信仰之自他理解的差异"，即"你与我的信仰看似是同一的，但我们彼此对于此信仰的理解却是不同

---

① 尹以钦：《对宗教多元主义的经验认识——韩国宗教对话运动的历史考察》，金京振译，《世界宗教资料》1994年第3期。

② 张志刚：《宗教哲学研究——当代观念、关键环节及其方法论批判》，中国人民大学出版社，2003，第468页。

的"。另外，此处的"张力"也至少有两重含义，即既存在于自宗教之中的张力和自他宗教之间的张力，每一种宗教的对话态度与所持立场等都与如何应对这两种张力密切相关。

因此，其难题也随之伴生，摆在了众"对话者"面前：如何在全球化的背景下应对世俗与文化的挑战，究竟该选择固守内在于传统之中还是开放超越于传统之外呢？面对诸种宗教传统的多样性与多元化现实，究竟是应该采取何种态度呢？是排斥异端、兼并异己抑或一视同仁、兼容并包呢？诸多不同的神性观与真理观究竟是矛盾还是同一呢？诸种真理观的本质究竟是普世的、永恒的、超验的抑或个殊的、历史的、经验的呢？总之，宗教对话的领域中，诸种难题与张力错综复杂，世俗与神圣、传统与现代、守旧与革新、个殊与共相、绝对与相对、真理与认识等之间张力牵绊，让诸宗教在"对话"的道路上坎坷相伴，举步维艰。

（二）宗教对话的现实张力

在认识到宗教对话存在诸多理论难题的基础上，我们可否进一步将宗教对话的现实张力归结为在于"内在"与"超越"之间的张力问题呢？如果我们把宗教对话理解为文明对话的内核，那么笔者为了具象化地阐明其关系，暂且宽泛地将之设定为一个"圆中圆"的譬喻。如若就此展开具象化思考，文明、宗教对话的张力归根结底属于"内在于自身之圆"中的同时，在"彼此之圆的拓展"中又需"超越自身之圆"之外的张力问题。对于"圆"的理解也是多重的，"超越"之意至少可以从两个方面阐释，即处于内核部位的宗教之"内圆"与外围部分的文明之"外圆"，各自存在"内在"与"超越"问题。而且，"内圆"的封闭性与张力是远远强于并大于"外圆"的。在全球化的语境之中，文明之"外圆"的开放与相遇已成必然。与此相对，宗教之"内圆"的相遇则是多重的。首先，宗教作为文明之内核性的存在本身就具有内在其中又需超越其外的张力，如世俗与神圣、传统与现代、守旧与革新等问题，在全球化的语境下关于宗教之世俗化问题的探讨有待深入。其次，诸种"宗教"之间相互存有共在、相斥与融合的张力，可能表现为个殊与共相、绝对与相对、真理与认识的张力问题。

事实上，诸种矛盾与张力归结为一，我们无可否认，宗教对话的根本性问题终究是排他性问题，甚至可以说"对话"与"排他"本身就是彼此伴生的，对此，张志刚教授一语道破，"众对话者都是匿名的或公开的排他论者"，无论"求同存异"还是"疑同持异"，我们都需要在"对话"中磨合与彼此见证。那么，如何看待并解决宗教对话中的"排他性"问题，就成为宗教对话之最基本的难题。

此外，单就宗教对话本身而言，宗教间的相遇与对话最终会表现为怎样的图景？究竟要将诸宗教和现代人引向何方呢？这同样是宗教对话带给世人的又一大困惑和难题。正如英国神学家麦奎利阐述的观点："对话的目标何在？在回答这个问题时我们必须十分谨慎。对话本身是一件新事物，我们应该坦率地承认我们不知道它最终会引向何方。有一些热心的人对于各宗教已有的共同之处印象很深，他们认为将会有某种肯定的汇合，甚至认为我们最终会有一种统一的信仰。我很怀疑这是否可能，甚至是否可取，而且无论如何，这是一个要用很长时间才能达到的目标。"①

但是，关于宗教对话的结果最终是否会促生新的世界性宗教的问题，毕生致力于宗教对话理论研究的基督教神学家希克在其著作《宗教之解释》一书中谈道："如果世界普世主义在未来几十年和几代人中继续发展，这也不会带来最终单一的世界宗教。人类宗教生活无疑会继续生活在现存的传统中，尽管越来越少强调它们相互排斥的主张。一个把自己所继承的传统作为众多传统中拯救/解脱的语境之一的人，可能是一名基督徒、一名犹太教徒、一名穆斯林、一名佛教徒、一名印度教徒、一名道教徒和一名神道教徒等。同时，我们不得不生活在较守旧的——通常是排外主义的——宗教形式和形成中的更普世的和多元主义的形式之间的张力之中。"② 这段话中希克提到了人类宗教发展的未来，"人"会继续生活在传统与多元主义的张力之中，"对话"会让人们弱化相互意见的排斥性。

---

① 麦奎利：《世界宗教之间的对话》，何光沪译，《世界宗教文化》1997年冬季号。
② 希克：《宗教之解释——人类对超越者的回应》，王志成译，四川人民出版社，第441页。

三　关于宗教对话转型期的理论思考

从全球化时代世界文明和宗教对话产生、发展的现实来看，"对话"是全球一体化时代的需求，"排他性"是"对话"的难点，但也是多元时代不可避免的境遇。那么，生活在张力之中的人们最终需要通过怎样的"对话"方式来缓解张力，才能更好地在传统与多元的张力之中摆正自身的位置呢？面对宗教自身的"排他性"特质，传统的宗教对话在内容、方式、参与者范围等方面是否尚需反思以寻求新的突破呢？

对此，日本学者从对话题目、对话形式、参与者范围三个方面具体论述了宗教对话转型的新动向。

第一，对话主题的转变。日本学者山梨有希子曾对美国天普大学（Temple University）出版的杂志 *Journal of Ecumenical Studies* 上公布的宗教对话的题目进行整理比较，结果表明 20 世纪 70 年代初，宗教对话的主题基本围绕教典内容、宗教关系、教内教学、神性信仰等内容展开，比如 1973 年的主题为"关于基督教与犹太教的关系及神学学校中的教育课程"，1975 年的主题为"为便于基督教传教而采用的犹太教圣经注释""基督教与犹太教关系的新高度"等。而进入 90 年代，宗教对话的主题则增添了与现实生活相关的内容。例如 1996 年的题目是"关于医疗伦理问题、异宗教通婚、宽容的定义"，1998 年题目是"诗篇的精神性与预言书中的社会道德"，1999 年则进一步讨论"关于天主教和伊斯兰教的对话、异宗教通婚及家庭生活"[1] 等。对话主题的转变，体现了诸宗教的关注点不再单纯囿于神学教理的优劣之争，开始逐步关注现实社会与公众生活相关的话题，转为探讨诸宗教在现实中共生与合作的基础。

第二，对话形式的转变。宗教对话的最初形式主要是以基督教等具有悠久历史传统的西方宗教为主导，以各教内部通晓教典的精英人士为主要参加者，通过语言交流的形式围绕教理教义的异同、宗教关系等主题进行探讨。但是，伴随宗教对话的开展，人们越来越感知到持有不同世界观与

---

[1]　星川启慈、山胁直司、山梨有希子等编著『現代世界と宗教の課題——宗教間対話と公共哲学』，蒼天出版社，2005，46-47ページ。

身份认同的信徒之间仅凭语言交流很难达成信仰上的相互理解。因此，在对话主题发生变化的同时，对话的形式也慢慢变得丰富起来，例如基督教信徒与佛教僧侣通过共同坐禅、祷告等形式进行灵性交流，诸宗教面对战争、贫困等"全球苦难"的现实展开共同协作与救助的活动等。相比通过语言交流进行的传统模式的宗教对话，诸宗教通过共修与协作进行的"实践模式"对话更有利于宗教间的直接接触与了解，也便于宗教对话在更广阔的范围展开。1991年，天主教教会的诸宗教评议会明确了宗教对话的四种形式，即生活对话、行动对话、围绕神学相互交换意见的对话、关于宗教体验的对话。① 对此，日本学者山梨有希子则将其归纳为宗教对话、宗教合作、灵性交流三种类型。也就是说，新时期的宗教对话，不能亦不应停留在神学理论层面的争论，更应强调宗教间的"互动"与"协作"，寻求实践意义上的突破。

第三，参与者范围的转变。传统形式的宗教对话，其参与者身份被严格限定为各大宗教内部通晓教理教义的精英信徒或神学家，一般的信徒或无明确宗教信仰的人士不具备参与神学对话的资格。但是，随着全球一体化趋势的增强，世界各大文明、东西方宗教的接触越来越频繁，灵性交流的对话实践、为解决人类面临的现实问题所进行的宗教协作等，都需要更多普通信众的广泛参与。对此，星川启慈教授明确提出扩大宗教对话参与者范围的主张，他认为虽然传统形式的围绕教理教义进行的对话有必要继续深入开展，但未来的宗教对话应该冲破为教内精英人士所垄断的藩篱，向普通信众开放，欢迎那些新宗教的追随者以及具有朴素民间信仰的信众参与其中。教内人士也应通过各种形式的对话加强与无信仰人士之间的接触和交流。另外，他充分肯定了那些对宗教感兴趣但并无明确宗教信仰的学者与宗教拉开一定距离的做法，以及对宗教对话进行冷静观察、客观评论和深入研究的意义。②

---

① 諸宗教評議会と福音宣教省：『対話と宣言——諸宗教間の対話とイエス・キリストの福音の宣教をめぐる若干の考察と指針』，『カトリック教会研究』第62号，1991，180ページ。

② 星川啓慈：『対話する宗教——戦争から平和へ』，大正大学出版会，2006，52-53ページ。

第二节　当代宗教对话中的"人性"问题

前文在全球化时代世界文明对话与宗教对话的视域中论述了"对话"的必要性及其难题与张力。可以说，"对话"是全球一体化趋势日益增强的现状之中，人与人之间、团体与团体之间、国家与国家之间、文明与文明之间的接触、交流、交往的一种必然选择。相较文明对话，宗教对话的难度与张力更大且更明显，东西方的神学家与宗教学者长期以来展开了深入思考与论争。本节将结合欧美、日本及我国宗教对话理论研究中关于"人性"问题的一些思考加以简单梳理，并尝试结合我国文明对话、宗教对话的理论建构与实践需求进行评析。

一　欧美、日本与中国的宗教对话理论研究

究其实质而言，宗教对话理论其实是人们在承认宗教之多元化的基础上对于如何处理诸宗教之间的关系问题做出的理论回应。西方学者的宗教对话理论研究主要围绕基督教如何处理与诸宗教之间的关系问题展开，并对其进行了模式化的分析、归纳与总结，最初较有代表性的对话模式为三种，即阿兰·雷斯（Alan Race）在《基督徒与宗教多元论》与加文·德科斯塔（Gavin D'Costa）在《神学与宗教多元论：来自其他宗教的挑战》中提到的"排他论""兼容论""多元论"三种主要模式。与此相对应，21 世纪初美国神学家保罗·尼特（Paul Knitter）在其《宗教对话模式》一书中又提出了四种基本模式，即置换模式、成全模式、互益模式和接受模式。其中得到学界认可和讨论最多的是互益模式和接受模式，二者都源于多元论，可以说多元论对宗教对话理论贡献最大。其中主要的代表性学者及其理论被我国宗教学学者王志成归纳汇总，分为以约翰·希克（John Hick）为代表的理性多元论，以雷蒙·潘尼卡（Ramon Panikkar）为代表的灵性多元论，以约翰·科布（John B. Cobb, Jr.）为代表的人性多元论，以唐·库比特（Don Cupitt）、乔治·林贝克（George Lindbeck）为代表的混合多元论（亦称"彻底多元论"）等。[①]

---

① 关于西方学者宗教对话理论研究的著作详见文后附表文献部分。

  日本很多学者对于上述西方学者的宗教对话模式分类，尤其是"多元论"问题提出了看法。比如，日本大正大学教授星川启慈①就认为，希克的多元论致力于探求宗教间的共性和形式结构的相似性，主张在诸宗教传统间寻找汇聚点，为了协调和谐而改造自身教义，通过对话达到对同一终极实在的回应。理性原则有助于科学看待他人和自身宗教，但容易抹杀个性与独特性。或者说，希克主张的多元主义是一种通约性的多元主义，他提到的终极实在问题，事实上是以一元性为前提的。不但如此，星川启慈还对其他学者的理论进行了概括与评析，比如他认为，与希克相对，科布与潘尼卡的多元主义则是非通约性的，潘尼卡强调宗教内对话是宗教对话的基础，他主张的灵性多元论强调宗教是通向生命圆满的道路，各宗教殊途同归，在对话中人得到净化，最终走向"宇宙—神—人共融"的境界。科布则强调自己的多元主义是更加根本的多元主义，他主张各个宗教自行定义本性和目的，在那种多元主义的框架内自己来定义各种各样的宗教性的要素应该发挥的作用。科布力图超越宗教本质主义与概念相对主义，他认为宗教作为一种规范，一方面可以完全理解现实，另一方面还应对现实的深奥性报以虔敬态度。世界上存在与自身宗教信仰完全异质的宗教，这是不容回避的事实，但现代人要用一种真挚的态度通过与各种宗教的对话来学习他者。以唐·库比特、乔治·林贝克为代表的混合多元论则坚持人性化原则，二者均看到了宗教多元化现实，强调多而否定一，提出各宗教具有不可通约性问题，其目的是论顺各自的宗教规则，划清各自的范围和界限。星川启慈本人则持一种"自我深化型"的对话观②，认为各个宗教会在对话中更好地回归自己的传统，实现自我深化。此外，创价大学菅野博史教授则指出希克的多元论其本质上属于一种兼容论等。③

---

① 具体学术观点参见星川啓慈『宗教と＜他＞なるもの　言語とリアリティをめぐる考察』，春秋社，2011，235ページ。

② 参见《宗教对话的"超越"与"回归"——星川启慈宗教对话理论述要》，《世界宗教研究》2016年第1期。

③ 菅野博史：『『法華経』と宗教間対話』，『東洋学術研究』第四十五卷第一号，2006，156頁参照。

事实上，近十年来，我国宗教学者对于文明对话、宗教对话理论与实践也有所关注，展开了大量的译介工作，比如浙江大学王志成教授及其科研团队翻译了大量欧美代表学者的宗教对话理论著作，希克、潘尼卡、尼特、唐·库比特的原著早在21世纪初就被译成中文并出版，这些译著将西方最新的"对话"理论源源不断地介绍到中国，可谓将欧美理论研究的整体面貌呈现在了国人面前。另外，我国宗教学研究领域的著名学者卓新平、何光沪、段德智等都曾关注过宗教对话的理论难题与困境，北京大学张志刚教授也长期关注宗教对话研究的进展，完成了教育部哲学社会科学研究重大课题攻关项目"当代宗教冲突与对话研究"的工作，成果收录于《当代宗教冲突与对话研究》一书。另外，近年来北京大学人文学院杜维明教授也不断尝试从儒教当代发展的角度思考文明对话的问题，让作为中华文化根底之一的儒学、儒教的现代性得以彰显，努力让古老的中华文明能够以全新的姿态跻身世界文明对话的大舞台。中央民族大学游斌教授致力于基督教与中国儒道二教的经文对比研究。旅居芬兰的中国学者黄保罗教授还提出了大国学视野下的汉语学术对话神学的等新创建。

诚然，鉴于我国宗教学研究起步较晚，与欧美与日本学者相比，我国宗教学者的研究成果在数量上相对逊之，但我国学者关于文明对话、宗教对话的思考还是很积极和深入的。比如王志成教授在西方学者的研究成果基础上提出了基于"成长模式"的对话理念，张志刚教授在保罗·尼特等西方学者的调查与思考结论基础上展开了"宗教对话实践论"的新思考，武汉大学段德智教授指出了宗教对话的层次性问题等。近年来，还有几部宗教对话相关的博士学位论文付梓，一些年轻学者也开始关注欧美学者的宗教对话最新理论，比如2017年2月《世界宗教文化》杂志中关于国际宗教对话组织和运动的综述。[1] 中国学者的研究成果表明，中国宗教学界对于宗教对话的重视，同时也在致力于思考中国宗教应以怎样的姿态展开对话，中华文明应该怎样参与到世界文明对话。

---

[1]　张仕颖：《国际宗教对话组织和运动的现状研究》，《世界宗教文化》2017年第1期。

二 宗教对话理论中的"人性"问题反思

宗教对话理论作为当代宗教学研究的重大课题和前沿课题，众多学者从多种视角提出了自身的创见，总体来看以义理分析见长，通常是立足自身的文化传统与神学立场，即以基督教的视角展开的宗教关系的理论性层面、宗教哲学层面的探讨。如果说西方学者前期宗教对话研究着重于宗教神学比较研究的话，近年来，随着东西方宗教对话实践的开展，西方学者也开始关注和思考神学对话中的"人性"问题。比如，潘尼卡认为，"对话"是人的一个维度，跨文化对话是人所必需的；尼特对于人类苦难的现实保持了长期关注，认为人类贫困与生态危机的现实超越诸宗教之间存在的任何问题，倡议将人类共同的苦难作为"对话"的基础；乔治·林贝克从语言哲学的进路出发，着眼关注宗教对话中的宗教语言的通约性问题；唐·库比特在第二轴心时代语境下探讨"共同人性"问题，主张解构权威，放弃神学实在论，提出了未来宗教发展的趋势即"生活宗教"，应着眼于每个人的拯救与个体自身幸福。在唐·库比特之后，又有美国宗教哲学家斯特伦（F. G. Streng）提出了"人之对话"观，即能够使人从宗教中解脱出来的都可以称为宗教，宗教是实现人根本转变的一种手段，因此"对话中所展示出的不同价值，只有变成参与对话者的内在对话，人们才能由此跨入理解宗教实体的门槛"①。可见，西方神学家们越发关注"人"的因素。宗教对话最初以"神"的名义和诠释"神"的初衷发起，但是，宗教对话的张力却表现为"人"对于"神"的解读，正因如此，神性对话中的"人性"问题也就凸显了出来。

以上论述可见，西方宗教学者已经开始反思"神学"对话中的"人性"问题，对此，日本一些从事宗教对话理论研究的学者并未进行太多理论推衍，日本的一些传统佛教、新佛教教派代表虽然积极参与宗教对话、合作或者互动灵修实践，但也未形成具有东方宗教特色的对话模式或理论架构，"宗教对话"问题一直在遵循近代西方宗教概念，延续西方基督

① 〔美〕斯特伦：《人与神——宗教生活的理解》，金泽、何其敏译，上海人民出版社，1991，第334页。

教模式，对于宗教对话中的"人性"问题鲜有论及。前文已经谈道，当代宗教对话的开展是以基督教、天主教等西方文明的代表性宗教为发起者和主导者的，因其本身具有语言解释性的宗教传统，故而当前东西方宗教对话的模式也多是以基督教与其他诸宗教的关系为主要研究内容的。相对而言，置身东方文化语境，围绕佛教、"多神信仰"的道教、人文色彩浓厚的儒教等宗教展开的"对话"模式研究或宗教对话实践范例化研究则显得薄弱。由于东方宗教偏重于以传统的静悟炼养为主要修行方式，在置身于世界文明、宗教对话的语境之中时则显得不够积极主动，这也是立足东方宗教视角的对话理论研究尚不多见的原因。那么，神学对话、信仰对话中的"人性"问题是否可以成为东方宗教形成自身对话理论特色的一个切入点呢？池田大作的对话则体现出将文明对话、宗教对话"人性化"的明显特征。

第三节　池田的"对话"模式与"人间论"特色

第一节主要论述了全球化时代广泛开展文明对话、宗教对话的重要性与必要性，并且谈到了世界宗教对话的传统模式在不断调整，发生了一些新的变化。第二节意在总结当代宗教对话理论研究的一些代表性观点，关于宗教对话中的"人"这一要素，即如何看待"神性"对话中的"人性"问题，代表了学界一种新的思考动向。本节将对池田大作的对话模式与思想特色进行总结，对池田大作的"人间论"对话思想展开分析，同时评述其"人间论"对话思想对于日本佛教日莲思想的扬弃。

一　池田的"典型对话模式"

如前所述，池田大作在近 40 年的时间里始终致力于推广文明、宗教对话，自 20 世纪 70 年代，与世界各国、各领域的杰出代表与知名人士展开广泛对谈，会面与交流总人数超过 7000 人①，进行正式谈话、讨论的对象

---

① 東洋哲学研究所編『池田大作 世界との対話 平和と共生の道を開く』，第三文明社，2010，15ページ。

人数超过 1700 余人，正式出版了对谈集 70 余部。通过本书第三章、第四章关于池田大作文明对话、宗教对话实践的范例性研究，池田大作的"对话"已经形成了一种具有池田大作自身特色的模式，因此，本文中多次使用"池田对话"这一专有名词，以下对"池田对话"的模式进行归纳。

第一，对话目的："人"的变革。池田大作站在东方大乘佛教的立场，着眼当今时代人类生存的现实状况，以独具日本日莲佛教实践特色的"对话"行动来传播救世度人的法华精神，通过有深切人文关怀的"对话"交流来促进自己与他人从内心到行动的转变与提升，从而完成"人"之现世拯救的直接目的。而其远大目标则在于将佛法广泛传播，通过自己与他人、他人与他人这样的"对话"式传递，相互促进思想深化与提升，从一个人的思想与行为方式的转变，带动和帮助他者转变，从而期待优化整个人类生存状态，以实现人类社会生活方式的良性变革，完成生命价值的创造，这种自利、利他的行动即其所谓"人间革命"。

第二，对话主题："人"的幸福。从池田大作在对谈集中与对谈对象讨论的内容及其主题可见，池田大作的对谈主题是紧密围绕"人"而设定的。从对谈集目录中出现的关键词诸如"文明""人·人间""和平""教育""宗教""文化"等可以看出，池田大作的对话，其主要探讨内容从未脱离"人"这一中心，如何解决困扰人类的难题、化解人类生存的危机，如何坦然理智地面对与人的生命境遇相关联的问题，这些话题从根本上来说都是在寻求实现人类和平幸福的道路。如何实现"人"之幸福是池田大作 40 年对话不曾动摇的大主题。

第三，对话范围："人"的拓展。首先，参与者范围的拓展。池田大作认为"人"是对话的主体，这里的"人"是指平等的、具有佛性智慧的人。他打破了那种只有教团教派的权威代表才有资格参与到文明对话、宗教对话之中的传统，其对谈对象的身份各异，有政界要人、文化名人、学者、宗教领袖，也有社会团体的组织者等等。而且，创价学会普通会员的常规活动方式即为召开相互倾听、交流的座谈会，内部每一位会员都参与其中。如果说池田大作的对话是一种创价学会与外部的对话，那么其教团内部的座谈会也可以理解为是一种教团内部普通会员的"对话"模式。另外，不仅仅限于人与人的对话，池田还倡议人与自然、环境对话。可以说，从"池田对话"看来，"对话"是顺应时代的需求，只有在"人"的层面、在广泛的范围普遍展开，才能实现"人"的现世拯救。

第四，对话方式："人"的面对面。池田大作提倡人与人之间的对话，要遵循"一"对"一"对话的原则，即对话对象需单方且唯一，而且要采取面对面的直接、多次沟通的方式。池田大作认为，只有一个人心无旁骛地面对另一个人，真正的对话和交流才可能达成，而人数众多的对话难免流于寒暄。作为对话的参与者，一定要相互见面并提前进行必要的了解与情感沟通，将"对话"建立在人与人相互交往、具备最基本的信任的基础上，才会达成有诚意、有成效的对话。此外，从"池田对话"的整体状况来看，其对话方式又具备多样性和长期性的特点，最初通过"面对面""一对一"的直接对话建立了解与信任，进而还会相约多次对话，并配合笔谈等形式，是一种长期的、人性化的对话模式。

第五，对话态度："人"的谦诚。从对话态度来看，池田大作在对话中表现出了谦逊、坦诚的态度。首先，"谦"才能促成对话中的互动。关于对话态度，与"排他"相对的态度即是"宽容"。但"宽容"的概念本身具有模糊性与可变动性，而且也包含了一种将他人囊括于自身之中的优越感，尤其在与自身信仰相关的宗教对话之中，对他者信仰的"宽容"难免暗含着一种与自宗教相脱离的隐忧。池田大作主张人们应以谦逊、坦诚的态度来对话，对于对谈对象的人格及其信仰表现出足够的尊重，"谦逊"即是一种尊重他人的表现。只有以虚心了解、潜心向他者学习的谦逊态度才能保证对话的互动性，而非独白。其次，这里的"诚"有两种含义，一种是希望与对方开展对话的诚心诚意，也是发起对话的一种原动力；还有一种将"对话"坚持到底的不懈努力。由于诠释信仰的主体是人而非神，对话中难免遇到一些因见解不吻合或表述不当的问题，但池田大作主张即使如此仍不放弃对话，要发挥坚韧忍辱的精神将对话进行到底。围绕一些问题，他还与同一对谈对象进行反复多次的对话，表现出非常大的对话诚意。池田大作的对话得以坚持40年，很大程度上得益于他的对话方法与对话态度。

第六，对话益处："人"的深化。池田大作开展的对话虽然着眼于当今社会人类文明方式有待转换的大背景与解救人类苦难的初衷，有着希望通过人性革命来完成社会变革的目标，但就对话本身而言，其最直接的作用即是通过对话，与他者相接触，从而实现自身在自他认知方面的双向超越，这里所谓的"双向"，既包括对内的超越，即自我认知的深化，也包括对外的超越，即对他者认知的深化。从信仰的角度来说，则表现为一种信仰的"超越"与"回归"，也就是说，"对话"并不是意味着信仰的脱离与背叛，而是意味着以"超越"自身的方式更好地"回归"自身信仰。①

二 池田对话模式的"人间论"特色

从上述"池田对话"模式中可见，"人"是池田大作对话的原因也是目的，因"人"而"对话"，也是为了"人"而对话，更是为了通过"人与人"之间的对话来完成一种人性自身乃至人类社会整体的提升与变革。池田对话具有理论与实践的双重面向。一方面，以"人"为本的"人性论"，即所谓"人本主义"是"池田对话"思想的核心和主线，也是池田大作具有东方佛学特色的"人间论"对话观的精髓所在。另一方面，强调不同主体平等地展开对话、遵循"主体间性论"原则的实践性则是池田大作"人间论"对话观的另一大特色。

（一）池田对话"人性论"的核心理念

首先，强调文明对话中的"人性"要素。池田大作将"文明对话""宗教对话"最终具化为"人与人的对话"，将决定对话成败的要素归结为"人性"的彰显与提升。也就是说，文明对话也好，宗教对话也罢，应首先立足"人"这一前提。"人"这一共同性是"对话"得以达成并能够冲破国境、民族、意识形态等壁垒的基础和前提。"对话，可以说是人之为

---

① 陶金：《宗教对话的"超越"与"回归"——星川启慈宗教对话理论述要》，《世界宗教研究》2016 年第 1 期。

人的一种见证。"① 无论是文明交往与文化交流，还是宗教间的教义互陈与精义辩难，其参加者首先无法脱离"人"这一基本单位。而且，对话内容本质上也是每个参与对谈的"人"对于自身与他者之文明、文化、宗教信仰等内容的陈述与感知，因此，如若脱离了"人"与"人"之交往中的信任、尊重、理解、包容等基本前提，任何对话都会停留在语言表面而无法深入。

其次，坚持对话是"人性"成长的途径。池田大作把"对话"理解为人性的接触、精神的互动，通过"对话"完成的"人"与"人"之间相互的思想激扬与行动上的合作，是超越自我与深化自我的过程，坚持对话是完成"人性"成长的途径。池田认为，人，并非自然成为其人，而是在对话与语言的海洋之中相互接触，在交流之中实现人性的成长。每个人都应以努力超越自身的藩篱作为对话的前提，"能否勇敢地迈出超越自身的'一步'，达成人与人之间坦率的灵魂层面交流，应该就是跨越重大壁垒的关键"。② 同时，对话还对"第三方"具有示范作用。这一思考也具有启发性，"让对话过程成为第三方的人们如何抉择未来方向的一面镜子"，也就是说"对话"这种对于"人性"成长的示范性与启发性是"对话的价值和真髓"所在。

最后，坚信"对话"促生"人"之变革，最终会带动社会的整体变革。池田大作始终强调"对话"中蕴含着创造力与"变革的爆发力"，"对话"是创造新的人类文明的原动力。池田认为，"对话"是人的"创造性的转化"过程，可以分为两个方面：一是"他律"向"自律"的转化，即通过"对话"的触动"由外向内"的完成自身的变革与深化；二是"自律"向"大同"的转化，即通过与他者"对话"来实现"变革性的创造"向"创造性的变革"转化的过程。对话中激发的创造力会引发群体变革，通过"对话"完成"人类整体的变革"，这才是人类文明的希望，也

---

① ノーマン・カズンズ，池田大作：『世界市民の対話——平和と人間と国連をめぐって』，毎日新聞社，1991，『池田大作全集』14，聖教新聞社，296ページ。

② ノーマン・カズンズ，池田大作：『世界市民の対話——平和と人間と国連をめぐって』，毎日新聞社，1991，『池田大作全集』14，聖教新聞社，290ページ。

只有实现广泛的"自律",完成自身的变革,才有可能实现"和而不同"的"大同"。

(二) 池田对话"间性论"的实践

池田大作"人间论"对话思想的特色还表现为鲜明的实践性。由于对话实践需要在不同主体之间展开,因此需要遵循对话与交往中的"间性论"原则,重视人与人、宗教与宗教、宗教与社会、人类与自然之间的关联性,以开放的态度、平等的姿态拓展对话实践。

首先,池田大作的对话实践论,关注现世中的"人"但不局限于"人"。池田对话中表现出清晰的现实关切与救世本愿,他与众多对谈对象反复讨论的如和平、教育、文化、宗教、生态等问题都是当代文明对话、宗教对话的热点、难点问题。另一方面,"池田对话"的关注点并未局限于"人"的个体或"人类"自身。他始终强调,"对话"是人类自身原初性的需求,也是区别于动物的本质特征之一。人需要"对话",在与他者的对话中实现自我成长,因此必须慎重对待人的群体与社会。换言之,"对话"是"人与人""人与社会"相调和的一种方式。宗教团体作为具有共同的精神信仰与追求的"人"的集团,更需要开放自身,真诚对话。同时,池田认为人类需要与自然界和谐共生,牺牲自然以谋求人类自身发展的生存方式是非理性的,因此他在对话中多次提到人与自然的关系问题,与自然的对话也是池田大作对话思想的重要组成部分。可以说,池田大作倡导的对话,不但是一种绝对平等的对话观,更是强调人、宗教、社会、自然广泛对话与和谐共生的实践性的对话观。

其次,池田大作的对话实践论,强调"人性"的普遍基准,主张实践先行。与许多认为"对话"无实效、难平等、排斥"对话"的宗教人士不同,池田大作主张当今世界的各大文明、各大宗教、各界团体乃至人与人之间是平等的主体性存在,可以开展广泛的对话。这种"主体间性"的平等原则,认为"人性"可以成为当代人类对话的共通基点,只要是"人",都可以达成对话。而且,与许多宗教代表和学者对于"对话"不当易引发冲突等负面效应的忧虑不同,池田大作认为,只要本着坦诚相待的原则,在人与人之间展开面对面的沟通，就一定能够打破心灵壁垒，最终实现真正的和平。这样的方法虽然因其原初性而显得迟缓，但却是最行之有效的方式。可见，池田大作所主张的"对话"，是一种基于"人性"基础上的普遍的、实践先行的对话观。

再次，池田大作的对话实践论，坚信"对话实践"可提升"人"的价值。正如池田大作的对话实践行动是伴随着世界政治、经济、生态等大的环境变化和教团发展状况而不断调整并逐步拓展的一样，池田大作关于文明对话、宗教对话的相关思考也是在对话实践中不断深化的。也正是这样的切身经历让池田大作坚信在对话中可完成生命价值的提升与拓展。正如本书第二章所述，池田大作在其对话实践行动中不断补充、修正和深化着自身的思想认识，其对话思想在与全球众多国家、众多领域的代表人士进行接触、沟通、交流的过程中不断得到激扬，表现出不断丰富、充实、深化和进步的发展特点。因此可以说，池田大作的对话实践论，是一种不断丰富和发展的对话观。

最后，有效的方法是保证池田大作对话实践取得成功的重要条件。池田大作的文明对话实践，之所以能够完成与众多人士的对谈，并坚持数十年之久，也是因为他在长期的对话实践中总结了一套行之有效的方法。比如，坚守自身的佛学立场并积极传达自身对大乘佛法、日莲佛法的思考与理解，但并未将对话目的设定为希望对方改变立场和信仰；在与对谈对象的探讨中，池田大作的基本态度是求同，即找到共通之处，并在"同"的方面进一步拓展话题和思路，而非执着于"异"去争论不休；另外，"池田对话"还有一大特色即是在对话之初通常会进行情感沟通，围绕对谈对象的成长经历、家庭情况、知识背景等一些人性化、私人化的话题进行交流，真诚地相互沟通与表示关注。笔者认为，这种以友情开场的对话方式看似缺乏学理性、专业性的深度，但却是"人"之对话必不可少的情感铺垫，对于对话双方下一步能够在坦诚、互信、友好的气氛中深入地开展信仰对话、学理性对话有非常重要的意义。

（三）池田对"佛性"意蕴的现代转化

池田大作"人间论"对话思想与实践中对于"人性"的高度尊重，事实上是他将大乘佛教《法华经》中"佛性互俱"的传统思想通过"对话"实践加以现代性阐扬的结果。

如笔者在前文中具体分析的那样,《法华经》强调"人人皆有佛性",池田大作认为这种众生"互俱"的"佛性"就是对话的基础。也就是说,池田大作强调的对于"人性"的尊重,本质上源于对他者"佛性"的尊重。创价学会第二任会长户田城圣在狱中悟出了"佛即生命"的法理,也成为池田大作"人间论"对话的一种思想基础。

依池田看来,无论是文明对话还是宗教对话,"对话"实践本身发生在作为主体而相互存在的"人"与"人"之间,"人"是对话的主体。"佛性互俱"之理,为以"人的对话"为表象的对话实践提供了理论依据,在人与人、面对面、开放、坦诚的对话之中,深潜于生命体内部的佛性会在磨砺与激发中得以彰显。而户田悟得的"佛性生命论"则进一步拓宽了池田大作对话思想的实践性内涵,基于"生命"层面的广泛的对话实践,可以为人与自然的对话提供更广阔的思想空间。因此说,池田大作以"对话"作为切入点,将大乘佛教《法华经》中喻示的传统的佛性智慧、日莲佛法的实践性特质以及创价学会第二任会长的"佛性生命论"体悟进行了现代性的阐扬,进而以"人间论"对话的形式不断阐发和推广实践。

三　池田"人间论"对话思想的东方传统

池田大作的"人间论"对话思想及其实践中坚持的"人性论""人本主义",除上述从佛学视角的解读,还需分析东方文化传统对其思想和行动的影响。池田对话中强调的"人文主义",并不同于西方文艺复兴时期反对"教会""神权"的"人文主义",而是具有浓厚东方文化色彩与信仰特征。宗教不可能脱离外界文化环境而存在,对于池田对话,我们还应从东方宗教,东方文化传统的视角来解读。正如楼宇烈先生所言:

> 宗教是一种重要的社会文化现象……宗教作为文化的一个重要组成部分,也包含了它的价值观念、思维方式、生活样式以及信仰习俗等等,同时又都是跟整个文化的这些观念紧密联系在一起的。所以,我们

研究一个民族、一个地区或者一个历史时期的宗教文化时，就不能脱离它所赖以存在的整体文化环境，否则将不可能准确揭示这一宗教文化的特点。这也就是说，当我们在研究某一个特定民族、地区或历史时期的宗教文化时，必须要从该民族、地区的整体文化特点入手去分析其宗教文化的特点，并由此归纳出合乎本土宗教发生、发展、变迁等相关的宗教理论来指导本土宗教的研究，而不应当简单地套用根据其他民族、地区文化传统和宗教特点下归纳出来的宗教理论来研究它。①

池田大作曾多次在对谈中提到，在文化方面，中国是日本的"大恩之国"，无论是汉字的东传还是先进生产技术传播到日本，历史上进步的中华文化曾给日本本土文化带来了质的飞跃，日本文化中也保留着很多中华文化泽被的烙印。

首先，中华传统文化对于"人"的重视表现为"向内"悟达和自我超越。对此，海外华人学者余英时曾提出一种看法，即中国文化的核心精神就是"内在超越"。"内在超越"的说法是与西方文化比较而言的，所谓的"超越"是指"在现实之上寻找价值的根源"。按照他的理解，西方人是"到世界之外去找价值根源"的，"真、善、美"是源于"上帝"的，而中国人是"到内心里去找价值根源"，向内探求、悟达"真、善、美"。

其次，中华文化中对于"人的问题"的思考由来已久。哲学史家庞朴先生曾对比中国的"人文思想"来思考西方的"人文主义"。现代人一般认为，"人文主义"是一个西方概念，因为自文艺复兴和启蒙运动开始，人文主义就是西方思潮。这种思潮倡导的是"人的尊严"，是用"人文"反对"神文"，用"人道"反对"神道"，即反对中世纪的神学权威。但是，西方人文主义是在 17 世纪以后才高涨起来的；而中国文化从孔子开始，或更早一些，从春秋时期就非常重视"人的问题"了。

孔子的一个很重要的概念就是"仁义礼智信"中的那个"仁"

① 楼宇烈：《探求合乎东亚本土文化传统的宗教学研究理论》，《中国宗教》2008 年第10 期。

字，就是以人为本位，以人作为自己学说的目的，是尊重人的一种学说。中国的宗教观念很弱，而其宗教观念很大一部分是祭祖先神，非常崇拜自己的祖先。崇拜祖先这样一种宗教观念，实际上是一种人文主义的东西，它跟尊奉其他的神不一样。尊重祖先实际上是尊重我们人自己，它不是主张有一个超人的东西，冥冥之中有一个主宰人的超人的东西。当然，祖先也被看作一个神，但是这个神终究是和自己有着血缘关系，所以说它实际上是人。因此，甚至在宗教上，中国都是人文主义的……①

历史上，中华文化对日本的影响深远，同为东方国家，日本宗教表现出明显的东方宗教色彩，诸如多神信仰、祖先崇拜、人神崇拜等。日本宗教与民俗研究的著名学者梅原猛先生也指出日本本土信仰的两点特征，其一是祖先崇拜与死者供养，"祖先崇拜和死者供养本来是佛教传入以前日本的土著信仰，是后来渗入到佛教中来的，而且逐渐成为日本佛教的核心"；其二是生命的永远循环，"认为一切众生都是平等的，都具有同等的佛性，所有的众生都可以往生"，"认为人死后前往彼世，然后再托生回到现世"，"生命是永远循环的，生命是永久的"。② 中日两国的文化传统中都具有重视人文精神的思想特质。池田大作作为日本文化环境中成长起来的宗教家，其"人本主义"对话思想也是源于东方文化传统对其的影响与理论支撑。

第四节　日本当代佛教视角下的池田对话思想评析

世界文明对话、宗教对话的广阔视域中，我们如何看待和定位"池田

---

① 庞朴：《中国文化传统的继承和发扬问题》，《论中国传统文化》（中国文化书院讲演录第一集），生活·读书·新知三联书店，1988，第83页。在此要说明，以上概述的是庞先生关于"中国文化的传统精神"的主要论证，文中关于"中国文化传统发生与发展的三大时期"、"西方民主与科学观念的神学传统背景"的分析，也对我们重新理解中国文化传统的基本精神有所启发、值得思索。

② 梅原猛：《世界中的日本宗教》，卞立强、李力译，四川人民出版社，2006，第69~73页。

对话"以及与"池田对话"类似的一些新宗教团体的对话现象呢？对此，笔者从日本宗教近代化历程及其发展形态的角度进行解读。

一　池田对话思想与日本新佛教的发展

（一）新佛教运动在日本的发展

日本新佛教是相对于日本传统佛教而言的佛教形态，也称"新佛教"，是佛教东传日本以后，与日本本土文化相结合，经日本佛教祖师进行再解释后形成的一种独特的理论体系和实践体系。东传日本的佛教中，以中国天台宗影响最大，而被天台佛教尊为第一宗经的《法华经》对日本社会影响最为深远。日本的新佛教中，依《法华经》发展起来的"法华系"新佛教团体的数量最多，信仰者人数也居首。日本新佛教的发展，通常认为经历了四个历史时期，即第一阶段（1860～1895），代表性教团是本门佛立宗；第二阶段（1920～1945），代表性教团是灵友会；第三阶段（1945～1970），代表性教团是创价学会、立正佼成会等；第四阶段（1970 年至今），以阿含宗等教团的创立为标志，还出现了众多新宗教团体。

（二）新佛教团体的"二次现代化"

日本新佛教团体的近代化过程，是日本新宗教近代化过程中的一个重要组成部分。日本的新宗教分神道系、佛教系、印度教系、基督教系等诸多派系，日本新宗教研究的知名学者西山茂认为日本新宗教经历了"两个近代化"① 过程。明治初年到明治末年、大正初年的时期被称为"第一次近代化时期"，其代表性宗教是天理教、金光教等教团；第二次世界大战后到经历了高度增长期的 70 年代初被称为"第二次近代化时期"，创价学会、立正佼成会等宗教组织就是这一时期的代表。

1945 年日本战败以后，迫于美国的压力，日本开展了一系列民主化运动，宗教信仰民主化也是其中重要的一环。1946 年颁布的宪法中重新确立

---

① 西山茂：『現代の宗教運動――＜霊＝術＞系新宗教の流行と「二つの近代化」』，大村英昭・西山茂編『現代人の宗教』，有斐閣，1988。

了政教分离的宗教政策，日本宗教发展迎来了一个飞跃性的发展契机，各色宗教团体大量涌现，诸宗教进入了一个自由竞争、自由发展的阶段。新宗教团体以其信仰方式简便、活动方式灵活、关注现世救济、贴近民众生活等优势，信仰人数激增。创价学会作为日本最大的新佛教团体，就是战后日本新宗教团体中发展最快、影响力最大的代表。

（三）池田的人本思想与新佛教的特征

新佛教在日本当代社会的发展，已经表现出了很多与传统佛教不同的特征，对"人性"的尊重已经成为一种共识性的教理。比如当代日本新佛教否定出家主义而采取在家主义的修行方式，反对苦行，号召人们过符合现代社会特点的健康生活，重视信徒的健康、富足、成功等世俗的幸福，重视现实世界等。同时，从根源上来说，日本传统文化精神中对于神灵的认识原本就是相对的，万物有灵的思想是日本传统的、有代表性的思想形态。同时，日本文化根底的神道中有天照大神的传说，其中"神"也是和人共同生活在一起的，日本国民是神的子孙。因此说，在日本人传统的思想意识之中，神灵具有相对性，而非绝对的神。这也是日本民众能够很容易地接受《法华经》关于"佛性互俱"理念的深层文化原因。天地万物皆有神性，人亦是自己的"神佛"，"神佛"无须外求，这样的文化信仰传统就为"人本主义"思想的发展提供了最好的基础。现代日本社会，人们越来越重视个人主义、生命至上、人格价值等理念，这种以"人"为本的"人本主义"思想也可以说是现代日本社会人性主义发展的一种思想映射。

二　池田对话思想与创价学会的现代转型

（一）创价学会在战后的迅猛发展

在日本的新佛教团体中，创价学会是坚守"日莲信仰"的教团。由于"日莲宗具有社会性、民众性和实践性"传统[①]，日莲佛教信仰也表现出积

---

① 〔日〕铃木范久：《宗教与日本社会》，牛建科译，中华书局，2005，第47页。

极入世的特点，并强调"慈悲精进"的实践行动。正是由于这样的特点，日莲才表现出了"忧国忧民"、心系社会的强烈使命感。创价学会在其发展过程中也体现出日莲佛教积极入世的特征，通过文化、教育活动奉献社会，通过利他之心救度世人的倾向性。

如上所述，创价学会在战后日本的迅猛发展，不但顺应了日本宗教第二次近代化的历史潮流，同时也反映了日本民众在经历战争困苦之后迫切需要加入团体组织的愿望和对于信仰性精神支柱的需求。从历史上看，自明治维新时期开始，日本宗教就在与西方宗教的接触中，缓慢开始了向近代宗教的转型。1893 年，第一次世界宗教大会在美国芝加哥召开，日本派出佛教、神道等 8 名宗教界代表参会，这是日本宗教第一次与世界各大宗教展开正式交流与对话。通过这一契机，以佛教为代表的日本宗教，开始逐步认知西方宗教、哲学等近代理念，在长时间的东西之辩、佛耶论争之中选择性地吸收近代元素，这一过程一般认为是日本宗教的第一次近代化过程。二战以后，美国主导下的民主改革政策让宗教信仰自由的理念得以传播，日本宗教开始了第二次近代化转型，创价学会的发展正是顺应了这一历史契机。此外，战后的日本，废墟待建、物资匮乏、民生凋敝。饱受战争之苦的日本民众迫切需要一个精神家园以慰藉心灵，这种精神渴求成为战后日本各类宗教团体不断涌现的一个重要原因。创价学会在这一时期，得到了大量社会底层民众与背井离乡到城市谋生的工薪阶层的认可，会员人数不断增长。进入 60 年代以后，在池田大作的积极推动下，创价学会进一步统合了"自救"与"救世"的理念，不再以改变"贫、病、争"的身心状态为主要目标，而是将"消解城市孤独感"与"在利他行动中探求自身价值"作为修行理念与奋斗方向。加之创价学会本身强大的组织建设与运营能力，教团得以迅速发展。池田大作接任创价学会会长后，他提出的"七个钟"即创价学会战略发展的七个阶段的规划得以超额实现，1966 年，创价学会会员数已达 600 万户，至 1970 年，创价学会会员人数达到 750 万户，发展进入鼎盛期，成为日本发展最快、会员人数最多、势力最强大的新佛教教团。

（二）创价学会当代发展理念的转型

可以说，从战后到经济高速增长期的 70 年代，创价学会的发展重点在于自身的稳定与教团的壮大。进入 70 年代以后，和平与发展已成为世界各国的共识，日本社会发展也进入了稳定期。创价学会经过 20 年的迅猛发展，会员人数趋于稳定，在组织形态等各个方面已经发展成熟。池田大作作为创价学会的第三任会长，他意识到了教团发展前期的一些方式方法存在着与时代主题不相吻合的弊端，70 年代以后，创价学会全面调整了发展方针，活动重心开始向致力于促进世界和平与人类发展，加强教育、文化、学术交流的发展方向转移。

1975 年，国际创价学会成立，确立了三条基本路线："第一，国际创价学会的会员尊重自己国家的文化、传统，尊重法律，作为优秀的市民，为各自的社会繁荣做出贡献。第二，国际创价学会会员以生命的尊严为根本，兴隆人类文化和教育。为此，积极地促进国际文化交流和教育交流。第三，国际创价学会会员否定包括战争在内的一切暴力，并致力于人类的幸福和世界的和平与繁荣。为此，应以实现废除核武器和世界不战为远大目标，推行支持联合国宪章精神，协助联合国努力维护世界和平这条路线。"[1] 70 年代开始，学会发展日益国际化，创价学会开始从一个日本新佛教团体发展成为一个努力致力于世界和平、文化、教育事业的国际性宗教团体，活跃在世界舞台。据 2000 年 11 月公布的数字，创价学会会员数为 821 万户，并拥有海外会员约 150 万人。截至 2019 年，创价学会的会员人数增至 827 万人。从整体来看，近 20 年时间里，创价学会的会员总数虽增幅不大，但从日本人口总数来看，相比其他宗教团体而言，创价学会的会员数增幅比例仍不可小觑。而且，特别值得注意的是，由于不断通过各种形式的文化对话、教育对话、学术对话等加强与外界交流，创价学会会员分布范围由 2000 年的 186 个国家和地区增至 192 个，不但池田大作作为教团代表的国际认知度大幅提升，教团自身的国际影响力也不断增强。

---

[1] 创价学会学生和平委员会编《向着新的"人的主义"》（国际创价学会会长池田的和平思想与行动），第三文明社，1991，第 25 页。

（三）创价学会的发展与池田对话的凝聚力

如前所述，创价学会在维护世界和平、教育、文化交流和公益事业中做出的努力，为其赢得了较高的世界知名度。池田对话就是其中重要的一环。作为创价学会的代表，截至 2019 年 3 月，世界上已有 385 所大学及文化机构授予池田大作名誉教授等称号。

把教团的创立者、核心领导者作为教团整体的代表来尊崇，这是日本新佛教团体具有的基本特征之一。[1] 可以说，"池田对话"不仅仅体现了池田大作本人对于当今世界现实性难题的关注，对于人类发展未来方向的积极思考和解决问题的决心，更是集中了创价学会这一庞大教团的集体智慧与力量。相对创价学会内部而言，池田大作在对话中表述的观点，也代表了创价学会的思想宗旨和发展动向。池田大作在对话中关注的人类社会未来发展的现实困难与热点问题，通过面向学会内部发行的新闻媒介传达给普通信众，这样的方式容易在教团内部形成共识，强化信众的凝聚力。

还需关注的是，池田对话的对谈对象主要是世界范围内众多领域的知名人士，随着国际文明对话、宗教对话运动的拓展，未来的创价学会，能否以更加积极开放的心态、更加切实可行的方式、更加主动地与日本及世界各大宗教、文化团体展开对话与合作，将是"池田对话"能否进一步发展的关键。

---

① 张文良：《日本当代佛教》，宗教文化出版社，2015，第 100~108 页。

结论　关于"池田对话"的几点总结与反思

近年来，新宗教研究越来越受到学界关注和重视，成为宗教学研究领域的重要课题，代表了一种新的研究视野和方向。北京大学教授楼宇烈先生指出，"新宗教研究是现代宗教学研究领域内具有重要的理论价值和现实意义的研究课题。近代以来，东亚的日本和韩国，都是新宗教迭兴的国家，其教派数量之多，社会影响之深广，在世界上也是极为罕见。日本是被称为'宗教大百科'的国家，韩国则是'世界宗教博物馆'。把这两个国家的新宗教研究清楚，对了解当今世界新宗教发生的原因、特点、作用、影响等，当有极大的参考价值。"同时，他还指出新宗教与社会发展的关系。"世界新宗教问题，已是当今世界不容忽视，更不容回避的一个现实的宗教信仰问题，也是一个影响广泛而深远的社会问题。换言之，也可以说是一个关系到现代人身心健康发展的问题，是一个关系到社会和谐稳定发展的问题。"①

很长时间以来，中国展开的日本佛教研究，一直偏重于日本传统佛教，而对于日本新佛教发展现状知之甚少。事实上，日本新佛教是日本佛教在现代社会发展的一种重要形态，具有重要研究价值，对于我国当代佛教的发展也具有重要的参考意义。方立天老师一直强调："随着中日佛教交流的深入，我们迫切需要加强对日本佛教特别是当代佛教的了解，但遗憾的是，关于日本当代佛教的研究著作并不多，特别是综合性研究著作。这种状况显然与中日佛教漫长的交流历史不相称，也与当下中日佛教交流的现状不相适应。如何认识并把握日本当代佛教的现状和发展趋势，是当

---

① 楼宗烈：载金勋《韩国新宗教的源流与嬗变》序言，宗教文化出版社，2006。

代佛教界和佛教学术界面临的紧迫课题。"① 就东方宗教界而言，日本佛教团体参与世界宗教对话的时间最早、历史最长，态度也最积极，可谓"参与世界宗教对话的先行者"。名目繁多、人数庞大的日本新佛教团体，是当今日本参与世界宗教对话的最活跃的力量，甚至可以说，"宗教对话"已成为日本新佛教团体的一种常态化的活动方式，这一现象有待引起我国学术界关注。

创价学会是日本第一大佛教团体，在 20 世纪 70 年代就曾向我国政府承诺坚决不在中国大陆地区展开任何传教活动，并一直以民间团体的姿态积极致力于维护中日关系，推进文化、教育交流。池田大作是一位思想开明的宗教家、活跃在国际舞台上的社会活动家，一直受到我国政府的重视和欢迎。我国多位国家领导人曾先后正式接见池田大作先生，比如周恩来、邓小平、江泽民、胡锦涛。日本创价学会也是维护中日两国友好关系的重要力量。2018 年 9 月 27 日，国家副主席王岐山在北京会见了创价学会现任会长原田稔一行。中国人民对外友好协会与中国日本友好协会为表彰创价学会对于中日关系改善做出的重要贡献，联合授予池田大作先生"中日友好贡献奖"。可以说，创价学会虽然是日本新佛教团体，但是一直作为维护中日友好关系的重要民间力量在发挥作用，但我国对于创价学会的历史、现状、佛教思想源流等知之甚少。

一　池田大作"人间论"对话观的提出

在以往的池田大作思想研究中，通常以"人本主义""人学""人性论"等说法来概述池田大作的思想特征。本书基于池田大作关于文明对话、宗教对话的一些见解及其对话实践特色，结合日文原文词义，尝试总结提出：池田大作的对话理论是一种以大乘佛学之"佛性互俱"之理为根基，以日本日莲佛教的实践论为导向、以现代交往平等原则的"主体间性"理论为依托，以谋求世界和平发展与繁荣文化、教育等人类福祉建设为对话内容与实践目标的"人间论"对话观。

---

① 方立天：载张文良《日本当代佛教》序言，宗教文化出版社，2015。

池田大作倡导的"人间论"对话至少具备人、宗教、社会、自然四个面向，应从四方面关系性来考察。

第一，人与人的对话。"对话"是人作为社会性存在的必然需求，也是人区别于其他生命体的根本特征。人是社会文明的创造者，文明对话或宗教对话，归根结底是"人"的对话。池田认为，对当代和平造成威胁的许多潜在的暴力问题，源于人类彼此之间互不信任的"闭锁的心"，这是威胁现代社会健康发展的一种深刻的"文明病"①。人的问题，最终需依靠"人"而非"神"来解决，人与人之间展开真诚"对话"，才能在全球化时代找到心灵的安居处。

第二，宗教与宗教的对话。池田大作多次与不同信仰背景的宗教人士展开对话。关于宗教之间的对话，他在理性探讨差异的同时，主要采取了求同的方式。这并非意味着放弃信仰或妥协。宗教作为一种人类信仰的特殊意识形态，本身具有排他性特质，正如日本宗教对话理论研究的知名学者星川启慈所言，"排他主义"本身是一种"虔信主义"。② 池田大作通过与他宗教对话，在对比与探讨中坚定了自身对于佛教的信仰，其本质上是一种信仰的深化。这也是宗教对话的真正意义所在。

第三，宗教与社会的对话。宗教团体是具有相同信仰的人的集合，是特殊的社会团体。池田大作认为，人是宗教的目的，一切宗教都应是以人的幸福为奋斗目标，而不是去牺牲人或控制人。现代宗教需要在社会奉献中找到自身价值。自20世纪70年代以来，创价学会不断参与到世界各国的文化、教育领域的交流之中，并在日本的和平外交事业中发挥出了民间团体的重要调解作用，自身也在这一过程中实现了不断扩大与发展。这也证实了池田大作在对话中阐明的"广泛的社会贡献乃宗教的生命线"③ 之主张。

第四，人与自然的对话。对于自然的态度，是"池田对话"的另一个重要理论向度。人类存在于人与人、人与社会的对话，在完成"人性"向"佛性"的自我革新与创造过程中，对于"人间"——即"人类居住的世

---

① 池田大作：《和平世纪的倡言》，天地图书有限公司，1997，第171页。
② 星川启慈：『対話する宗教—戦争から平和へ—』，大正大学出版会，2006，83-86页。
③ アブドゥルラフマン・ワヒド、池田大作：『平和の哲学 寛容の智慧』，潮出版社，2010，119-121ページ。

界"有了更深刻的认识与反省。自然是人类赖以生存的重要环境，与自然的对话，则表现在与自然和谐相处的过程之中。通过人类转换自身生活态度的"人间革命"，重新反思现代文明方式的不足，改变那种以征服自然和驾驭自然为目的的傲慢态度与野蛮的开发方式，把尊重自然的发展规律、谋求与自然共生共荣的理念当作当务之急、重中之重，当代人类文明才能踏上一条顺畅无忧的良性发展之路，才能实现真正意义上的世界和平。

二　"池田对话"的现代意义及其问题

在全球一体化的时代背景下，池田大作的文明对话思想及其实践活动，表现出当代日本新佛教团体的一些典型特征，也代表了现代佛教以一种全新的入世态度和努力与国际接轨的发展倾向。同时，相关的一些问题也值得深思。

（1）"池田对话"是由日本新佛教团体创价学会的教团领袖池田大作发起并付诸实践的，融合了当代世界宗教对话精神，并彰显出东方宗教，尤其是日本日莲佛教特色的文明对话运动。"池田对话"表明了日本新佛教团体积极参与到世界文明对话、宗教对话行动中的实践态度，不但反映出以崇尚人本理念、追求现世幸福的日本新佛教团体对当代人类文明发展的忧患意识，更代表了创价学会这一国际性的新佛教团体希望投身捍卫人类和平事业之中的使命感。在全球一体化的时代背景下，众多新佛教团体谋求与社会共同发展、与时俱进，其开放对话的姿态、奉献社会公益的方式是值得肯定的。如何客观评价其贡献度问题、如何避免过激性防范、片面性苛责与信仰性吹捧等问题值得深思。

（2）"池田对话"是世界文明对话、宗教对话的重要组成部分，代表了日本新宗教团体与世界对话的要求，也是一种东方宗教参与世界文明对话、宗教对话过程中具有现实意义的尝试。"池田对话"主要以文明对话的形式展开，也对传统意义上的"宗教对话"之参与者范围、形式、方法等"规则性要求"进行了具有实践意义的拓展，在此基础上，以和平、文化、教育等为探讨主题的对话，为宗教界和社会各界人士更好地对话提供了一个更广阔的空间，也是世界文明对话、宗教对话的一种新向度。但同时，这样的拓展是否恰恰反证了宗教信仰层面的对话的难度之大呢？是否会带来一种泛化和同质化的结果呢？在全球精神一体化趋势越来越明显的现代社会，国际与各国国内宗教团体之间的对话、各大文明间的交往，应该怎样和谐有效地开展，宗教对话实践中的难题如何破解，有待引起学界和教界更多关注。

（3）"池田对话"的过程与成果最终以对谈集的形式系统出版，将语言性的"对话"以文字形式记录并对外公开，敢于听由世人评说。池田大作与世界知名人士的大量对谈记录是东西方思想与智慧的集结，可谓半个多世纪以来东西方名人共同围绕人类生存现实与未来发展方向问题的探讨与叩问，是将"文明对话"的语言以文字形式记录下来，并勇于呈现在世人面前的系列集锦。事实上，在日本开展的许多宗教对话现场不接受无信仰人士观摩、不允许录音，与宗教相关、体现个人信仰体悟的对话作为一种灵性层面的对话形式，是否应接受世俗的审视与检验的问题，也是我们可以透过池田对话的表象进一步思考的问题。

（4）池田大作本人具有较强的领导能力和作为宗教家的使命感，举创价学会教团整体之力投入"池田对话"事业。池田大作坚持拓展文明对话、宗教对话40余年，表现出非常积极的对话热情，将他自身对当代人类文明的忧患意识和捍卫人类和平发展的坚定信念倾注到了"池田对话"。池田大作本人的思想也在40年的文明对话、宗教对话实践中不断充实、丰富，通过与他者的沟通，不断对自身传统理念进行现代性的阐发，在拓宽其国际视野的同时也带动了整个教团的现代化。

"池田对话"这样一种具有自我超越性与他者融合性的文明对话实践，是否为我国当代诸宗教团体的代表人物参与世界文明对话、宗教对话提供了一种可以借鉴的范例呢？尚有待于结合我国诸宗教发展的历史与现状进一步反思与论证。

（5）池田大作提出的以"人的生命论与价值论转换"为共同基轴的对话理念，体现了东方文化与宗教信仰特点，拓展了教内外人士广泛开展文明对话的共同基础。但是，池田主张的以"人性"的"生命论"与"价值论"为根基的对话理念，如何寻求一神论宗教信仰者的认同，如何在促进诸宗教之间开展"信仰对话"发挥现实作用等问题，还有待进一步研究。

2015 年 3 月 28 日，我国国家主席习近平在博鳌亚洲论坛演讲时指出："要促进不同文明不同发展模式交流对话，在竞争比较中取长补短，在交流互鉴中共同发展，让文明交流互鉴成为增进各国人民友谊的桥梁、推动人类社会进步的动力、维护世界和平的纽带。"2019 年 5 月 15 日，亚洲文明对话大会在北京召开。可以说，随着全球一体化进程的加强，文明间的"交流"与"互鉴"已经成为时代的关键词。文明对话，是各大文明"交流"与"会通"的基本形态，文明间的"互鉴"是"对话"的目的，亦是一种回馈性成果。发起并推动大文明间的"对话"，促进各大文明"在交流互鉴种共同发展"，是中华文明复兴的必经之路。从这一意义上来说，本书对于"池田对话"的关注与思考，或许能提供一种范例分析与对比研究的视角。在此基础上，若能进一步在更广阔的视域中，将池田大作的对话理论与日本其他宗教团体、东亚地区其他宗教领袖的对话理论展开比较研究，不但能够更深入的理解和更客观的评价池田大作其人、其对话思想，亦可为我国未来的文明对话理论研究与实践提供更多参考。这也是笔者在未来研究中将努力拓展的方向。

参考文献

一 中文参考文献

1. 中文著作

［1］何劲松：《日莲论》，东方出版社，1995。

［2］黄保罗：《汉语学术神学》，宗教文化出版社，2008。

［3］黄保罗：《大国学视野中的汉语学术对话神学》，民族出版社，2011。

［4］刘景华主编《东方的额"西学"——日本国起落兴衰的历程》，中国文史出版社，1999。

［5］刘述先：《全球伦理与宗教对话》，河北人民出版社，2006。

［6］李庆：《池田大作传》，浙江人民出版社，2008。

［7］冉毅：《"人性革命"——池田大作"人学"思想研究》，四川人民出版社，2005。

［8］王晓秋：《近代中日文化交流史》，中华书局，2000。

［9］王丽荣：《池田大作德育理论及其实践》，黑龙江教育出版社，2012。

［10］王志成：《当代宗教多元论》，宗教文化出版社，2013。

［11］王志成：《和平的渴望：当代宗教对话理论》，宗教文化出版社，2003。

［12］王志成：《全球宗教哲学》，宗教文化出版社，2005。

［13］吴潜涛：《日本伦理思想与日本现代化》，中国人民大学出版社，1994。

［14］张志刚：《宗教哲学研究》，中国人民大学出版社，2009。

［15］张志刚等：《当代宗教冲突与对话研究》，经济科学出版社，2011。

［16］张志刚：《宗教哲学研究——当代观念、关键环节及其方法论批判》，中国人民大学出版社，2003。

［17］张文良：《日本当代佛教》，宗教文化出版社，2015。

［18］张志刚：《宗教学是什么》，北京大学出版社，2016。

［19］张志刚：《宗教学前沿问题研究》，甘肃民族出版社，2014。

［20］杨乐强：《走向信仰间的和谐——多元论哲学之信仰和谐论比较研究》，中国社会科学出版社，2009。

［21］杨曾文：《日本佛教史》，浙江人民出版社，1995。

2. 中文译著

［1］博尼法斯：《透彻分析当代世界》，许铁兵译，天津人民出版社，2005。

［2］亨廷顿：《文明的冲突与世界秩序的重建》，周琪等译，新华出版社，2002。

［3］雷蒙·潘尼卡：《对话经——诸宗教的相遇》，王志成译并释论，四川人民出版社，2008。

［4］梅原猛：《世界中的日本宗教》，卞立强、李力译，四川人民出版社，2006。

［5］尼特：《宗教对话模式》，王志成译，中国人民大学出版社，2004。

［6］斯特伦：《人与神——宗教生活的理解》，金泽、何其敏译，上海人民出版社，1991。

［7］庭野日敬：《法华经新释》，释真定译，上海古籍出版社，2011。

［8］希克：《信仰的彩虹——与宗教多元主义批评者的对话》，王志成、思竹译，江苏人民出版社，1999。

3. 中文论文

［1］车才良：《池田大作在中国的译介》，《井冈山大学学报》（社会

科学版）第 34 卷第 2 期，2013 年 3 月。

　　［2］段德智：《试论宗教对话的层次性、基本中介与普遍模式——三论 21 世纪基督宗教的对话形态》，《武汉大学学报》（人文科学版）2002年第 4 期。

　　［3］段德智：《中国大陆近 30 年来的宗教哲学之争及其学术贡献》，《武汉大学学报》（人文科学版）2009 年第 62 期。

　　［4］戴卫东、王卫平：《池田大作及其和平思想》，《日本学刊》2003年第 5 期。

　　［5］高硕：《宗教对话的理论嬗变及其困境分析——兼谈斯特伦的宗教观对宗教对话的启示》，《世界宗教文化》2013 年第 4 期。

　　［6］何光沪：《关于宗教对话的理论思考》，《浙江学刊》2006 年第4 期。

　　［7］黄超：《探求宗教对话的东方模式》，《武汉大学学报》（人文科学版）2006 年第 4 期。

　　［8］菅野博史：《〈法华经〉的现代意义》，《哲学、宗教与人文》，2004。

　　［9］梁卫霞：《伦理——实践的宗教对话与中国宗教》，《兰州学刊》2008 年第 6 期。

　　［10］刘爱君、姜明：《中国高校的池田大作思想研究》，《文化学刊》2013 年第 4 期。

　　［11］麦奎利：《世界宗教之间的对话》，何光沪译，《世界宗教文化》1997 年冬季号。

　　［12］倪胜利、张诗亚：《"全球化背景下的多元文化教育国际论坛"综述》，《比较教育研究》2006 年第 7 期。

　　［13］冉毅：《池田大作的中道思想述评》，《世界宗教研究》2000 年第 3 期。

　　［14］栗原淑江：《佛教史中的女性问题——以日莲的女人成佛论为中心》，黄成皎译，《大乘佛教的挑战》，香港公开大学出版社，2006，第82 页。

［15］斯威德勒：《走向全球伦理宣言》，〔瑞士〕孔汉思、〔德〕库舍尔编《全球伦理——世界宗教议会宣言》，何光沪译，四川人民出版社，1997。

［16］陶金：《世界文明对话与东方佛学智慧》，《世界宗教文化》2014年第4期。

［17］陶金：《宗教对话的"超越"与"回归"——星川启慈宗教对话理论述要》，《世界宗教研究》2016年第1期。

［18］杨君游、苏卫平、蔡德麟：《论池田大作的世界和平观》，《江淮论谈》2005年第2期。

［19］叶小文：《论宗教对话、世界和平与和谐社会》，《北京大学学报》（哲学社会科学版）2007年第1期。

［20］游斌、牟钟鉴：《多元通和、经典互读与中国宗教间对话》，《民族论坛》2011年10月第20期。

［21］王丽荣、陈志兴：《池田大作和谐教育观初探》，《比较教育研究》2008年第4期。

［22］王伟英：《生命的尊严——试析池田大作的人学思想》，《新视野》2005年第1期。

［23］王志成：《宗教批判实在论与宗教非实在论之争》，《复旦学报》2003年第3期。

［24］王志成：《宗教多元论与跨文化宗教伦理之原则》，《浙江大学学报》2001年第1期。

［25］王志成：《走向第二轴心时代——论跨文化宗教对话的可能性》，《世界宗教研究》2004年第4期。

［26］王蓉：《宗教对话与第二轴心时代之再思》，《道风：基督教文化评论》2009年第31期。

［27］温宪元：《池田大作文明观的特点和影响》，《广东社会科学》2011年第4期。

［28］温宪元：《池田大作生命尊严思想的特征与价值》，《学术研究》2013年第10期。

［29］星川启慈：《宗教对话的难题及突破困境的方法——基于语言哲学视角的宗教对话用语"层次化"问题考察》，陶金译，《世界宗教文化》2016 年第 1 期。

［30］徐以骅：《拆墙搭桥——宗教对话在中国》，《中国宗教》2016 年第 7 期。

［31］张志刚：《论五种宗教对话观》，《世界宗教文化》2010 年第 2 期。

［32］张志刚：《宗教对话的理论动向及其现实启发》，《宗教学研究》2012 年增刊。

［33］张仕颖：《国际宗教对话组织和运动的现状研究》，《世界宗教文化》2017 年第 1 期。

［34］卓新平：《现代社会中宗教对话的困境与希望》，《中国宗教》2005 年第 1 期。

二　英文参考文献：

［1］Adam Curle, Tools for Transformation："A Personal Study", Hawthorn Press, 1990.

［2］Evers, Georg, "Trends and Conference in the Field of Interreligious Dialogue," in Studies in Interreligious Dialogue, Vol. 12, 2001.

［3］LeonardSwidler, After the Absolute："The Dialogical Future of Religious Oxford Advanced Learner's," in The Journal of Religion, 1993.

［4］Johan Galtung, "Cultural Violence," in Journal of Peace Research, Vol. 27, No. 3, 1990.

［5］Johan Galtung, "Violence, Peace, and Peace Research," in Journal of Peace Research, Vol. 6, No. 3, 1969.

［6］Reflection, Minneapolis, M. N.：Fortress Press, 1990.

三　日文参考文献

1. 日文著作

［1］岸根敏幸：『宗教多元主義とは何か——宗教理解への探求』，東

京：晃洋书房，2001。

［2］池田大作：『新・人間革命』，東京：聖教新聞社，2007。

［3］池田大作：『政治と宗教』，東京：潮出版社，1969。

［4］池田大作：『恩師戸田城聖先生』，東京：第三文明社，2001。

［5］村上重良：『新宗教　その行動と思想』，東京：岩波書店，2007。

［6］稲垣久和、金泰昌編『公共哲学——宗教から考える公共性』，第Ⅲ期，全5巻，東京：東京大学出版会，2006。

［7］島田裕巳：『創価学会』，東京：新潮社，2004。

［8］島田裕巳：『日本の10大新宗教』，東京：幻冬社，2007。

［9］島薗進：『ポストモダンの新宗教』，東京：東京堂出版，2001。

［10］東洋哲学研究所編『池田大作　世界との対話　平和と共生の道を開く』，東京：第三文明社，2010。

［11］ドン・キューピット：『未来の宗教——空と光明』，東京：春秋社，2008。

［12］菅野博史：『現代に生きる法華経』，東京：第三文明社出版，2009。

［13］菅野博史：『一念三千とは何か』，東京：第三文明社，2013。

［14］マジッド・テヘラニアン/デイビッド・w・チャペル：『文明間の対話』，戸田記念国際平和研究所監訳，東京：潮出版社，2004。

［15］牧口常三郎：『創価教育学体系Ⅰ』，『聖教文庫』，1972年5月。

［16］沼田健哉：『現代日本の新宗教』，大阪：創元社，1991。

［17］前原政之：『池田大作——その行動と軌跡』，東京：日本中央公論新社，2006。

［18］衫森康二：『研究・創価学会』，東京：自由社，1976。

［19］山脇直司：『公共哲学とは何か』，日本：筑摩書房，2004。

［20］N・ラダクリシュナン：『対話の達人　池田大作——衝突から対話へ』，栗原淑江訳，東京：鳳書院，2006。

［21］桑名貫正：『日蓮大聖人の女性観』，『仏教と女性』，東京：平楽寺書店，1991。

　［22］西谷幸介：『宗教間対話と原理主義の克服』，東京：新教出版社，2004。

　［23］星川啓慈、山梨有希子：『教理の本質』，東京：ヨルダン社，2003。

　［24］星川启慈、山梨有希子編『グローバル時代の宗教間対話』，東京：大正大学出版会出版，2004。

　［25］星川啓慈、山脇直司等編『現代世界と宗教の課題──宗教間対話と公共哲学』，東京：蒼天社，2005。

　［26］星川启慈：『対話する宗教──戦争から平和へ』，東京：大正大学出版会，2006。

　［27］星川啓慈：『宗教と＜他＞なるもの　言語とリアリティをめぐる考察』，東京：春秋社，2011。

　［28］佐伯伸孝：『池田平和哲学　対立を越える人間力』，東京：朝日出版社，2010。

2. 日文论文

　［1］諸宗教評議会と福音宣教省：「対話と宣言──諸宗教間の対話とイエス・キリストの福音の宣教をめぐる若干の考察と指針」，『カトリック教会研究』第62号，1991。

　［2］西山茂：「現代の宗教運動──＜霊＝術＞系新宗教の流行と『二つの近代化』」，大村英昭・西山茂編，『現代人の宗教』，東京：有斐閣，1988。

　［3］菅野博史：「『法華経』と宗教間対話」，『東洋学術研究』，第四十五巻第一号，東洋哲学研究所，2006。

　［4］星川啓慈：「宗教間対話──その歴史と現実および意義と限界」，『岩波講座宗教9　宗教の挑戦』，岩波書店，2004。

　［5］小田淑子：「寛容の成熟」，『岩波講座宗教10　宗教のゆくえ』，岩波書店，2004。

　［6］梅津光弘：「倫理学的に見た宗教多元主義」，間瀬啓充、稲垣久和編，『宗教多元主義の探求──ジョン・ヒック考』，大明堂，1995。

四 池田大作系列対談集

1. 池田大作日文原版対談集

[1] リヒャルト・クーデンホーフ、池田大作:『文明・西と東』，東京:サンケイ新聞社，1972。

[2] 根本誠、池田大作:『古典を語る』，東京:潮出版社，1974。

[3] アーノルド・Jトインビー、池田大作:『二十一世紀への対話』(上下)，東京:文藝春秋，1975。

[4] 松下幸之助、池田大作:『人生問答』(上下)，東京:潮出版社，1975。

[5] アンドレ・マルロー、池田大作:『人間革命と人間の条件』，東京:潮出版社，1976。

[6] ルネ・ユイグ、池田大作:『闇は暁を求めて——美と宗教と人間の再発見』，東京:講談社，1981。

[7] アウレリオ・ベッチェイ、池田大作:『二十一世紀への警鐘』，東京:読売新聞社，1984。

[8] ブライアン・ウィルソン、池田大作:『社会と宗教』(上下)，東京:講談社，1985。

[9] アナトーリ・A・ログノフ、池田大作:『第三の虹の橋——人間と平和の探求』，東京:毎日新聞社，1987。

[10] ヘンリー・A・キッシンジャー、池田大作:『「平和」と「人生」と「哲学」を語る』，東京:潮出版社，1987。

[11] カラン・シン、池田大作:『内なる世界——インドと日本』，東京:東洋哲学研究所，1988。

[12] ヨーゼフ・デルボラフ、池田大作:『二十一世紀への人間と哲学——新しい人間像を求めて』(上下)，東京:河出書房新社，1989。

[13] ライナス・ボーリング、池田大作:『「生命の世紀」への探求——科学と平和と健康と』，東京:読売新聞社，1990。

[14] 常書鴻、池田大作:『敦煌の光彩——美と人生を語る』，東京:

徳間書店，1990。

　　［15］ノーマン・カズンズ、池田大作：『世界市民の対話——平和と人間と国連をめぐって』，東京：毎日新聞社，1991。

　　［16］児玉良一、池田大作：『太陽と大地　開拓の曲——ブラジル移住八十年の庶民詩』，東京：第三文明社，1991。

　　［17］チンギス・アイトマートフ、池田大作：『大いなる魂の詩』（上下），東京：読売新聞社，1991。

　　［18］チャンドラ・ウィックラマシンゲ、池田大作：『「宇宙」と「人間」のロマンを語る——天文学と仏教の対話』（上下），東京：毎日新聞社，1992。

　　［19］アナトーリ・A・ログノフ、池田大作：『科学と宗教』（上下），東京：潮出版社，1994。

　　［20］アウストレジェジロ・デ・アタイデ、池田大作：『二十一世紀の人権を語る』，東京：潮出版社，1995。

　　［21］ヨハン・ガルトゥング、池田大作：『平和への選択』，東京：毎日新聞社，1995。

　　［22］ミハイル・S・グルバチョフ、池田大作：『二十世紀の精神の教訓』（上下），東京：潮出版社，1996。

　　［23］パトリシオ・エイルウィン、池田大作：『太平洋の旭日』，東京：河出書房新社，1997。

　　［24］金庸、池田大作：　『旭日の世紀を求めて』，東京：潮出版社，1998。

　　［25］アリベルト・A・リハーノフ、池田大作：『子どもの世界——青少年に贈る哲学』，東京：第三文明社，1998。

　　［26］アクシニア・D・ジュロヴァ、池田大作：　『美しき獅子の魂——日本とブルガリア』，東京：東洋哲学研究所，1999。

　　［27］ルネ・シマー、ギー・ブルジョ、池田大作：『健康と人生——生老病死を語る』，東京：潮出版社，2000。

　　［28］マジッド・テヘラニアン、池田大作：『二十一世紀への選択』，

東京：潮出版社，2000。

［29］デイビット・クリーガー、池田大作：『希望の選択』，東京：河出書房新社，2001。

［30］シンティオ・ヴィティエール、池田大作：『カリブの太陽　正義の詩――「キューバの使徒　ホセ・マルティ」を語る』，東京：潮出版社，2001。

［31］ヴィクトル・A・サドーヴニチィ、池田大作：『新しき人類を新しき世界を――教育と社会を語る』，東京：潮出版社，2002。

［32］季羨林、蒋忠新、池田大作：『東洋の智慧を語る』，東京：東洋哲学研究所，2002。

［33］ロケッシュ・チャンドラ、池田大作：『東洋の哲学を語る』，東京：第三文明社，2002。

［34］趙文富、池田大作：『希望の世紀へ　宝の架け橋――韓日の万代友好を求めて』，東京：徳間書店，2002。

［35］ヘイゼル・ヘンダーソン：『地球対談　輝く女性の世紀へ』，東京：主婦の友社，2002。

［36］ヴィクトル・A・サドーヴニチィ、池田大作：『学は光――文明と教育の未来を語る』，東京：潮出版社，2004。

［37］アレクサンドル・セレブロフ、池田大作：『宇宙と地球と人間』，東京：潮出版社，2004。

［38］趙文富、池田大作：『人間と文化の虹の架け橋――韓日の万代友好のために』，東京：徳間書店，2005。

［39］ベッド・P・ナンダ、池田大作：『インドの精神――仏教とヒンズー教』，東京：東洋哲学研究所，2005。

［40］J・K・ガルブレイス、池田大作：『人間主義の大世紀を――わが人生を飾れ』，東京：潮出版社，2005。

［41］R・D・ホフライトネル、池田大作：『見つめ合う西と東――人間革命と地球革命』，東京：第三文明社，2005。

［42］エリース・ボールディング、池田大作：『「平和の文化」の輝

く世紀へ!』，東京：潮出版社，2006。

［43］モンコンブ・S・スワミナサン、池田大作：『「緑の革命」と「心の革命」』，東京：潮出版社，2006。

［44］ジョセフ・ロートブラット、池田大作：『地球平和への探求』，東京：潮出版社，2006。

［45］ロナルド・ボスコ、ジョエル・マイアソン、池田大作：『美しき生命　地球と生きる——哲人ソローとエマソンを語る』，東京：毎日新聞社，2006。

［46］ドゥ・ウェイミン、池田大作：『対話の文明——平和の希望哲学を語る』，東京：第三文明社，2007。

［47］フェリックス・ウンガー、池田大作：『人間主義の旗を——寛容・慈悲・対話』，東京：東洋哲学研究所，2007。

［48］ヌール・ヤーマン、池田大作：『今日の世界　明日の文明——新たな平和のシルクロード』，東京：河出書房新社，2007。

［49］ドジョーギーン・ツェデブ、池田大作：『友情の大草原——モンゴルと日本の語らい』，東京：潮出版社，2007。

［50］ハービー・コックス、池田大作：『二十一世紀の平和と宗教を語る』，東京：潮出版社，2008。

［51］ニーラカンタ・ラダクリシュナン、池田大作：『人道の世紀へ——ガンジーとインドの哲学を語る』，東京：第三文明社，2009。

［52］饒宗頤、孫立川、池田大作：『文化と芸術の旅道』，東京：潮出版社，2009。

［53］ロナウド・モウラン、池田大作：『天文学と仏法を語る』，東京：第三文明社，2009。

［54］アドルフォ・ペレス：『人権の世紀へのメッセージ——第三の千年に何が必要か』，東京：東洋哲学研究所，2009。

［55］ハンス・ヘニングセン、池田大作：『明日をつくる"教育の聖業"　デンマークと日本　友情の語らい』，東京：潮出版社，2009。

［56］張鏡湖、池田大作：『教育と文化の王道』，東京：第三文明

社，2010。

　　［57］アブドゥルラフマン・ワヒド、池田大作：『平和の哲学　寛容の智慧』，東京：潮出版社，2010。

　　［58］章開沅、池田大作：『人間勝利の春秋——歴史と人生と教育を語る』，東京：第三文明社，2010。

　　［59］ルー・マリノフ、池田大作：『哲学ルネサンスの対話』，東京：潮出版社，2011。

　　［60］ミハイル・スグロフスキー、池田大作：『平和の朝へ　教育の大光』，東京：第三文明社，2011。

　　［61］シャルル・ナポレオン、池田大作：『21世紀のナポレオン』，東京：第三文明社，2011。

　　［62］アンワルル・K・チョウドリ、池田大作：『新しき地球社会の創造へ——平和の文化と国連を語る』，東京：潮出版社，2011。

　　［63］高占祥、池田大作：　『地球を結ぶ文化力』，東京：潮出版社，2012。

　　［64］顧明遠、池田大作：『平和の架け橋——人間教育を語る』，東京：東洋哲学研究所，2012。

　　［65］ビンセント・ハーディング、池田大作：『希望の教育　平和の行進』，東京：第三文明社，2012。

　　［66］ハービー・ハンコックウェイン・ショーター、池田大作：『ジャズと仏法、そして人生を語る』，東京：毎日新聞社，2013。

　　［67］V・A・サドーヴニチィ、池田大作：『明日の世界　教育の使命』，東京：潮出版社，2013。

　　［68］サーラ・ワイダー、池田大作：『母への賛歌』，東京：潮出版社，2013。

　　［69］ラリー・ピックマン、ジム・ガリソン、池田大作：『人間教育への新しき潮流—デューイと創価教育』，東京：第三文明社，2014。

　　［70］スチュアート・リース、池田大作：『平和の哲学と詩心を語る』，東京：第三文明社，2014。

［71］ヴァイツゼッカー、池田大作：『地球革命への挑戦 人間と環境と語る』，東京：潮出版社，2014。

［72］J・U=サイフェルト、池田大作：『生命の光 母の歌』，東京：聖教新聞社，2015。

［73］ホセ・V・アブエバ、池田大作：『マリンロードの曙 共生の世紀を見つめて』，東京：第三文明社，2015。

［74］劉遵義、池田大作：『新たなグローバル社会の指標——平和と経済と教育を語る』，東京：第三文明社，2015。

［75］バラティ・ムカジー、池田大作：『新たなる地球文明の詩をタゴールと世界市民を語る』，東京：第三文明社，2015。

［76］ケビン・クレメンツ、池田大作：『平和の世紀へ 民衆の挑戦』，東京：潮出版社，2016。

2. 池田大作对谈集中文译本

［1］池田大作、〔意〕奥锐里欧·贝恰：《二十一世纪的警钟》卞立强译，中国国际广播出版社，1988。

［2］池田大作、〔美〕基辛格：《和平、人生与哲学》，卞立强译，中国国际广播出版社，1988。

［3］池田大作、〔苏〕A. A. 罗古诺夫：《第三条虹桥》，卞立强译，中国国际广播出版社，1990。

［4］池田大作、〔英〕B·威尔逊：《社会与宗教》，梁鸿飞、王健译，四川人民出版社，1991。

［5］池田大作、〔德〕狄尔鲍拉夫：《走向 21 世纪的人与哲学——寻求新的人性》，宋成有等译，北京大学出版社，1992。

［6］池田大作、〔意〕奥里利欧·裴彻：《为时已晚》，香港：牛津大学出版社，1992。

［7］池田大作、常书鸿：《敦煌的光彩》，高屹编译，香港：三联书店（香港）有限公司，1994。

［8］池田大作、〔英〕布莱恩·威尔逊：《社会变迁下的宗教角色》，梁鸿飞、王健译，香港：香港三联书店，1995。

［9］池田大作、〔美〕保林：《生生不息为和平——保林和池田大作对话录》周伯通译，香港：牛津大学出版社，1997。

［10］池田大作、金庸：《探求一个灿烂的世纪》，香港：艺文图书（香港）有限公司，1998。

［11］池田大作、〔英〕汤因比：《展望二十一世纪——汤因比与池田大作对谈集》，荀春生等译，台北：正因文化事业有限公司，1999。

［12］池田大作、〔俄〕里哈诺夫：《孩子的世界》，卞立强、李力译，中国文联出版社，2002。

［13］池田大作、〔法〕路奈·尤伊古，《黑夜寻求黎明》，中国国际广播出版社，2003。

［14］池田大作、季羡林、蒋忠新：《畅谈东方智慧》，卞立强译，四川人民出版社，2004。

［15］池田大作、〔苏〕戈尔巴乔夫：《20世纪的精神教训》，孙立川译，社会科学文献出版社，2005。

［16］池田大作、〔俄〕沙德维尼兹：《新人类　新世界——畅谈教育与社会》，吉隆坡：马来西亚创价学会，2006。

［17］池田大作、〔美〕杜维明：《对话的文明——池田大作与杜维明对话集》，香港：香港商务印书馆，2008。

［18］池田大作、饶宗颐、孙立川：《文化艺术之旅》，广西师范大学出版社，2009。

［19］池田大作、〔伊朗〕马吉特·德拉尼安：《21世纪的选择》，陈鹏仁译，香港：香港商务印书馆，2010。

［20］池田大作、〔土耳其〕努尔·亚曼：《今日的世界　明日的文明》，香港：香港商务印书馆，2011。

［21］池田大作、〔英〕海瑟·亨德森：《珍爱地球——迈向光辉的女性世纪》，香港：香港商务印书馆，2011。

［22］池田大作、章开沅：《世纪的馈赠——章开沅与池田大作的对话》，湖北人民出版社，2011。

［23］池田大作、高占祥：《联结地球的文化力——高占祥与池田大作

的对话录》，中国人民大学出版社，2011。

[24]池田大作、〔印度〕钱德拉：《畅谈东方哲学》，日本创价学会译，四川人民出版社，2012。

[25]池田大作、〔印尼〕A.瓦希德：《和平的哲学　宽容的智慧》，陈鹏仁译，台湾：正因文化事业有限公司，2012。

[26]池田大作、罗·马里诺夫：《哲学复兴的对话》，崔学森、朱俊华、姜明译，大连出版社，2013。

[27]池田大作、〔印度〕尼拉坎达·拉达克里希南：《走向人道世纪——谈甘地与印度哲学》，李长声译，四川人民出版社，2014。

五　池田大作个人专著

[1]池田大作：《21世纪文明与大乘佛教》，台湾：台北正因文化事业有限公司，1976。

[2]池田大作：《佛法与宇宙》，东京：潮出版社，1984。

[3]池田大作：《我的履历书》，赵恩普等译，吉林人民出版社，1986。

[4]池田大作：《我的佛教观》，潘桂明、叶露华译，四川人民出版社，1989。

[5]池田大作：《我的人学》上，铭九译，北京大学出版社，1990。

[6]池田大作：《我的人学》下，潘金生、庞春兰译，北京大学出版社，1990。

[7]池田大作：《佛教一千年》，王遵仲译，香港：牛津大学出版社，1992。

[8]池田大作：《我的人学》，铭九等译，北京大学出版社，1992。

[9]池田大作：《我的人学》，铭九等译，北京大学出版社，1992。

[10]池田大作：《我的释尊观》，潘桂明译，四川人民出版社，1993。

[11]池田大作：《人生箴言》，卞立强译，中国文联出版公司，1995。

[12]池田大作：《佛法·西与东》，王健译，四川人民出版社，1996。

[13]池田大作：《新·人间革命》第1~4卷，香港：天地图书有限公司，1996。

［14］池田大作：《和平世纪的倡言》，香港：天地图书有限公司，1997。

［15］池田大作：《法华经的智慧》，香港：明报出版社有限公司，1997。

［16］池田大族：《和平世纪的畅言》，香港：天地图书有限公司，1997。

［17］池田大作：《续·我的佛教观》，卞立强译，四川人民出版社，1998。

［18］池田大作：《我的天台观》，卞立强译，四川人民出版社，1998。

［19］池田大作：《法华经的慈光》，香港：明报出版社有限公司，1998。

［20］池田大作：《法华经的幸福生命观》，香港：香港商务印书馆，2000。

［21］池田大作：《时代精神的潮流》，香港：香港商务印书馆，2000。

［22］池田大作：《新女性抄》，卞立强译，上海财经大学出版社，2004。

［23］池田大作：《教育的荣光——池田大作谈教育文选》，马来西亚创价学会，2005。

［24］池田大作：《365日给女性的赠言》，卞立强译，四川人民出版社，2008。

［25］池田大作：《我的中国观》，卞立强译，四川人民出版社，2009。

六 池田大作思想研究专题文献

1. 国内池田大作思想研究专著

［1］卞立强：《池田大作集》，北京大学出版社，1988。

［2］何劲松选编《池田大作集》，上海远东出版社，1997。

［3］冉毅：《人性革命——池田大作人学思想研究》，四川人民出版社，2005。

［4］何劲松：《池田大作的佛学思想》，宗教文化出版社，2006。

［5］曲庆彪等：《回归与超越——池田大作和平文化思想研究》，辽宁师范大学出版社，2007。

［6］李庆：《池田大作传》，浙江人民出版社，2008。

［7］王丽荣：《池田大作德育理论及其实践》，黑龙江教育出版社，2012。

［8］刘建荣、邱正文：《人类幸福的探索——池田大作思想研究》，华中师范大学出版社，2014。

［9］林振武：《池田大作人本思想的内在逻辑》，中国社会科学出版社，2014。

2. 池田大作国际研讨会论文集

［1］冉毅、曾建平主编《关爱人性 善待生命——池田大作思想研究》，湖南师范大学出版社，2003。

［2］唐凯麟、高桥强主编《多元文化与世界和谐——池田大作思想研究》，人民出版社，2008。

［3］梁桂全主编《以人为本与 21 世纪全球文明》，中国社会科学出版社，2010。

［4］曲庆彪、寺西宏友主编《与池田大作对话文明重生》，中国社会科学出版社，2011。

［5］曲庆彪、寺西宏友主编《与池田大作对话人类发展》，中国社会科学出版社，2012。

［6］梁桂全、曾峥主编《走向 21 世纪的生命尊严——2012 池田大作思想研讨会文集》，中国社会科学出版社，2013。

［7］陆建非、寺西宏友主编《多元文化交融下的现代教育研究》，上海三联书店，2014。

［8］温宪元、李莱德主编《走向 21 世纪的生态文明——2013 池田大作思想研讨会文集》，中国社会科学出版社，2015。

［9］高岳仑主编《中日友好的两位使者——廖承志与池田大作研究文集》，安徽人民出版社，2016。

［10］寺西宏友、萧正洪主编《开创精神丝绸之路的新纪元——2014 年陕西师范大学池田大作国际研讨会论文集》，中国社会科学出版社，2016。

后　记

关注到池田大作这位日本当代佛教思想家，应该是我与宗教学最初的一种缘。

2004年，我正在攻读日语语言学与应用语言学方向的硕士研究生，结识了刚从日本留学回国的崔学森老师和日本友好人士田中哲治先生，在二位老师组织的中日友好活动中，第一次接触到周恩来总理于病中接见池田大作的珍贵史料，了解到创价学会在维护中日友好关系中发挥的重要作用。但当时的我作为日语专业的学生，对池田大作的定位，基本就是一位日本的教育家、社会活动家、中日友好人士，"日本佛教""宗教家"这一类的名词，在我的认知中还是遥远、陌生，甚至有些敬而远之，对"宗教对话""文明对话"的认识更是局限于语言学认知的范畴。完全没有想到，我未来15年的人生，竟然是这一粒无意中埋下的种子生根发芽，开出了人生第一朵学术之花。

2006年硕士毕业后，到大连海事大学外国语学院工作，结婚生女的人生是另一种充实与忙碌的状态。一心想到南开大学日本研究院攻读日本史方向博士学位的我，开启了昼夜分界线都很模糊的"带娃"与"历史学习"齐头并进的生活。那是怎样一段日子呢？一日一夜，一手娃一手书，一脸笑一脸泪……生活终待我不薄，日渐长大懂事的女儿，也是成果。

两次应考，微小之差，终与南开失之交臂。我开始了学术坐标系中的第二次重新定位。直到今天，仍然觉得匪夷所思，自己从语言学到日本史，再到宗教学的学术大跨越，是具有某种必然性的。大学时代就一直关心和支持我成长的日本友好人士、日本国际交流研究所所长大森和夫先生和弘子夫人，在得知我由主攻历史转为挑战宗教学时，发来邮件感叹说："10多年里，凭我们对你的了解，似乎宗教学研究更适合你。"二位日本友人的话，后来在许多位学术界前辈口中得到了印证。备考南开是一种艰辛但扎实的学术积累过程，更是个人心志的宝贵历练，这样的学术与人生积淀在我转为苦读哲学史、宗教史、宗教学理论之后得以显现。外语人出身的我，在强手如林的竞争中，考取了中央民族大学哲学与宗教学学院宗教学方向的博士研究生，我的人生就此与北京结缘、与民大结缘、与宗教学结缘。

感谢导师谢路军教授——我的授业恩师，更是我踏上宗教研究之旅的领路人。入学伊始，导师就积极肯定了外语优势对于学术研究的重要性，指出了当前我国对日本宗教发展态势把握不足的研究现状，鼓励我发挥日语特长展开日本宗教研究。远道求学，感谢导师体谅我北京—大连两地奔波，在职读博需兼顾学业、事业与家庭的不易，给了我较大的学术选择空间和自主安排调整的自由。在我一度在日本的道教文献整理研究、日本当代佛教思想发展史研究这两大方向之间犹豫不决之时，导师及时指出了日本新佛教思想研究对于深入理解日本宗教现代化进程的重要意义，这让我开始以全新的视角去思考日本最大的新佛教团体创价学会及其领袖池田大作。同时，还要深深感谢研究生时代的两位恩师：辽宁师范大学的曲维教授和刘凡夫教授一直以来对我的各种坚定支持与鼓励。

感谢中央民族大学。结缘民大，欢快活泼的校园气氛和老师们深厚广博的学术积累、真诚热情的生活态度，都深深感染了我。在民大脱产学习的一年，是我努力尝试跨领域学术转型的开始，也是我拼尽全力在学术上精进修行的宝贵而难忘的岁月。最初尝试从宗教学的视角思考宗教对话与文明对话现象，是源于课堂上与游斌教授讨论"对话与宗教认同"问题；撰写的第一篇解读池田大作佛学思想的论文，是受到刘成有教授的课程启发后提交的课后作业；开始意识到一个学者必须建立起一套有自身特色的学术话语系统，学术文字的雕琢与锤炼是一生的功课，这样的顿悟是来自孙悟湖教授、何其敏教授的点拨……感恩民大老师们的启发和教导，母校提供的全新学术平台是我完成学术转型的重要基础。

北京是一座潜藏着巨大能量的学术之城，至今，都是我的学术能量补给站。北京大学张志刚教授的真诚教导和对于宗教对话、文明对话实践研究意义的肯定，对我是一种引领和激励。中国人民大学张文良教授对于日本新佛教团体发展模式问题的精到见解，让我在评价创价学会和池田大作文明对话思想时谨记要保持客观中立的态度。此外，在围绕"对话"的内涵、模式、方法等问题展开的讨论中，给予我多方面启发与帮助的清华大学黄裕生教授、中国人民大学梁涛教授、中国社会科学院的陈霞研究员、罗传芳研究员，浙江大学王志成教授等名师，都是照亮我的学术之旅不同成长阶段的温暖明灯。

2014 年，修满博士专业课程的全部学分，我又奔赴日本创价大学做了一年访问学者。其间不但收集了大量池田大作思想与对话实践研究的一手外文资料，还走访了位于日本名古屋南山宗教文化研究所等代表性的宗教对话研究和实践基地，多次拜访日本宗教对话理论研究最知名的学者大正大学星川启慈教授，应邀到东京宗教对话研究所做了专题报告，并得到了创价大学汪鸿祥教授、菅野博史教授、中野毅教授的悉心指导。这样的学术交流与研讨，让我深切感受到宗教对话实践研究、宗教人物对话范例研究对于协调当代宗教关系，特别是对于把握现代社会宗教发展方向的重要意义。日本学者集中开展宗教对话理论与实践研究始于 20 世纪 90 年代，积累了大量宝贵的实践经验。对于这些经验的认真总结与深入分析，对于我国各大宗教团体展开理论交流与公益合作式对话、建构具有中国特色的宗教学理论体系具有重要参考价值。在广泛收集相关资料的基础上，我着手将日本的宗教对话研究情况及其发展动态、代表学者的宗教对话理论进行了系统梳理与分析，相关论文陆续在《世界宗教文化》《世界宗教研究》《现代哲学》等宗教学、哲学研究的重要学术刊物上发表。这些阶段性的研究成果，在增强我学术自信心的同时，也为我从世界文明对话的广域视角来考察池田大作的对话思想做好了理论铺垫。

尽管如此，撰写博士学位论文的过程于我而言，依旧是漫长而艰辛的体力与脑力的双重挑战。还记得，我是怎样一趟又一趟拖着沉重的书箱气喘吁吁地挤上北京的地铁、回大连的列车；怎样把留学的生活费挤作书费和邮费，咬牙把一箱又一箱的资料寄回国；怎样在讲完一天六节课之后强撑疲惫的身体一头扎进图书馆奋笔疾书；怎样灌下一杯又一杯咖啡，接起被各种家事、杂务打断的思路、理清论文脉络……那些日子，似乎远了，又近了。

2017年，20万字的博士学位论文提交。当我顺利通过答辩，并得知自己的论文被评为中央民族大学优秀博士论文时，没有如释重负、扬扬自得的喜悦，反而被深深的惶恐与自责包围。我深知，自己欠缺太多。这样的嘉奖，只是师长们对日本宗教对话研究之现实意义的肯定，对于我义无反顾、执着求学态度的认可，对我发挥个人专长继续拓展宗教对话、文明对话研究的一种期许与鼓励罢了。得知博士学位论文可以在中央民族大学博士文库出版，感恩之余更深感压力。两年时间里，在听取了多位学界前辈意见的基础上，我几次对文稿进行了修改增删。事实上，随着思考的深入，很多观点已经更新，但限于字数等原因，又很难将近期的更多思考在这部书稿中全面细致地展现。很多欠缺，可能将就此定格。

千古风流浪淘尽，

往来金桥万世存。

这是在创大访学结束时，池田大作先生赠我的汉诗，我名字的同音字也收于其中，寓意深远。如果说，"对话"是连接人与人、国与国、文明与文明的"金桥"，那么，"会通"与"互鉴"应是"对话"的真意所在吧。如果说，这部专著是连接"过去"与"未来"的"我"之间的一座"桥"，我希望，自己不是站在"桥"上看风景的人，而是人生风浪中不忘初心的淘金者。

最后，感谢为了本书顺利出版而辛苦工作的社会科学文献出版社孙美子编辑等工作人员，感谢为本书封面提供照片使用授权的《圣教新闻》出版社与国际出版部的铃木伸夫先生，感谢为我提供多方帮助的创价大学各部门与驻北京办事处的上野理惠女士等日本友人，感谢大连海事大学的领导和师生们对我的支持，感谢好友们对我的真诚关心。

　　谨以此书，献给在我执着求学的这些年里无数次为我分忧、助我前行的慈爱双亲，献给始终温暖包容与鼎力支持我追求心中学术梦想的先生和可爱女儿。

陶　金

2019 年 4 月 3 日于大连·知心园

图书在版编目（CIP）数据

会通与互鉴：池田大作文明对话思想研究／陶金著
. -- 北京：社会科学文献出版社，2019.6
（中央民族大学民族宗教学研究博士文库）
ISBN 978-7-5201-4519-0

Ⅰ.①会… Ⅱ.①陶… Ⅲ.①池田大作（1928-）-思
想评论 Ⅳ.①K833.137＝5

中国版本图书馆 CIP 数据核字（2019）第 048537 号

·中央民族大学民族宗教学研究博士文库·

会通与互鉴
——池田大作文明对话思想研究

著　　者／陶　金

出 版 人／谢寿光

责任编辑／孙美子

出　　版／社会科学文献出版社·人文分社（010）59367215
　　　　　　地址：北京市北三环中路甲 29 号院华龙大厦　邮编：100029
　　　　　　网址：www.ssap.com.cn
发　　行／市场营销中心（010）59367081　59367083
印　　装／三河市尚艺印装有限公司

规　　格／开　本：787mm×1092mm　1/16
　　　　　　印　张：18　字　数：277 千字
版　　次／2019 年 6 月第 1 版　2019 年 6 月第 1 次印刷
书　　号／ISBN 978-7-5201-4519-0
定　　价／98.00 元

本书如有印装质量问题，请与读者服务中心（010-59367028）联系